De inwendige

Andere romans van Pauline Slot
bij De Arbeiderspers:

Zuiderkruis
Tegenpool
Blauwbaard

Pauline Slot

De inwendige

Roman

Uitgeverij De Arbeiderspers
Amsterdam · Antwerpen

They stand for a moment, the three of them, before the plates heaped with food. The food feels pristine, untouchable; it could be a display of relics.

Michael Cunningham, *The Hours*

Lammetjespap

Melk doet mij pijn. Ik nies met mijn mond. Op de groene deken liggen kralen van melk. Ik heb geen zin in ketting rijgen.

'Je moet drinken,' zegt mamma. 'Anders droog je uit.'

Ze duwt de bruine beker tussen mijn lippen. Pappa heeft een schoenlepel. Daar schept hij zijn voeten mee in zijn schoenen. De rand van de beker tikt tegen mijn tanden. Die zijn van melk gemaakt.

'Au-au-au.'

Ik sproei mamma onder. Ze huilt als ik pijn heb. De witte dokter heeft met een schaar in mijn keel geknipt. Ik heb een plakboek met plaatjes van onze prinsessen. Een kroon is van goud. Ik ken alle kleuren. Ook pimpelpaars.

Pappa komt binnen.

'Dat is voor jou,' zegt hij.

Het is een groot cadeau, groter dan ik. Ik duw tegen het rode papier. Het kraakt.

'Au,' zeg ik.

Maar ik huil niet. Ik wil mamma geen pijn doen.

'Ik doe het wel,' zegt ze.

Ze trekt aan het papier. Ik zie een oog. Het is rond en zwart. Een spook, een reus, een heks die mij komt pakken. Nee, het is een beer. Ik zeg dat niet. Denken doet geen pijn.

'Wat is dat nu?' vraagt mamma. 'Wat krijg jij voor moois?'

'Het is een beer,' zeg ik.

Zijn pakpapier ligt op het bed. Hij is bloot, dus hij gaat douchen. Ik aai zijn arm. Hij heeft zacht, geel haar en zwarte oren. Het is een jongen. Zijn benen wijzen recht vooruit. Hij heeft handen zonder vingers. Die heeft de dokter er afgeknipt. Ik noem hem Bir. Hij heeft geen amandelen meer.

'Omdat je braaf bent geweest,' zegt pappa.

We waren op een plein met auto's. Ik weet niet waar onze flat toen was. Er zaten kinderen en mamma's. Ik kreeg een zwart kapje op mijn mond. Het rook naar zwart kapje. De dokter is een boze wolf. Kan ik al tellen? Ja. Een, twee, drie. Mijn keel doet pijn.

'Misschien is dit beter,' zegt mamma.

Ze heeft een bakje in haar hand.

'IJs in de winter,' zegt pappa. 'Dat kind boft maar.'

Mamma doet ijs op de lepel. Die komt naar mijn mond.

'Au-au-au,' zeg ik zachtjes.

Ik doe mijn mond open. Het ijs is koud. Mijn keel gaat open. Het ijs glijdt naar beneden, roetsjt over de pijn. Voor onze flat staat een glijbaan van zilverpoets. Het ijs maakt de pijn weg.

Kiekeboe.

De pijn is terug. De kou is naar mijn buik gevallen.

'Nog een hapje,' zeg ik.

Om nog een hapje vragen doet pijn.

Weer schept mamma ijs op de lepel. Onze lepels wonen in een kastje met laatjes, wij in een torenflat. Daar zitten ook latjes in. Ik wil een poppenhuis. Bir kan er niet in. Daar komt het ijs. Ik slik snel door. De pijn is weg.

De pijn is terug.

Nu moet ik altijd ijs blijven eten.

Pappa is weg. Hij komt niet terug. Het is stil. Ik mag niet uit bed.

Ik hoor een deur. Het is niet de deur van mamma. Het is de deur van de jassen. De zuster komt om mamma te troosten. Ze loopt door de gang. Haar witte rok klinkt als het tafelkleed dat pappa uitklopt op het balkon. De kruimels vliegen door de lucht, ze vallen op het pad van Hans en Grietje. Niet bij de rand, zegt mamma. Buurvrouw Ten Wolle maakt

8

elke avond eten. Ze rammelt met haar pannen. Ik ruik het eten door de spijlen heen. Knibbel knabbel knuisje, wie komt er in mijn huisje?

'We gaan jou zo eens wassen en aankleden,' zegt de zuster. 'En dan maak ik je pap. Blijf maar wachten in je bedje, ik kom eraan. Je vader heeft je toch wel iets gegeven, voor hij naar kantoor ging?'

Pap is voor lammetjes. Mamma ligt in bed. Ze kan niet lopen. De zuster gaat naar haar kamer toe. Ze geeft haar eten. Haar zolen zijn van spek. Ze kleven aan het zeil. Ze trekt ze los, met elke stap. Een pleister doet pijn.

Ik luister met het oor dat naar boven kijkt. Aan het einde van de gang, de lange gang, hoor ik stemmen. Er zijn geen woorden, het is een liedje dat omhoog gaat en omlaag. Is mamma daar? Zingt zij voor mij? Buiten loopt een schaap met voetjes. Ze zijn wit, net als de zuster. Ik heb mijn ogen open. Mijn bed is een balkon. Niet bij de rand, zegt pappa.

Straks mag ik eruit. Dan ga ik met de zuster naar de Rade. 's Middags doet zij eten in onze pannen. Die staan op het fornuis. Dan gaat ze weg. Alles is koud. Als pappa thuiskomt steekt hij de vlammen aan. Er komen wolken uit de pannen. De bakpan met het karbonaadje zegt dat ik stil moet zijn.

Soms mag ik 's avonds naar mamma kijken, in haar kamer. Het is daar donker als fluweel en warm als adem. Ik zie mijn mamma niet, alleen iemand onder de dekens.

'Wat ben je zacht en warm, schatje,' zeg ik tegen het grote bed.

De avond is een plaats die ik niet ken. Hij ligt aan het einde van de gang, in de huiskamer, achter de deur. Die is getekend met een kleurpotlood van licht. Soms ligt er een driehoek op het zeil in de gang. Daar heeft de lamp geplast. Ik heb hamertje-tik. Het rondje is geel, het vierkantje rood.

'Lekker slapen,' zegt mamma.

Bir, Lotje, Kiki, Bella en Knuvol liggen op een rijtje in bed.

Nu moet ik nog de woorden zeggen.

'Geef je een glaasje water, zet je de deur op een kiertje, kom je nog naar me kijken?'

Het glaasje water staat op het rode krukje naast mijn bed. De deur laat mamma een stukje open. Straks komt ze naar mij kijken. Dan slaap ik en dan kijkt ze toch naar mij.

Soms is het buiten licht als ik in bed lig. Dan duw ik Bir, Lotje, Kiki, Bella en Knuvol opzij en ga ik uit bed. Ik sta op de matras en knoop de gordijnen onder mijn kin. Het is een hoofddoekje, net als mamma heeft. Jenny Pol rent over ons veldje. Edmund en Guido zitten op het klimrek. Ik moet terug in bed.

Vandaag is het donker. Bir hangt met zijn hoofd over de rand van het bed. Hij is ziek. Knuvol is onder de dekens gekropen. Hij kietelt mijn knieën. Lotje, Kiki en Bella liggen naast elkaar op het kussen. Ze kijken omhoog. Ik duw mijn plas naar boven. Ik duw en duw, maar hij zakt naar beneden. Ik moet naar de wc en ik mag pappa niet roepen, want er is geen brand. Over mijn kussen, op mijn buik, kruip ik uit bed. Ik mag de dekens niet lostrekken en pappa roepen dat ze los zijn en dan gauw naar de wc gaan als hij mijn bed opmaakt.

Het zeil in de gang is koud. Het is donker. De deur van de huiskamer staat open. De keukendeur ook. Er staan geen pannen klaar op het fornuis. Ik kan niet bij de kraan. Pappa en mamma liggen te slapen. Ik kijk naar hun deur. Hij staat open. Dat kan niet.

Ik sta op de drempel. Ik zie ze niet. Ik zie ze niet in het bed met de dekens, niet bij de toilettafel met lippenstift, niet bij het raam, niet in de kast met de hoge hakken, niet onder het bed met de pantoffels, niet onder de dekens met de lakens, niet in de kussens met de slopen. Niet achter het ene gordijn. Niet achter het andere.

In de huiskamer zijn alleen de benen van de tafels en de stoelen. Ik kijk uit het raam. Beneden staan lantaarnpalen. Ze geven licht. Mijn hand tegen het glas. Klink van de balkondeur naar beneden, deur niet open. Door de gang, lange gang. De bruine mat prikt van de kokosnoten. Ronde deurknop, kan niet draaien. Jassen hangen, ze doen niets. De wc. Pyjamabroek te laat met vallen, plas op de vloer. Badkamer. Keuken. Kamer. Bir, Lotje, Kiki, Bella, Knuvol. Het raam. Geen Jenny Pol bij het klimrek, geen Edmund, geen Guido.

Een stem volgt mij door de gang, lange gang. Stem van mamma die huilt. Zij is een baby. De stem loopt achter mij aan. De stem geeft een gil van schrik als eten uit mijn buik op de vloer valt. Zure korreltjes in mijn keel. Ik ben vies en stout.

Dan stil. Zo stil. Zo lang.

Op de grond, tegen de muur. Uit het zeil kruipt een slang in mijn armen en benen. Hij rilt. De stem draait rond. Duizelige, duizelige stem. Mamma huilt. Mijn tanden tikken. Geluid bij de jassen. Kraken, draaien. Pappa komt thuis van kantoor. Hij troost mamma. We gaan eten. Ik moet een braaf meisje zijn.

Licht op het zeil. De schoenen van buurvrouw Ten Wolle. Er zitten gaatjes in. Zij is een oma. Haar hand heeft ribbeltjes en blauwe touwtjes. Het witte licht in de hal. Bij Marco hebben ze een lassiehond. De deur is open. Lampjes met gouden kapjes. De kleuren van mijn pyjama gaan weer aan.

'Proost,' zegt buurman Ten Wolle, als ik in de kamer ben.

Daar is de avond. Hij drinkt uit een kinderglaasje. Op de bodem zitten suikerkorrels.

'Proost,' zeg ik, net als 's middags, als ik tussen de spijlen van het balkon door kruip.

'Ze heeft nog niets te drinken, dat schaap,' zegt buurman Klaas.

Hij wrijft in zijn handen.

Buurvrouw Ten Wolle geeft mij een glas melk en een lange vinger. Mijn buik voelt raar en ik heb zure korreltjes in mijn keel. Ik sabbel op de lange vinger. Die is lekker. Er komen zoete korreltjes in mijn keel. Op de lange vinger staan tekeningen. Ik weet al dat dat letters zijn.

'Zo meteen zijn de Mounties op tv,' zegt buurman Klaas.

Hij is het kind van buurman Ten Wolle en buurvrouw Ten Wolle. Hij is kaal.

'Gezellig,' zegt buurvrouw Ten Wolle.

Buurman Klaas gaat op de bank zitten. Buurvrouw Ten Wolle zet de tv aan. Ik zit bij haar op schoot. We lachen en we lachen.

'Dat is een goeie,' zegt buurman Klaas. 'Vind je ook niet, kleine?'

'Ja,' zeg ik.

De deur belt aan. Bezoek. Ik hoor stemmen in de gang. Pappa en mamma.

'Mamma,' roep ik, 'ik kijk naar de Mounties!'

Ze staat in de deuropening. Ze huilt.

'De Mounties,' zeg ik. 'We zijn aan het lachen!'

Pappa is boos. Zijn arm ligt op haar schouder.

'Zeg maar gedag,' zegt mamma. 'En bedank de buurvrouw voor de melk.'

Ze trekt mij mee. Haar hand is nat. Ik mag geen snot zeggen.

De deur van ons huis staat open. Alle lichten zijn aan, in alle kamers. Het is overal avond. Ook in mijn kamer. Bir, Lotje, Kiki, Bella en Knuvol liggen op de grond. Mamma raapt ze op en legt ze in bed. Ze liggen niet goed. De dekens zijn los. Ik zeg het niet. Mamma doet het licht uit.

'Lekker slapen,' zegt ze.

Ze huilt. Ik moet groot zijn, ik moet haar troosten, maar het is nacht. Er zijn alleen de laatste woorden om te zeggen. Ik zeg ze.

'Geef je een glaasje water, zet je de deur op een kiertje, kom je nog naar me kijken?'

De kaarsjes in de kerstboom branden. Op het zeil staat een stalletje. Daar ligt het kindje in. Er is ook een emmer met water. Die is niet voor de dieren, ook niet voor als je moet overgeven, maar tegen de bosbrand. Ik moet een liedje zingen.

'Toe maar,' zegt mamma.

Het is heel stil. Ik duw tegen mijn stem. Hij moet naar buiten komen, maar hij wil niet.

'Je kunt toch wel een kerstliedje zingen?' zegt mamma.

Ik ben al groot.

'Er is een kindeke geboren op aard. Er is een kindeke geboren op aard.'

Dan weet ik het niet meer.

'Doe dan maar van de stille nacht,' zegt mamma.

'Stihille nacht, heilige nacht.'

Ik weet niet hoe het verdergaat. Mamma zegt de woorden voor. Ik begrijp ze niet, maar ik zing ze na. De takken van de kerstboom bewegen. Een kransje is heel zwaar. Engelenhaar prikt. Sneeuw kriebelt.

'Nu mag je aan tafel!' zegt mamma. 'Kijk eens wat leuk!'

Mijn kinderstoel is een tafeltje en een stoeltje geworden. Hij staat opeens niet meer bij de tafel van pappa en mamma. Hij staat in de hoek. Ik heb nog wel mijn beertjesbordje. Er staat een kaarsje naast. Ik heb ook een kerstmannetje van chocola en een groen sponsje. Dat is niet om ramen mee te zemen. Er staan kersttakken in. Als het kaarsje maar niet omvalt.

'Alma's eerste echte kerstdiner!' zegt mamma. 'Aan haar eigen tafeltje. Wat gaat de tijd toch snel.'

Ze lacht niet meer. Ze is verdrietig.

Op mijn beertjes ligt een bergje aardappelpuree. Ik kan goed scheppen met mijn vork. De tafel van pappa en mamma heeft geen borden. Er staat geen kaarsje op. Ik neem hapjes. Dat kan ik goed, daar word je groot van. Mamma kijkt toe. Pappa maakt een foto. Zij eten niet.

Deze flat heeft geen lift. De kinderen van de zuster zijn al groot. Ik weet niet waar zij is gebleven. Ik denk bij mamma, drinken geven, naar haar kijken.

We zitten aan tafel. Ik mag meedoen met postkantoortje spelen. De zuster heeft een doorgeefluik, net als in onze flat. Dat is

13

het loket. Er is een bankoverval en alle muntdrop moet in een zak. We gillen, want de jongen van de zuster heeft een pistool. Hij is een cowboy, maar ik ben liever indianen.

Er wordt op de deur gebonsd, er staat een man in een pyjama, met sloffen aan. Hij is boos. Mamma geeft zichzelf slaag. Ze heeft blauwe plekken.

'Houden jullie eens op met die herrie! Ik moet slapen!'

'Het is overdag!' zegt de jongen van de zuster.

Hij geeft de man een grote mond. Ik mag dat niet van pappa en mamma, een grote mond hebben.

'Ik heb nachtdienst,' zegt de man.

Misschien heeft mamma ook nachtdienst. Dan moet je overdag naar bed of op de grond gaan liggen. Ik doe heel zachtjes. Ik zit op het zeil, met Bir, tussen het kastje en de stoel. Ook in de flat van de zuster moet je stil zijn, anders komt de boze buurman.

Het meisje van de zuster geeft mij een likkoekje. Ik lik eraan en steek mijn tong uit om te kijken of hij roze is geworden. Ja.

Met zwart potlood maak ik een tekening van een meisje met een bezem. Ze staat naast onze torenflat. Ze helpt haar mamma en veegt de kruimels op. Die zijn uit het tafelkleed gevallen, van het balkon. Na het eten was ik altijd af, met pappa. Helpen kan ik heel goed. Pappa geeft mij een vork om af te drogen, en een lepel, maar geen mes. Messen zijn gevaarlijk. Ik kan al met een schuifje eten. En veters strikken. En tanden poetsen.

Ik houd mijn tekening omhoog. Ze hebben hier geen kleurpotlood. Ik kan de wangen van het meisje roze likken, maar dat mag niet.

De lieve oma heeft een opa die niets kan. Op zondag gaan we eten in haar huis. De lampen mogen pas aan als het donker is. Het zijn rokjes, ze zouden mij best passen. Ik heb mijn blauwe plooirok aan en mijn grijze maillot. Hij zakt af. Ik trek eerst de spillebenen omhoog en dan mijn middel.

'Ik kan niks zien,' zeg ik tegen mamma.

14

'We zijn aan het schemeren,' zegt ze.

Ik ga naar de gang en klim de trap op. Boven wonen oom Jan en tante Dina. In onze flat hebben we een trappenhuis. Dat is voor iedereen, ook voor Jenny Pol. Ik wil liever met de lift omhoog en op het knopje drukken, maar mamma durft dat niet.

De trap van de lieve oma heeft een kleed. Wij hebben trappen van beton. In de muren zitten kiezelsteentjes. Die kun je er niet uit peuteren, als pulkjes uit je neus. Ik moet doorlopen en ik mag geen pulkjes zeggen. Ze smaken als de zee. Pappa nam mij op zijn schouders. Overal waren kwallen. Ik gilde toen mijn tenen het water raakten, maar pappa liep door. Mamma zat op het zand. Ze huilde, want in de zee ga je dood.

In het kleed op de trap zijn haarspelden gestoken. Ik heb ook speldjes in mijn haar. Ik ben een prinsesje en ik kom uit het vliegtuig. Vanaf de vliegtuigtrap zwaai ik naar alle mensen. Ik heb een mooie jurk aan en ik lach, als prinses Beatrix. De gang is leeg.

'Etenstijd,' roept de lieve oma uit de keuken.

De grote wijzer staat omhoog, de kleine hangt naar beneden. Ik zit aan tafel, op een echte stoel. Hij is van fluweel en bol onder mijn billen. Ik mag geen billen zeggen. Hij duwt mij omhoog. Ik duw terug.

'Zit eens stil,' zegt mamma.

Ik kan over de rand van de tafel kijken. Op mijn bord liggen bergjes: wit, groen en bruin. Puree, andijvie en draadjesvlees. De lieve oma breit een trui voor mij. Ik leg mijn elleboog op het tafelkleed. Er zijn appels en peren op getekend en je kunt het schoonmaken met een nat doekje uit de keuken. Het veert, want eronder ligt een vliegend tapijt. Dat is gemaakt van zachte pluisjes.

'Elleboog van tafel,' zegt mamma.

De rare opa zegt niets. De lieve oma schept zijn eten op een lepel en doet die in zijn mond. Ik kan allang zelf eten en ik hoef geen slabbetje. Hij heeft een servet onder zijn kin, er vallen kloddertjes op. Een servet in de servetring doen is moeilijk. Ik rol hem op en schuif hem in de ring. Eerst gaat het goed, maar op de helft wil hij niet verder.

'Nu het laatste beetje nog,' zegt mamma tegen mij. 'Oma heeft zo lekker gekookt.'

Mamma eet niet. Ze leeft van de lucht.

Ik heb mijn bord leeg. De rare opa ook. Er liggen alleen nog plasjes op, maar ik mag geen plasjes zeggen. Dat is geen tafelgesprek, zegt mamma. De rare opa pakt zijn bord en houdt het voor zijn gezicht. Wie is de mooiste van het land? Dan komt zijn tong naar buiten. De rare opa likt het bord. Ik schrik.

'Mamma,' fluister ik, 'dat mag toch niet?'

Ik wil de rare opa zeggen hoe het moet: niet met je mond open eten, niet met je mond vol praten, niet morsen, niet te grote happen nemen, niet smakken, niet slurpen, niet knoeien, niet bedelen, niet kijken hoeveel een ander op zijn bord heeft gekregen. Niet ho zeggen als je beker vol genoeg is. Ho is alleen voor paarden.

'Ssst,' zegt mamma.

De rare opa likt zijn bord, als een hondje. Dat mag niet.

Wie zoet is krijgt lekkers, wie stout is de roe. We hebben ook gezongen van hoor de wind waait door de bomen en Sinterklaasje kom maar binnen met je knecht. Nu zit Sinterklaas voorin, op een troon. Ik kijk naar hem, maar hij ziet mij niet. Pappa en mamma zeggen dat hij 's avonds naar mij komt kijken. Daarna gaat hij naar de verwarming, in de kamer. Daar staat mijn schoen. Het paard blijft beneden wachten, bij de brievenbussen. De hoofdpiet op de televisie noemt Mies Bouwman vrouwtje Bouw. Ze vindt dat niet erg. Ik hoop dat ik later naar *Een van de Acht* mag kijken.

De lieve oma zit naast mij. Pappa niet. We zijn op pappa's kantoor, maar hij moet op zijn kamer blijven. Hij is ambtenaar. Die werken niet hard, zegt de deftige oma. Pappa wel. Hij zorgt voor mamma.

'We gaan eens kijken of alle kinderen lief zijn geweest, Piet,' zegt Sinterklaas. 'Lieve kinderen krijgen vanavond iets lekkers in hun schoen.'

'Ja, Sinterrrklaass,' zegt Piet.

Ik had een chocoladekikker in mijn schoen. Ik haalde het zilverpapiertje eraf en maakte het glad met mijn vinger. Er bleven kreukeltjes in zitten. Ik wil later trouwen met een prins. Chocoladeletter krijg ik alleen in het weekend. Of een pakje chocoladesigaretten, dat is ook leuk. Ik houd de sigaret tussen mijn vingers en blaas de rook uit. Of ik houd hem tussen mijn tanden: dan ben ik deftige oma aan de afwas. Het witte papiertje wordt altijd nat en slap en er laten stukjes los. Ik slik ze door. Dat is niet zo lekker. Er zijn ook filtersigaretten. Soms rol ik de chocolade uit het papiertje en eet ik het staafje zonder te roken op. Dat is niet eerlijk.

'Eerst wil ik een liedje horen,' zegt Sinterklaas.

Een pop met krullen in het haar. Mamma zit op een stoel. Ze kan niet bewegen. Ik zit in de hoek en kijk naar haar.

Sinterklaas opent zijn rode boek. Ik weet niet hoe lezen gaat. Ik zit pas op de kleuterschool en ik mag maar de halve dag. 's Middags moet ik slapen, net als mamma, anders word ik te moe. Carmen neemt een washandje mee naar school. Dat is erg kinderachtig.

'Is er een meisje dat Alma heet in de zaal?' vraagt Sinterklaas.

Ik schrik. Mijn adem gaat niet meer naar buiten.

'Dat is leuk,' zegt de lieve oma. 'Je mag een liedje zingen voor Sinterklaas.'

Ik moet naar het podium lopen. Ik heb mijn zwarte maillot aan en mijn zwarte jurk met de roze en witte bloemetjes en mijn haar in een staartje met speldjes erin en mijn zwarte lakschoenen. Ze zijn nieuw. Ik zet ze naast mijn bed, dan zie ik ze als ik wakker word.

Piet pakt mijn hand. Hij heeft een heel grote hand van stof. Het voelt lekker warm, ik wil nooit meer loslaten.

'Kom maar,' zegt hij.

Hij knipoogt en tilt mij op het podium. Ik durf niet naar Sinterklaas te kijken.

'Je kent toch wel een liedje?' vraagt hij.

Ik weet het niet.

' "O, kom er eens kijken", dat ken je vast wel,' zegt Sinterklaas.

'Begin maar,' fluistert Piet.

Hij begint.

'O, kom er eens kijken, wat ik in mijn schoentje vind...'

'...alles gekregen van die beste Sint,' zing ik heel zacht. 'Een pop met krullen in het haar, een snoezig jurkje, kant-en-klaar. Twee kaatsenballen in een net. Een lèhètter vàhàn bankèhèt.'

Ik houd mijn bedelketting vast. Ik voel de wieken van het molentje. Die kunnen draaien. Ik heb ook een vogeltje in een kooitje met echte tralies. Pietje gaat soms op het hoofd van de deftige oma zitten. Ze gilt dat pappa de kooi niet open moet maken. Hij doet het toch.

'Prachtig,' zegt Sint. 'Dank je wel, kind, ga maar gauw weer bij je moeder zitten. Hier heb je een chocoladeletter. En vanavond doe ik ook nog iets in je schoen. Ouders, let u even op wat de goede Sint belooft!'

Piet tilt mij van het podium. Ik loop terug naar de lieve oma. Ik klem de chocoladeletter tegen mijn buik. Ik kan mijn eigen naam al schrijven. Die is met een ah. De chocoladeletter is een sss. Ik moet stil zijn.

'Alma is een lief meisje,' zegt Sinterklaas. 'Jammer alleen dat ze zo'n ondeugende vader heeft. Hij zit bijna nooit op zijn kamer. Als zijn collega's hem zoeken, is hij altijd weg.'

Ik zie pappa's van andere kinderen lachen. Ik ga naast de lieve oma zitten en leg de chocoladeletter op mijn schoot.

'Ik was van plan om de vader van dit lieve meisje een verrekijker te geven,' zegt Sinterklaas. 'Maar dat gaat nu natuurlijk niet door.'

Sinterklaas vindt pappa stout. Ik voel iets uit mijn buik komen, omhoogkruipen, naar mijn keel. Het komt eruit. Ik schrik van het geluid. Er klimt er nog een naar boven. Ik schrik als het mijn keel uit floept. Dan nog een en nog een. Ze blijven komen. Ik heb de hik, maar van verdriet. Pappa krijgt geen verrekijker. Hij wil liever boswachter worden, maar dat kan niet. Hij werkt op kantoor.

'Stil maar,' zegt oma. 'Dan krijgt hij hem volgend jaar toch.'

De snikken komen steeds sneller.

'Sinterklaas is niet echt boos. Hij maakte een grapje.'

We gaan naar huis. Ik huil in de tram en in de bus. Sinterklaas vindt pappa stout. De snikken blijven komen, uit mijn buik. Niemand kan ze stoppen, ook pappa niet. We staan in de lift. De lieve oma durft daar wel in. Ik mag op het knopje drukken, maar ik moet huilen.

'Hij bedoelde er niets mee,' zegt oma tegen mamma. 'Het was gewoon een grap onder collega's.'

Mamma ligt in bed. Zij heeft ook snikken in haar buik, heel veel. Ik wil pappa straks mijn chocoladeletter geven, maar dat durf ik niet.

Schoolmelk

De rare opa heeft kwijl op zijn kin. Dat is een traan van plaksel. Met zijn klimrek gaat hij van de kamer met de tafel naar de kamer met de stoelen. In het midden zijn de tramrails. Hij duwt zijn klimrek ertegenaan. Dat kan niet verder. Hij wiegt heen en weer. De zon schijnt door het raam. Dat heeft drie kleuren. Op Dodenherdenking mocht ik niet praten. Ik keek uit het raam en op de Meppelweg stonden alle auto's stil. Ik heb een autoped. Eerst stond er een slagroomtaart op, met kaarsjes, nu kan ik ermee steppen.

Pappa tilt opa's klimrek over de tramrails. Hij doet de schuifdeuren achter hem dicht.

Ik kan ook niet goed lopen, want ik ben de kleine zeemeermin. Op mijn vissenstaart spring ik door de kamer. Oma's voetenzak is lekker warm, met teddybeer erin. Als ik neerkom rinkelen de glazen in het kastje. Bij onze flat moet je beneden bellen.

Zo meteen komt de theepot uit de keuken en pakt oma het schaaltje met lekkers. Dat ligt vol met blokjes chocola waar schuine streepjes op zijn getekend. Ik gum ze uit met spuug. Er zijn ook boomblaadjes van chocola, met pukkeltjes. Ze doen pijn aan mijn tong, toch vind ik ze lekker. En er zijn rumbonen. Die mag ik niet, want daar zit drank in. Dat is gevaarlijk. Sinaasappelchocolaatjes zijn gezond.

Nog even en de lieve oma doet het deurtje open. Er zit een gat in voor je vinger. Het zilveren schaaltje zet ze op de glazen tafel. Wel voorzichtig zijn, anders breekt het glas. Karen Breitner is door onze sloot gezakt, met schaatsen. Ik maak een sprong van de kachel naar de bank. Rinkeldekinkel uit het kastje. De limonadeglazen proosten. Santé! Bij de deftige opa en oma zijn altijd heel veel mensen, hier niet. Ik sta stil. De glazen proosten weer op mijn gezondheid, als bij niezen, maar ik heb niet gesprongen. Ik kijk achterom. Het klimrek van de rare opa is omgevallen. Op het grasveld voor onze flat kan dat niet, want dan gaan alle kinderen dood. De rare opa ligt naast de kachel, op de grond. De kolen kijken naar hem, door het ruitje. Ze zijn boos. Misschien gaan ze schreeuwen.

'Opa is een beetje ziek geworden,' zegt pappa.

'Heeft hij mazelen?' vraag ik.

Ik had rode vlekken op mijn hand en de muur leek heel ver weg. Ik kreeg een emmer naast mijn bed. Wat uit je buik komt, lijkt op soep. Er drijven dingetjes in.

'Nee,' zegt pappa, 'iets anders.'

De bof is ook een ziekte. Ik ben een boffer, zegt mamma. Voor moederdag maakte ik een tekening. Elke dag is kinderdag.

'Ze kan wel bij de buren,' zegt de lieve oma.

Mamma trekt mijn voeten uit de voetenzak en doet mijn schoenen aan. De lieve oma heeft ook een stoofje. Dat is een fornuisje voor je voeten, alleen mag het nooit aan. Boven de bank hangt de foto van een jongen die dood is. Mijn veters zitten veel te los. Het schaaltje met lekkers staat nog in het kastje.

Ik moet met mamma mee naar buiten. Ze kan weer lopen. Ik zag haar uit ons raam, op onze parkeerplaats, met haar stok. Heksen vliegen op een bezemsteel en eten vetgemeste kinderen op.

De buurvrouw heeft dezelfde tuin als de lieve oma, met schuttingen en een kolenhok. Er is hier geen buurman Klaas.

'Wil je een beschuitje met aardbeien?' vraagt de buurvrouw van de lieve oma.

'Ja, alstublieft mevrouw,' zeg ik.

Ik lust liever hagelslag dan jam. De buurvrouw komt uit de keuken. Ik krijg een wit bordje met een beschuitje. Het beschuitje heeft een ziekte, met rode bulten.

De buurvrouw zegt dat dat aardbeien zijn.

Beschuitjes kun je niet in blokjes snijden, want die zijn rond. Ik heb ook geen vork, dus ik moet het beschuitje met mijn vingers vastpakken en mijn mond ver opendoen. Krak, er breekt een stuk af, met kartels. Het valt naar binnen. Twee aardbeien rollen erachteraan, als grote knikkers. Met open mond eten is niet netjes. Ik duw mijn lippen op elkaar. Maar nu kan ik niet kauwen, en de lucht gaat alleen nog door mijn neus. Misschien moet ik zo hoesten, dan komt alles er weer uit.

Voorzichtig beweeg ik mijn tong, hij past bijna niet meer in mijn mond. Ik duw tegen de aardbeien. Ze geven een beetje mee. Ik duw harder, ze deuken in. Gelukkig. Ik kan een heel klein beetje gaan kauwen, dan meer, dan nog meer. Gauw slik ik alles door.

Als de buurvrouw niet kijkt, pak ik met mijn vingers de andere aardbeien van het beschuitje. Ik schrik van de lekkere smaak.

Nu kan ik het lege beschuitje eten als een koekje. Het is niet zoet. Veel spuug erbij, dan slikken.

Ik blijf heel lang bij de buurvrouw. Dan komt mamma terug. Ze lacht niet.

'En?' vraagt de buurvrouw. 'Hoe is het met hem?'

Mamma huilt. Ze schudt van nee.

'Mamma, ik heb beschuit met aardbeien gegeten!' zeg ik. 'Mag ik dat thuis ook?'

In het speelkwartier neem ik mijn liga mee naar het schoolplein. 's Ochtends vouwt mamma hem voor mij in een papieren servetje. Het is een vierkant koekje, droog als een beschuitje, met gaatjes erin geprikt. Ik weet niet wie dat doet.

Voor vaderdag heb ik een meisje van papier geprikt. Met mijn naald ging ik om haar heen. Toen legde ik mijn hand in het midden en duwde haar uit het papier. Daar zat opeens een gat in dat op een meisje leek. Nu nog mooi kleuren, zei de juf. Dat heeft pappa wel verdiend. Hij is heel lief voor mamma.

Op het ligadoosje staat een lachend meisje. Zij vindt liga lekker. Ik niet. Liga kleeft aan mijn tanden, als pindakaas. Ik had iets vies van een hond aan mijn schoen en toen zat het aan mijn tafeltje. Ik wist niet wat ik moest doen. Toen heb ik het maar niet gezegd. De volgende dag was het gelukkig weg.

Met mijn liga in mijn jaszak sta ik op de jongen te wachten. Achter de rozenbottelstruiken ligt de grote school. Ik zit daar nog niet op. Volgend jaar wel. Lezen lijkt me leuk om zelf te kunnen. De jongen zegt altijd dat ik zijn boterham mag hebben. Dan is het ruilen. Maar ik lust geen boterhammen van andere moeders. Toen de deftige opa mij in zijn zakdoek liet snuiten, was mamma boos. De deftige oma mag mijn wang niet schoonmaken met haar spuug.

Daar komt de jongen aan. Ik ben bang voor hem. Hij zegt niets. Zonder hem aan te kijken geef ik mijn liga. Mamma weet niet dat ik mijn liga niet lust, want dat is zielig voor haar. De jongen trekt mamma's servetje weg en gooit het zomaar op de grond. Als ik zeker weet dat hij niet meer omkijkt, raap ik het op en doe het in mijn zak. Dan ga ik elastieken. Ze zijn al begonnen, maar misschien mag ik nog meedoen.

Opa drinkt jenever, net als buurman Ten Wolle. De kamer is vol en iedereen praat hard. Alleen pappa en mamma doen niet mee. De deftige oma gaat rond met boterkoek.

Mamma hoeft niet. Oma kijkt boos naar haar. Dan houdt ze het schaaltje vlak voor mijn neus.

'Allie een stukje?' vraagt ze. 'Jij neemt toch wel?'

'Ja,' zeg ik.

'Ja, oma, alstublieft,' zegt mamma.

Ik kijk naar de schaal. Op school leer ik van de juf van het grootste en het kleinste. Wat is het langste sokje aan de waslijn? Wat is het hoogste huisje in de rij? Dan gaan we die kleuren, jongens.

Ik ben een meisje.

Oma staat te wachten. Snel pak ik het grootste stuk. Ik bof, want er zit ook een nootje op. Ik ga er met mijn vinger overheen, het voelt als een korstje op mijn knie. Ik peuter het eraf. Er is geen bloed.

Mamma kijkt mij boos aan.

Ik was vergeten dat ik niet mag pulken.

'Als je iets wordt aangeboden, neem je het kleinste,' zegt ze. 'Leg dat grote stuk eens terug.'

Snel leg ik de boterkoek weer op de schaal. Het nootje doe ik er los bovenop.

'Dit is in het kader van de opvoeding,' zegt mamma tegen de deftige oma. 'Hygiënisch is anders.'

Ik kijk naar de schaal en zoek het kleinste puntje.

'Niet zo treuzelen,' zegt mamma. 'Er zijn nog meer mensen.'

Zij ziet het kleinste puntje meteen en legt dat snel in mijn hand.

'En wat zeg je dan?'

'Dank u wel, oma.'

De deftige oma gaat verder de kring rond. Aan het eind is er nog één stuk boterkoek over. Dat legt ze op haar eigen schoteltje. Eerst eet ze het nootje op. Dat ligt al los.

Nu snap ik het. Als je uitdeelt, krijg je het grootste stuk.

Het is tijd voor het tweede kopje koffie. Ik loop met oma naar de keuken. Ze heeft een sigaret tussen haar tanden en breekt een chocoladeletter in stukken. Ik wil leren lezen, maar ik mag niet naar de grote school, want ik ben ongelukkig jarig. De eerste schooldag moest ik huilen, want in mijn nieuwe klas zitten hele kleine kinderen. Ik ben de langste en onze juf is een dolle mina.

De stukken chocoladeletter liggen door elkaar op het bord. Er vallen stukjes as op, van oma's sigaret. Het zijn net blaadjes van grijze bloemetjes. Ik blaas.

'Zal ik uitdelen?' vraag ik.

Op school deed ik dat ook, toen ik ongelukkig jarig was. Lolly's zijn allemaal even groot. Dan krijg je geen scheve gezichten, zegt mamma. Als je scheel kijkt en de klok slaat twaalf, dan blijven je ogen altijd zo staan.

'Je bent een grote hulp, schatje,' zegt oma.

Niemand zegt schatje tegen mij, alleen oma. Ik huppel naar binnen.

'Ik deel uit!' roep ik.

Ik houd het schaaltje voor pappa's gezicht.

'Dat heet presenteren,' zegt hij. 'Uitdelen doen ze in de gaarkeuken.'

Bloembollen zijn niet lekker, behalve als je heel veel honger hebt. Ik heb nooit honger, alleen maar trek. Kleine potjes hebben grote oren.

'Je mag niet het grootste stukje nemen,' zeg ik.

'O nee?'

'Dat is niet beleefd. Je moet het kleinste stukje pakken.'

Pappa kijkt me aan. Hij weet alles.

'Ik heb je wel door,' zegt hij. 'Schavuit.'

Snuf en Snuitje zijn gemeen. De boze buurman uit *Ja Zuster, Nee Zuster* is eng. Wij hebben buurman Klaas.

'Eens even kijken,' zegt pappa.

Ik heb allang gezien welk stuk het kleinst is. Het komt uit de benedenste bocht van de sss van Sint. Er zijn kinderen die zeggen dat Sint niet bestaat, maar iedereen was in de kamer toen hij aanbelde en de zak met cadeautjes voor de deur neerzette.

Pappa kijkt nog steeds naar het schaaltje. Zal ik hem voorzeggen? Ik haal diep adem. Daar, pappa, daar.

'Ik geloof dat ik het weet,' zegt hij.

Gelukkig, ik hoef het niet te verklappen, hij heeft het zelf gezien. Zijn hand cirkelt boven de stukjes chocola. Zijn hand hangt even stil. Dan gaat hij weer rond. Steeds pakt hij bijna het kleinste stukje. Ja, die, pappa, die.

'Is er iets?' vraagt hij. 'Je staat zo te koekeloeren.'

Dan pakt hij een stuk chocola van het bord. Het is niet het stukje uit de benedenbocht, maar het stuk waarmee de sss begint, aan de bovenkant. Het grootste stuk. Ik kijk om me heen, ik zoek naar mamma. Zij lacht. Ze zijn allemaal aan het lachen.

'Ga eens door met presenteren,' zegt pappa. 'Ben jij nou een gastvrouw?'

Snel loop ik de kring rond. Alleen Robbie hoeft niet.

'Ha die Aaltje,' zegt hij.

Verder neemt iedereen het grootste stuk.

Ik kan goed tellen. Er zijn nog zestien witte vakjes. Als alle vakjes een kruisje hebben, komt de baby. Ik kan ook al nummers lezen en mijn naam op een tekening schrijven. De baby heet nog niet. Ik vind Sylvie een leuke naam. De lieve oma heeft een vest gemaakt voor mijn barbie. Nu breit ze een trui voor de baby. Ze komt altijd op woensdag, dan eten we pudding met bessensap. Barbies voeten zijn alleen voor hoge hakken. De gele puddingvorm heeft ribbels.

Mamma zegt dat pappa en mamma veel van elkaar houden en dat ze dan dicht bij elkaar zijn en dat er dan een zaadje naar het eitje springt. Ik kijk als ze naast elkaar aan tafel zitten, of als pappa uit kantoor komt, maar ik zie niks. Bij Dora spelen we vaak vlooienspel. Soms vergeet ik haar moeder te bedanken, dan moet ik nog een keer naar boven, door het trappenhuis, en aan de voordeur zeggen van bedankt voor het spelen en de limonade, mevrouw.

We drinken koffie. De lieve oma geeft mamma haar kopje.

'Uuuh. Er ligt melk op het schoteltje,' zegt mamma.

Ik heb een melkgebit. Mijn hoektand zit een beetje los. Ik voel er steeds aan met mijn tong. Houd eens op, zegt mamma dan, dat is niet netjes.

Ze staat op en loopt naar de keuken. Ze gooit de koffie in de gootsteen en pakt een nieuw kopje. Ik zie het door het doorgeefluik. Mamma is bang voor melk.

'Wat zonde,' zegt de lieve oma, 'van die kostelijke koffie.'

'Mamma lust geen melk, hoor,' zeg ik.

Baby's wel, zij vinden dat juist lekker. Op school krijgen we

melk uit een kartonnetje. Hij is lauw. Uuuh. Als ik het leeg heb,
kijk ik door het drinkgaatje naar binnen. Er glijden witte druppels langs de muren. De lieve oma heeft een flessenlikker voor
de vla, dat is net ramen zemen. Mamma vindt dat vies. Het is
anders wel zuinig, zegt pappa, want nu gaat de helft van de vla
door de gootsteen als je de fles moet afspoelen voor de melkboer.

'Ik voel wat,' zegt mamma.

Oma schrikt. Ik ook. Mamma is ziek. Ik kijk naar haar gezicht. Is ze verdrietig? Ik denk het wel.

'Het is zover,' zegt ze.

'Dat kan niet,' zegt de lieve oma, 'je hebt nog twee weken te
gaan. Ik ga Henk bellen.'

'Nee,' zegt mamma, 'dan wordt hij zo zenuwachtig.'

Mamma ligt in de slaapkamer. Het is overdag. Ze zegt dat de
baby komt. Dat is leuk.

'Dag mamma,' roep ik, 'straks hebben we een baby!'

'Ja,' roept ze door de open deur, 'ga maar gauw met oma
mee.'

De lieve oma neemt mij mee naar buiten. We gaan met de
trap. Ik huppel de treden af. Ik heb mijn lakschoenen aan en ik
zing.

'De baby komt, de baby komt, de baby komt!'

Ik heb dat liedje zelf verzonnen. Het galmt door het trappenhuis.

'De baby komt, de baby komt!'

Ik wil in de maat van de treden springen, maar oma trekt aan
mijn arm. Beneden op het bordes staan we te wachten. Oma
kijkt naar de oprit, maar er komt niemand. Wij hebben geen
defilé, zoals Juliana, anders zou de trap nu vol met bloemen
liggen. Oma staat stil, en toch beweegt ze haar voeten alsof ze
loopt.

'De baby komt, de baby komt!'

Ik huppel langs de brievenbussen. Soms mag ik de krant halen. Dan zegt pappa dat ik braaf ben.

Er komt een taxi de parkeerplaats op. Uit het raampje hangt Robbie. Hij is een oom, maar hij heet gewoon Robbie. Hij zwaait en roept Otje naar mij. Dat ben ik. In het echt heet ik Alma. Ik mag in de taxi met Robbie. De lieve oma gaat niet mee.

'Oma Jaspers zal voor je zorgen,' zegt de lieve oma.

'Wanneer mag ik de baby zien?'

'Dat duurt nog even.'

De lieve oma gaat onze flat binnen. Ze draaft en ze kijkt niet om. Robbie en ik rijden weg in de taxi, naar het huis van de deftige oma. Zij woont niet in een flat, maar in het Statenkwartier. Meteen na de deur moet je een trap op. Robbie is haar kind. Ik ben het kind van mamma. En de melkbaby komt er nog bij.

Ik heb een mandje aan mijn arm. Ik ben heel groot. Ik draag een flesje vruchtensap voor mamma. Mamma eet geen fruit. Ze drinkt liever cola.

We gaan naar de kliniek. Die heet Emma. De baby heet Monique. Ik heet Alma Oosting, Meppelweg, Den Haag, Zuid-Holland, Melkweg. De zon schijnt. We lopen langs tuinen. Overal staan bloemen.

'Dat zijn narcissen,' zegt de deftige oma.

'Bloemen hebben namen,' zeg ik, 'net als baby's.'

'Dat heb je goed bedacht, schatje.'

Ik moet kunstjes doen voor de deftige oma en voor Bettie en Hennie. Niet voor Ferdi en Robbie. Wat doet het poesje? Miauw. Wat doet het poesje? Miauw. Wat doet het poesje? Au. De deftige oma heeft een kachel. Mijn wasteil staat ervoor, op twee stoelen. Na het aankleden mag ik mijn cadeautje openmaken. Ik heb al twee bruine beren. Het lijkt of ze haren hebben, maar ze zijn van plastic. Mamma vindt mij een braaf kind, anders kreeg ik geen cadeautjes. Opa en oma hebben geen snoepschoteltje en ook geen snoepje-koekje-wat-dan-ook.

Vandaag heb ik smarties gekregen. Als je het dekseltje van het kokertje trekt, hoor je plop. Ik heb er vijf gegeten. De rode zijn het lekkerst. Die eet ik eerst. Ik zuig de kleur eraf. Daaronder zit wit dat bros wordt en breekt. Dan komt de chocola naar buiten. Vogeltjes komen uit een ei. De blauwe smarties eet ik het laatst. Blauw kan eigenlijk niet, voor eten.

We lopen heel ver. De kliniek ligt aan een lange laan. De tram komt voorbij. Ik vind rails eng om over te lopen, want als je voet erin vast blijft zitten rijdt de tram over je heen. In het grote witte huis zijn veel mamma's en baby's. Ze liggen in bed, ook als het dag is.

De zuster geeft ons beschuit met muisjes. De muisjes lijken op smarties, maar dan kleiner. Er zijn witte en roze, want de baby is een meisje. Ik neem een hap van de beschuit. De muisjes springen heen en weer in mijn mond. Ze kraken als ik kauw. De baby kan niets, die heeft nog niet eens tanden. Wit smaakt lekkerder dan roze.

De deftige oma vraagt aan mamma hoe het voeden gaat. Mamma schudt nee. Wil zij niet eten? Met oma ga ik naar de vijver bij het Gemeentemuseum. Daar geven we het oude brood uit de broodtrommel aan de eendjes. Er zit geen boter op, en toch doen ze heel onaardig. Ze gaan vechten, in het water. Overal komen kringen, het zijn net bordjes die op elkaar botsen en breken. Ik gooi mijn korstjes naar een zielig eendje. Hij is helemaal alleen.

Ik mag de nieuwe *Billie Turf* lezen. Hij ligt op het zeil naast mijn bed. Op het rode krukje staat mijn snoepschoteltje. Vandaag heb ik een theebiscuitje, twee muntdropjes en een spekkie. Een spekkie is best groot. Het hoeft niet op, zegt mamma over snoep en oliebollen. Bij gewoon eten moet je wel je bord leegeten. Billie Turf is het dikste studentje ter wereld. Daar plagen ze hem mee.

Het is kwart voor zeven. Ik zie dat zelf op de wekker. Die staat ook op het krukje. Van pappa en mamma mag ik niet voor acht uur lezen. Ik moet slapen, want dat heb ik nodig. Als je leest bij te weinig licht word je blind. Je mag ook niet met je tong aan losse tanden voelen. Dat is moeilijk, want mijn voortand hangt aan een draadje van vlees dat niet wil breken. Ik krul mijn tong steeds zo dat ik hem heen en weer kan wiebelen.

Buiten schijnt de zon. Ik kan alles in mijn kamer zien, ook het boek van Billie Turf en het snoepschoteltje en de wekker. Slaapt Monie nog? Ik hoor niets door de muur. Op vakantie in Ede hield ik veel van haar toen ze op haar tuinbroek kwijlde. Ik veegde het kwijl af met mijn hand en mijn hand aan mijn jurk. Dit is vast een leuke *Billie Turf*. Ik moet om hem lachen. Hij gaat altijd taartjes eten in het dorp en dan komt meester Kwel erachter en krijgt Billie een pak op zijn broek. Zijn derrière is heel dik en zijn rode broek lijkt op een wereldbol, met zwarte lijnen erop getekend. Dan weet je waar je bent, als je op ontdekkingsreis gaat. Niet voelen aan mijn tand.

Er zijn vijf minuten voorbij. Langs de Meppelweg rijdt een brommer. Hij maakt lawaai, ik moet stil zijn. Door de kier in het gordijn kijk ik naar buiten. Alle auto's van iedereen in de flat staan op de parkeerplaats. Het klimrek is leeg. Niemand fietst op het fietspad. Alleen de eendjes zijn al aan het zwemmen in onze sloot. Eerst waren er zes kleintjes, nu nog vier. Onze Keetje kreeg een caviababy. Op een ochtend kroop die zomaar door haar kooitje. Mamma voerde de baby met mijn poppenflesje. Ik huilde toen de baby doodging. Hij moest door de wc. Dan ben je al dood, en dan ga je ook nog verdrinken.

Zeven uur, bijna. Ik ga weer in bed liggen. Soms bijt ik heel hard in mijn kussen, want niemand hoort dat. Maar dat kan nu niet, met een losse tand. Ik luister of de wekker nog tikt. Ja. Ik draai me naar de muur, dan gaat de tijd sneller. Nee, ik kan toch beter naar de wekker kijken. Alleen staat het snoepschoteltje daar ook. Ik heb spierpijn in mijn tong, van het wiebelen met mijn tand.

Een spekkie is ook net een tong. Eerst is hij ruw als de tong van de lassiehond in ons portiek. Maar als ik het puntje in mijn mond stop en eraan zuig, wordt het spekkie glad en zacht. Na even sabbelen laat er vanzelf een stukje los. De lieve oma geeft mij op zondag een theebiscuitje mee, voor in de auto. Eerst knabbel ik aan de vier hoekjes, dan aan de twee lange kartelrandjes, dan aan de twee korte, daarna eet ik pas het midden op. Zo doe je er lekker lang mee, wel tot aan het Rijswijkseplein.

De muntdropjes bewaar ik straks tot het laatst. Ik heb een gulden en vijf cent. Dropveter of trekdrop of dropstaaf of sleuteldrop koop ik van mijn zakgeld. Niet voelen aan mijn tand.

Naast de rode poten van het krukje zie ik het gezicht van Billie. Hij zit in een boom te smikkelen en te smullen uit een grote picknickmand. Maar daar komt meester Kwel aan, zwaaiend met zijn stok. Ze lachen Billie altijd uit. Turf is een rare naam. Op school schelden ze mij uit voor soepoog.

Het is vijf over zeven. Niet voelen aan mijn tand.

Snoepketting

Mamma zet de plastic koepel terug op de botervloot. Daar zit de margarine in. De boot naar Drievliet heeft een doorzichtig dak. Daar ging ik in met opa. Ik mocht van hem ook poffertjes, met boter en poedersuiker.

'Kijk eens,' zegt mamma.

Ze geeft me mijn boterham met tevredenheid. Dwars door de jam heen schijnt de margarine. Je kunt zo al zien dat die erg vies is. Ik lust geen margarine op mijn brood, dat zeg ik steeds tegen pappa en mamma. Ik lúst geen margarine.

Moon zit in haar kinderstoel. Die is speciaal voor kleine kinderen. Ze krijgt geen brood, maar lammetjespap, van Molenaars kindermeel. Ze lust veel dingen niet en ze is eenkennig. Ik lust geen margarine, wel roomboter. Daar zit pakpapier van goud omheen.

'Alsof je het verschil kunt proeven,' zegt pappa.

Wel waar.

'Ik kan dat heus wel,' zeg ik.

'Dat zullen we eens zien,' zegt pappa, terwijl hij opstaat.

'Wat ga je doen?' vraagt mamma.

'Een test.'

Hij komt terug met de theedoek. Ik kan heel goed afdrogen.

'Ogen dicht,' zegt hij.

Hij heeft zijn handen op mijn hoofd. Dat vind ik fijn. Het duurt heel kort.

'Dat is de blinddoek,' zegt hij.

Ik word bang. Straks weet ik het goede antwoord en zeg ik het toch fout. De theedoek ruikt een beetje vies, naar gootsteenbakje. Daar ligt eten in dat kapot is. Je moet de natte, zachte stukjes in je hand doen en ze naar de vuilnisbak dragen, op het balkon. Druppels vallen op de vloer, want handen zijn niet waterdicht. Guido heeft een netje om in onze sloot te vissen. Soms zit er een zielige guppy in. Ik vind vissen leuker als je niks vangt.

De proef begint. Het eerste stukje is met margarine. Dat weet ik meteen, want het smaakt naar de Nivea voor mamma's handen. Het tweede stukje is met boter: glad en koel. De lieve oma heeft soms chocolade ijscups op het schaaltje met lekkers. Ze staan in de warme kamer en toch zijn ze koud. Als je het papiertje lostrekt zitten er kerfjes in de rand, maar die doen geen pijn aan je tong. Ze smelten.

'Denk er goed over na,' zegt pappa, 'je hebt maar één kans.'

'Ik weet het antwoord,' zeg ik. 'De eerste was met margarine.'

Pappa kijkt niet blij. Ik had een mooi rapport op school. Pappa had een frons in zijn voorhoofd toen hij het zag.

'Het klopt,' zegt hij. 'Maar wat wil je, met vijftig procent kans.'

Pappa is goed in wiskunde. Hij wil liever sterrenkundige worden dan ambtenaar.

Ik heb het goede antwoord gegeven. Nu mag ik altijd roomboter eten.

De opa van de deftige oma is helemaal uit Den Haag komen fietsen. Hij is er net voor het middageten, als verrassing. Het broodmandje en de margarine staan al op het plastic tafelkleed. Thuis hebben we dat niet, een plastic tafelkleed, want dat vindt mamma niet gezellig staan. Dan maar een keer extra wassen. In de badkamer staan Moons luiers in de week.

'Hoe is het mogelijk, meneer Jaspers,' zegt de lieve oma, 'dat hele eind fietsen vanuit Den Haag.'

Dat deden ze in de hongerwinter ook. En voor vakantie gingen opa, mamma en oom Ferdi naar Zutphen fietsen. De weg was heel lang. Mamma was uitgeput. 'Fling flang, daar gaan we weer,' zei opa, na vijf minuten rust. Dan moesten ze verder, ook al was mamma nog zo moe.

'Dagh opa,' zeg ik. 'Ghing het ghoed met fietsen?'

'Wat praat jij vreemd,' zegt opa.

Ik praat met een zachte g. Dat is Limburgs. De kinderen in het andere huisje komen uit Heerlen. De lieve oma is ook met ons mee naar de Veluwe. Pappa en mamma vinden ons huisje niet zo leuk, dat zag ik aan hun gezicht toen we aankwamen. Ik verzamel takken in het bos om een hut te bouwen.

Opa is bruin van het fietsen. Zijn kale hoofd glimt. Ik vind het leuk dat hij is gekomen, want pappa en mamma moeten steeds in het potje van Moon roeren. Ze heeft thuis een vleugelmoer ingeslikt. Die heeft ze losgedraaid van de kinderstoel.

'We hadden het kunnen weten,' zegt pappa. 'Die dingen zijn ervoor gemaakt om door kindervingers losgedraaid te worden.'

Als de vleugelmoer deze week niet in het potje zit, moet Moon naar het ziekenhuis. Ze stopte ook een keer een pilletje in haar neus en ze eet heel vaak haar bord niet leeg. Toen het hongerwinter was, stond opa 's nachts op om te kijken of er eten in de pannen zat, zo'n honger had hij. De Duitsers mochten niet weten dat hij er was. Er zijn hier veel soldaten. Als we door het bos wandelen zien we ze rijden, in groene vrachtwagens met een tent erop. Ik zwaai altijd. Ze zwaaien terug. Pappa zegt dat je in dienst lekker te eten krijgt. Veel pap.

'Hij had er helemaal een dikke kop van,' zegt mamma. 'Dat zie je op de dienstfoto's.'

Pappa is niet dik, maar hij houdt wel van pap. Havermout. Custard. Karnemelkse gortepap.

'Ghaan we straks een ijsje eten?' vraag ik aan opa.

'Natuurlijk,' zegt opa. 'Hebben ze hier een Marinello?'

'Nee,' zeg ik. 'Maar er is een raam en daar kun je melkijs kopen.'

Mamma lust dat ook.

'Dan gaan we daar met zijn allen heen,' zegt opa. 'En ik trakteer.'

We lopen naar het dorp. Tegenover de muziektent is een raam dat openstaat, als een loket. Bij ons kan dat niet, want wij wonen op de tweede. Er staat een lange rij. Ik wil een vierkant bakje, met ruitjes als rekenpapier. Volgend jaar gaan we de tafels leren. Ik wil dat heel graag, al weet ik niet precies wat de tafels zijn.

In de warme zon zitten we op de treden van de muziektent. Ik lik aan mijn ijsje.

'Zeg, houd die lange lap eens binnen,' zegt mamma.

In het huisje hebben we niet genoeg bedden, dus opa kan niet blijven slapen. Aan het eind van de middag gaat hij weg, terugfietsen naar Den Haag. Hij neemt een foto van ons. De lieve oma staat apart, want zij is de oma. We hebben onze armen langs onze zij, als de soldaten. Gisteren speelde ik ziekenhuisje, met Marie-Louise en Franciscus. Dat zijn Limburgse namen. Het voelde een beetje raar toen ze mijn broek naar beneden deden, voor ziekenhuisje spelen, maar ook wel leuk. Ik wou dat ik Desirée heette.

Opa kijkt nog een keer om en zwaait. Zijn kale hoofd glimt.

'Dagh opa,' zeg ik. 'Ghoede reis!'

'Fling flang, daar gaan we weer,' zegt mamma, maar pas als opa de hoek om is, en hij het vast niet meer kan horen.

Nu moeten we tafeldekken. Als het mooi weer is, eten we buiten. Snel de borden neerzetten, anders waait het tafelkleed eraf.

'Dat ze daar nou geen klemmetjes voor geven,' zegt pappa. 'Dat hoort toch in de inventaris van zo'n huisje.'

Vanavond gaan we pesten. Dat is leuk. Ik hoop dat ik veel jokers krijg.

Theeworst is een rare naam. Pappa probeert het kapje van het plastic af te snijden. Aan de uiteinden zitten ijzeren klemmetjes. Ik heb een paardenstaartje, want los haar staat slordig.

Mamma trekt mijn haar strak naar achteren.

Pappa zaagt en zucht. Gemakkelijk is anders: het plastic deukt, maar er komt geen snee in. Mamma houdt niet van scherpe messen. Ik vind kapje van gekookt ei uitschrapen leuk, alleen moeten er geen witte velletjes aan blijven kleven.

'Hè, verdikkie,' zegt pappa.

Hij loopt naar de keuken en komt terug met een mes met karteltjes. Dat hoort niet bij de cassette. Weer gaat hij heen en weer over het plastic, maar er komt nog steeds geen scheurtje in. Dat is ook niet zo raar, want als je met de karteltjes over je vinger gaat voel je zachte rondjes, geen scherpe tandjes. Pappa blijft zagen en zagen. Hij wordt rood.

'Tjongejonge,' zegt hij, als het plastic eindelijk opengaat.

Hij wipt de worst uit het kapje en smeert die op zijn boterham, over de margarine heen. Dan houdt hij het plasticje omhoog.

'Dat zou precies op jouw neus passen,' zegt hij.

'Nietwaar,' zeg ik.

In de kerstvakantie mag ik naar Circus Boltini kijken. Dan is er elke middag televisie, en als ik geschaatst heb krijg ik warme chocolademelk. Wel snel opdrinken, anders komt er vel op. Dat blijft aan je lepeltje hangen, als een natte vlag. Uuuh.

Opeens is pappa's hand bij mijn gezicht. Hij gaat het plastic kapje op mijn neus zetten.

'Nee!' roep ik.

Ik ruik de theeworst, zo dicht komt het kapje bij mijn neus. Ik mag niet van tafel opstaan tot we klaar zijn en niet beginnen tot iedereen heeft opgeschept. Pappa's hand ligt op mijn achterhoofd, dat is fijn. De theeworst komt dichterbij. Ik glip van mijn stoel, onder zijn arm door. Soms speel ik wc'tje. Dan word ik weggespoeld, tot ik op de grond lig, onder de tafel.

Hij komt mij achterna. Ik ren naar de kapstok.

'Nee!' zeg ik.

Nu snapt hij het wel: ik wil geen kapje op mijn neus. Ik kruip achter pappa's jas. Ik zit in de binnenkant, het is warm en donker. Dan hoor ik zijn stem, vlakbij.

'Wat? Weglopen?' zegt hij.

Hij doet zijn jas open en grijpt mij vast. Mamma staat er ook bij. Ze lacht.

'Hier jij,' zegt pappa.

Ik ruik de theeworst, het is een heel vies windje. Pappa duwt het plastic tegen mijn neus. Ik kokhals. Mijn tong wordt uit mijn mond geduwd. Er zit een hand in mijn keel die dat doet. Hij duwt nog een keer. En nog een keer.

We mogen met mijn keukentje spelen. Het fornuisje heeft twee bakjes om de witte aansteekblokjes in te leggen. Ik heb ook een eigen strijkplank en een strijkijzer voor de poppenkleren. Alleen zijn die nooit gekreukt. Dora doet een lucifer aan. Waar ze de vlam tegenaan houdt wordt het blokje zwart, maar verder gebeurt er niets. Ze blaast de lucifer uit en de lucht ruikt vies, naar brand. We kunnen beter stoppen, het is te moeilijk.

'Het gaat niet,' zeg ik. 'We kunnen ook met de barbies spelen, of met mijn Sylvie.'

Er is nu ook een barbie die haar knieën kan buigen. Die heeft Karen Breitner. Dora wil liever pannenkoeken bakken. Weer houdt ze een lucifer bij het aansteekblokje, en opeens is er een grote vlam, als bij de grote kerstbomenverbranding, wanneer de eerste kerstboom in de brand vliegt. Ik zet het koekenpannetje op het vuur. Met de mooie lepel schep ik beslag uit het toetjesbakje en laat dat in het pannetje lopen. Aan de bovenkant komen meteen putjes.

Straks vraag ik of mamma pannenkoeken bij ons wil eten. We moeten er honderd bakken, want het pannetje is kleiner dan een rijksdaalder. Ik had gelukkig een goed rapport, al vind ik hoofdrekenen eng om te doen. Dan ben ik alle cijfers opeens vergeten.

Langs de rand van het pannenkoekje komt blauwe rook naar boven. Draaien aan de rode knopjes helpt niet.

'Hij moet omgedraaid!' roep ik.

Snel probeer ik de lepel onder de pannenkoek te duwen, maar het lukt niet, hij gaat stuk. Het nat van bovenop blijft aan de lepel kleven, de onderkant is juist droog en zwart en zit aan de bodem vastgeplakt. Ik krijg de pannenkoek niet los, het handvat van de lepel wordt te warm, alles gaat fout.

Ik weet niet wat ik moet doen. Mamma is in de echte keuken. Onze gang is heel lang.

Mamma zet de pannen op tafel. Ze zijn van blauw email, met witte sliertjes erdoorheen, als door de ham. De onderzetters hebben rode kaplaarsjes aan hun vier voetjes. Ik wou dat wij een hond hadden, om te aaien. Ik vind Flipper leuk, en Skippy ook. Mamma haalt de deksels van de pannen. We eten aardappelen, spruitjes, karbonaadje en jus. Ik lust geen jus.

Mamma schept mij op. Ik heb allang het metalen bord met de vier beertjes niet meer. Dat is voor kleine kinderen. Het kan niet breken en er is speciaal een kuil in gemaakt, zodat het eten er niet af kan vallen. Mijn bord is plat en van porselein, want ik gooi het toch niet op de grond.

Moon zit in de kinderstoel. Die staat nu nog bij de tafel. Misschien dat we vandaag het spel niet spelen.

Mamma heeft eten over Moons vier beertjes heen gelegd, en is nu aan het prakken. Voor volwassenen is dat een onsmakelijke gewoonte, maar voor kinderen mag het wel. Die kunnen nog niet goed kauwen. Ik heb allemaal nieuwe tanden. Die zijn voor altijd. Alleen achterin zit nog een melkkies los.

Pappa staat op van tafel. Hij pakt de kinderstoel met Moon erin en zet hem midden in de kamer, heel ver weg.

We doen het spel dus toch, vandaag.

Om Moon heen is nu alleen nog het grijze zeil. Pappa gaat weer aan tafel zitten. Voor haar staat die nu in de verte. Het bordje met de beertjes en het prakje zijn bijna niet meer te zien. Moons kinderstoel lijkt een booreiland, op zee. Op school vertelt de Zeeuwse meester over de watersnood. Een kind zat twee dagen op het dak, zonder eten. Gelukkig wonen wij in een flat. Alleen niet hoog, want dat vindt mamma eng. Ik droom vaak van overstromingen.

Moons lip begint te trillen. Dat is het begin.

Pappa, mamma en ik gaan eten. Ik vind spruitjes niet lekker. Er zitten allemaal blaadjes aan, alsof je een bloemknop aan het eten bent. Bloemen zijn alleen nooit groen. Mamma doet er ook nog korreltjes nootmuskaat op, die maken het nog viezer. Ik kauw met de kiezen aan de linkerkant, want die zitten allemaal goed vast, en slik snel door.

Het is stil. Ik hoor alleen het tikken van onze messen en vorken op de borden. Mijn volgende spruitje heeft aan de buitenkant gele blaadjes. Het is herfst.

Daar is de stem van Moon. We zaten er al op te wachten, pappa, mamma en ik.

'Kan Moon niet bij komen?'

We kijken op van onze borden, verbaasd.

'Wat hoor ik nu?' vraagt pappa.

'Ik weet het niet,' zegt mamma.

'Het was Pietje,' zeg ik.

Pietje zit stil op zijn stokje. Hij krijgt soms zangzaad.

We eten door. Ik laat mijn vork en mes expres veel lawaai maken, en schraap zo over mijn bord dat ik er kippenvel van krijg. Mijn spruitjes zijn bijna op. Ik moet mijn beker melk nog drinken. Dan horen we het weer, het stemmetje van Moon. Ze zegt het nog een keer, maar zachter dan daarnet. Ze moet juist harder praten.

'Kan Moon niet bij komen?'

Ze huilt. Ze denkt zeker dat ze niets te eten krijgt.

Pappa en mamma lachen. Ik ook. Zo gaat het spel, begrijpt ze dat nou nog niet? Pappa staat op. Hij tilt de kinderstoel naar de eettafel. Mamma zet het bord met het kleinekinderprakje op de richel voor Moons buik en geeft haar de lepel. Als ze haar bord leegeet, ziet ze zo meteen vier beertjes. Dat is leuk voor haar. Maar dan moet ze wel ophouden met huilen.

'Tjongejonge, wat een misbaar,' zegt pappa. 'Hier, nu zit je weer op de eerste rang.'

Moon hikt nog na. Het is gewoon een spelletje, net als pesten of mens-erger-je-niet. Dat ze dat niet snapt.

Het wordt vast leuk: dat stond op de uitnodiging. Mamma neemt ons mee naar de Eurocinema. De zaal is vol. We kunnen alleen nog op de eerste rij zitten.

'Ga jij maar aan de zijkant,' zegt mamma. 'Jij bent de gastvrouw.'

Moon zit naast mij. Zij is te jong voor mijn partijtje, maar ze kan niet alleen thuisblijven. De dikke ziet er raar uit en de dunne ook, vanaf deze stoel. Als ze struikelen vallen ze over ons heen. Ik hoop dat de dikke niet aan onze kant neerkomt.

Als ik mijn nek draai, gaat het kijken beter. Ik heb mijn snoepketting om. De snoepjes zijn roze en geel en wit, met een gaatje in het midden, waar het elastiek door is geregen. In het begin kun je het elastiek niet zien, nu wel. Ik rek de ketting uit tot hij bij mijn mond kan, bijt een snoepje doormidden en vang met mijn tong de helften op. Daar moet je handig voor zijn. Mijn nek kleeft een beetje. De stukjes snoepketting lijken op melktanden waar je in kunt stikken als ze het verkeerde keelgat binnenschieten.

Ik kijk naar mamma. Ze lacht niet om de dikke en de dunne, ze heeft haar ogen dicht. In de pauze mogen we geen ijsje, anders hebben we straks geen trek.

Thuis begint mamma meteen met eten maken. We krijgen patat met appelmoes en gehaktballetjes en ijs toe. Dat heeft ze zelf gezegd. Op andere dagen mag ik niet weten wat we gaan eten.

'Komt pappa al thuis?' vraag ik.

Nu komt het leukste van de hele middag.

'Gaan jullie achter de deur staan,' zegt mamma. 'En dan heel stil zijn, hoor.'

We staan dicht bij elkaar. Edmund geeft mij een stomp. Ik

bots tegen Karen Breitner. Zij speelt altijd met Anneke. Ik loop met Dora naar school. We zijn de langste meisjes van de klas, ook van de jongens. Met gym moeten we aan het eind van de rij staan. Moon wil mijn hand vasthouden.

We horen iets. De sleutel in het slot, aan het einde van de gang.

'Hallo!' horen we mamma zeggen, bij de jassen.

'Hallo,' zegt pappa.

Ze zoenen. Het smakt. Dat zijn geen manieren.

'Wat is het hier stil,' zegt pappa. 'Ik dacht dat vandaag het partijtje van Alma was.'

'Nee hoor,' zegt mamma.

'Echt niet?' vraagt pappa.

'Nee, echt niet.'

'Mooi, dan kan ik rustig de krant lezen,' zegt pappa.

Wij hebben de *Haagsche Courant*. Ik knijp in Moons hand. Die kleeft. Nog even wachten.

Dan komt pappa de kamer in. We gillen hard van achter de deur.

Pappa schrikt heel erg.

'Wat is dat nu?' roept hij. 'Is er toch een partijtje?'

'Ja!' roepen we.

We gaan aan tafel zitten.

Mamma zet de schaal met patat op de onderzetter. Op zondag zit daar aardappelpuree en witlof in. De gehaktballetjes liggen op het vleesschaaltje. Ze hebben allemaal een vlaggetje. Dat is omdat ik het feestvarken ben. De schaal met appelmoes staat er ook. In het midden ligt een kersje.

Vruchtvlees

Aan de achterkant van onze flat schijnt nooit de zon. Daar wonen buurvrouw Ten Wolle en buurman Ten Wolle en buurman Klaas. Op het grasveld staat een standbeeld, maar niet van iemand. Het is gewoon een ding.

Aan de voorkant hebben wij een klimrek. Daar is ook een perk met rozenbottelstruiken. Rozenbottels zijn hard en er zitten pitjes in, daar gooien we mee als we cowboys en indianen spelen. Ik ben het liefst Apaches, maar als anderen het eerder roepen kan dat niet meer. Soms doen ze slot-op-de-pot als ik er aankom, dan ben ik te laat om mee te doen. Ze steken hun tong naar mij uit. Ik vind roosvicee niet lekker.

'We gaan kauwgom zoeken,' zegt Anneke, als we bij het standbeeld staan.

Ik vind bubbelgum lekker als ik het in mijn mond doe, maar na even wordt het stijf en vies en is het net van die roze gum aan het uiteinde van een potlood. Eén keer heb ik kauwgom doorgeslikt. Daar kun je ziek van worden, want het blijft plakken in je maag. Mamma vindt kauwgom kauwen niet netjes staan. Het is ordinair.

Aan de achterkant van onze flat ligt geen kauwgom.

'Nu in de kelder kijken,' zegt Anneke.

De kelderdeur is zwaar. Overal zijn donkere gangen. Hier ergens hebben zij en Karen op de muur geschreven dat ik stom ben, een heleboel keer. Van hun moeders moesten ze het eraf gaan boenen, met emmers sop. Ik probeer er niet meer aan te denken, maar dat is best moeilijk. Mijn nieuwe fiets staat in onze berging. Samen met pappa ging ik naar station Hollands

Spoor. Alleen wist ik niet waarvoor, en ik wilde niet mee. Maar ik moest toch, en toen ik de fiets zag was ik erg blij, en had ik spijt van mijn ondankbaarheid. We fietsten terug naar onze flat. Soms legde pappa even zijn hand op mijn schouder, in het drukke verkeer.

In de kelder ligt alleen kauwgom die al plat en zwart is. We gaan aan de voorkant weer naar buiten en lopen langs de rozenbottelstruiken. Er liggen sigarettenpeuken in de aarde.

'Van de kinderlokker,' zegt Karen Breitner.

Buurman ten Wolle rookt sigaren. Hij houdt de as dicht bij mijn arm. Ik mag in zijn jenever roeren, dan lost de suiker op.

We zoeken tussen de auto's op de parkeerplaats. Onze Renault staat er ook, want pappa gaat op de fiets naar zijn kantoor. De auto is om naar opa en oma Jaspers en oma Oosting te gaan, en naar het handballen.

'Ja!' zegt Anneke.

Ze knielt. Daar ligt kauwgom op de grond. Ik hoop dat mamma niet uit het raam kijkt en Moon ook niet. Ze wilde met mij mee naar buiten.

'Ik heb hem los!'

Anneke geeft een stukje aan Karen Breitner, niet aan mij. Vorige week spuugde ik kauwgom uit toen ik boven op het klimrek zat, met mijn benen door de spijlen. De kauwgom kwam in het haar van Anneke, ze moest er een lok uit knippen. Haar moeder was boos, maar ik deed het echt niet expres. Er zaten ook pitjes in, want ik had net een pinda gekregen van Edmund, dat maakte het nog erger. Ik had er zo'n spijt van, ik kon niet slapen. Ik dacht dat Anneke nooit meer met mij wilde spelen. En Karen Breitner ook niet.

Mamma is naar de kruidenier op de Rade. Ze wil dat ik met Moon speel, als lieve zusjes. Ik doe het liefst schooltje en dat ik dan de juffrouw ben, maar dat vindt Moon niet zo leuk.

'Ik weet al wat,' zeg ik.

Ik trek Moon mee naar de keuken en zet een glazen toetjesbakje op het aanrecht. Haar hoofd komt maar tot de la met de pollepels en de garde.

'Hier,' zeg ik. 'We gaan iets voor pappa maken.'

Eerst pak ik de maggi. Als we soep gaan eten staat die op de lage tafel, op een onderzettertje. Mamma schenkt de soep meteen in als pappa van kantoor komt, want dan heeft hij erge honger en moet hij snel wat hebben. Ik wil later sterrenkundige worden. De maggi zit in een bruin flesje dat in een metalen mandje staat. Ik haak mijn vinger in het hengsel en kantel het flesje. Er komen een paar druppels uit het gele dopje. Hard schudden maakt niets uit. Zo schieten we niet op.

Mayonaise is beter, daar kun je grote klodders van doen. Ik gebruik het plastic eierlepeltje, dat doet mamma ook altijd.

'Nu moet ik roeren,' zeg ik tegen Moon. 'Of wil jij dat doen?'

Dan doet zij ook nog iets. Ik til haar op de kruk.

'Zullen we er rietsuikerstroop bij doen?' vraag ik aan Moon.

Pappa vindt stroop lekker voor als we grutjes eten, of pannenkoeken. De gele kartonnen pot deukt in als ik hem beetpak. Aan de binnenkant glimmen de muren alsof ze gevernist zijn, net als de asbak die ik voor pappa kleide, voor vaderdag. Hij rookt niet, de deftige opa wel. Ik kijk hoe de lepel wegzakt in de dikke stroop. Het is heel erg als je in drijfzand vastzit; daar denk ik vaak aan. Met het deksel erop wordt de pot weer stevig. Bij een nieuwe pot ligt onder het deksel een kartonnetje met een lipje eraan. Het is leuk om daaraan te trekken. Dat rondje gooi je dan in de vuilnisbak.

Het duurt lang voor alle stroop van de lepel af is gedropen. Ik pak een andere lepel om hem schoon te schrapen. Dat helpt niet, want de stroop blijft nu aan twee lepels plakken. Ik houd ze onder de kraan. Als je aan de rode knop draait, gaat de geiser opeens hard loeien. Het lijkt op een ontploffing.

De lepels zijn weer schoon. Nu wat tomatenpuree erbij. Ik pak de tube en knijp erin. Dikke slierten vallen in het bakje; het is net tandpasta, maar dan in het rood. Pappa's eten wordt er bruin van. Dat gebeurt ook als je alle kleuren verf door elkaar doet. Ik heb één vulling.

'Het moet dunner,' zeg ik tegen Moon.

Uit de deur van de koelkast pak ik de melk. Eerst hadden we flessen. Ik vond het leuk om met mijn vinger op het zilveren rondje te duwen. Dat deukte in, je hoorde een zuchtje en lichtte het dopje van de fles. Dat kan nu niet meer, want de melkboer geeft ons plastic zakken. Ze zijn nat en koud, met vieze druppeltjes aan de buitenkant, en ze bibberen als je ze van de plank haalt om ze in de blauwe Melkunie-kan te zetten. Ik ben bang dat ze barsten en dat de melk dan alle kanten op spuit. Handig is anders. Dat zegt pappa ook.

Voorzichtig houd ik de kan boven het toetjesbakje. Ik schiet toch uit, de melk gutst op het aanrecht. Moon blijft roeren. Ze knoeit.

'Pas op, het aanrecht wordt vies,' zeg ik.

Als pappa en mamma er niet zijn, moet ze naar mij luisteren. Ik kan goed orde houden.

'Nu nog kruiden,' zeg ik.

Ik zet alle potjes op het aanrecht. Moon mag strooien: peper, zout, nootmuskaat, maggipoeder. Ze niest. We zijn leuk samen aan het spelen. Moon wil dat altijd graag: met mij mee naar buiten, of in mijn kamer komen, of mee naar de wc.

'Ik ben toch voor jou beboren?' zegt ze dan.

Ze weet niet dat je 'geboren' moet zeggen, maar daar kan ze natuurlijk niets aan doen.

'Wat nog erbij?' vraag ik.

'Jam,' zegt ze.

'Dat is niet lekker,' zeg ik. 'Jam is zoet en dit is hartig.'

Ik pak mamma's seven-up uit de koelkast en doe een scheutje in het bakje. Het toetje gaat bruisen, we wachten tot het over is. Seven-up is gezonder dan cola, daarom drinkt mamma dat nu. Wij krijgen soms siroop.

'Zo,' zeg ik. 'We zijn klaar. Roer nog maar een keer.'

Ik draag het bakje naar de kamer. Voordat mamma naar de

Rade ging, had ik de tafel al gedekt. Ik zet het bakje bij pappa's bord. Het lijkt of er heel dikke jus in zit.

'Ik wil eten!' zegt Moon.

Ze steekt haar vinger uit.

'Nee, dit is voor pappa. Dan denkt hij dat het iets lekkers is en dan neemt hij een hap en dan vindt hij het heel erg vies. Dat is leuk.'

'Ja, leuk,' zegt Moon.

'Kom eens mee,' zegt Robbie.

Hij pakt mijn hand. Ik weet wat we gaan doen. Oom Johan is jarig. Hij is de broer van opa. Dat is net zoiets als Moon en ik. Zij zijn alleen heel oud.

Robbie trekt me mee naar het kamertje naast de trap. Op het bed liggen heel veel jassen. Ik wil onder de stapel liggen en dat niemand weet dat ik daar ben. Naast de jassen staat een grote witte doos. Robbie tilt het deksel op. Bettie en Hennie zijn in de keuken, aan de andere kant van de gang. Ze wassen af en zingen tweestemmig. Oom Ferdi schenkt glazen vol. Hij heeft verkering, met tante Louise. Zij praat met een zachte g. Tegen Robbie, Bettie en Hennie hoef ik geen oom en tante te zeggen.

Er staan wel twintig verschillende gebakjes in de doos, allemaal op een kanten kleedje. Aparte gebakjes zijn veel leuker dan één taart. Pappa houdt meer van zelfgebakken. Wat mamma kookt vindt hij lekkerder dan in een restaurant.

Welk gebakje zal ik straks kiezen? Niet een vruchtengebakje, niet de appelpunt, niet de slagroompunt, niet de mokkapunt, niet de harde mokka. Die vindt pappa lekker. Ook niet de tompoes, want pudding krijgen we thuis zo vaak. Niet de moorkop: die wil mamma graag.

Dan zie ik een schelp met slagroom erin. Die was er vorig jaar niet bij, op oom Johans verjaardag.

'Zou ik die mogen?' vraag ik aan Robbie.

Ik moet wijzen, ook al is dat onbeleefd, want ik weet niet hoe het gebakje heet. Op school mag je de klas trakteren als je jarig bent, en dan de school rondgaan. Alle juffen en meesters krijgen iets, en als je een kind kent in een andere klas mag je dat ook een snoepje geven. De anderen krijgen niks.

'Dat is een roomhoorn,' zegt Robbie.

Hij weet hoe alles heet wat je kunt eten, want hij leert voor kok.

Het deksel moet terug op de doos en de deur van het zijkamertje gaat weer dicht. Ik ga naar de achterkamer, om met het poppenservies te spelen, al ben ik daar te groot voor. Uit de theepot schenk ik water in de kopjes. In de voorkamer zijn ze hard aan het lachen. De poppenschoteltjes zijn te klein om van te eten. Wanneer zou de gebaksdoos komen? Natuurlijk wil iedereen de roomhoorn hebben. Ik krijg buikpijn van de zenuwen. Oma loopt langs, maar ik durf niet te vragen wie er straks mag beginnen met kiezen. Dat is hebberig, zegt mamma.

Oom Johan knielt achter mij. Hij blaast in mijn nek, zijn handen kriebelen over mij heen. Hij doet altijd een beetje raar. Hij heeft geen vrouw, daarom viert hij zijn verjaardag bij de deftige opa en oma, en Sinterklaas, en Kerst.

Opa komt binnen. Hij draagt de gebaksdoos en zet hem op de eettafel neer.

'Lust jij ook een lekker gebakje ter ere van mijn verjaardag?' vraagt oom Johan in mijn oor.

Gistermiddag zei mamma dat er een verrassing was. Ik keek steeds uit het raam of er een vrachtauto aankwam, met mijn bureautje erin, want daar vraag ik steeds om: om een eigen bureautje. Maar de verrassing was een bruidsjurk voor mijn Sylvie-pop. Mamma had hem zelf gemaakt, net als mijn overgooier en mijn andere kleren. Ik vond de bruidsjurk wel mooi, al had hij gewoon een rechte rok, maar ik wilde liever een bureautje. Toch was ik echt heel, heel blij dat mamma de trouwjurk had gemaakt.

'Ja, oom Johan,' zeg ik.

'Ga maar gauw kiezen,' zegt hij, 'voordat de lekkerste op zijn.'

47

Ik loop naar de tafel en kijk over de rand van de doos naar de gebakjes op hun kanten kleedjes. Opa pakt een schoteltje van de grote stapel. Alle schoteltjes zijn anders. Hij heeft de taartschep in zijn hand. Het zilver is dof en bruin, zijn vingers hebben nicotine.

Vragend kijkt hij mij aan. De hele doos is vol, niemand heeft nog een gebakje gekozen. Ik mag als eerste. De roomhoorn ligt in het midden. Ik steek mijn wijsvinger uit.

Pappa heeft Spaanse les. Met één vinger doet hij de televisie aan.

'Dat jij dat nou niet lust,' zegt hij. 'Zo gezond, en zo lekker!'

Hij heeft geklutst eitje gemaakt. Het is ei in een beker, glad als snottebel, met suiker erdoor geklopt. Mamma doet geklutst eitje op de appeltaart. Dan mag ik de beslagkom uitlikken, met een lepel. Soms neem ik suiker op een gebakken ei.

Oesta è donde estíe? De vrouw op de televisie zegt iets Spaans en houdt haar hand achter haar oor. Ze schuift het zwarte haar ervoor weg en dan moeten wij. Niet dat ze ons echt kan horen, maar het is toch leuk om het tegen haar te zeggen: oesta è donde estíe? Je moet je tong er voor krullen. Sinjor is meneer. Er is ook een verhaal dat ze spelen, dat gaat elke zaterdag een stukje verder. Ik vind Thierry de Slingeraar leuker, maar die is Frans.

'Nu wij weer,' zegt pappa.

Oesta è donde estíe?

'Wanneer gaan wij naar Spanje?' vraag ik.

'Nee,' zegt pappa. 'Dat is veel te ver.'

Met Pasen gingen we naar de Eifel. In de beek mochten we een dammetje maken. Nu stroomt het water daar heel anders en dat komt door ons.

De Spaanse les is afgelopen. Mamma dekt de tafel voor het middageten. Ze zet drie bekers melk neer. Zij wil geen Spaans leren. Moon ook niet.

'Oesta è donde estíe?' zeg ik.

De makreelman is vanochtend aan de deur geweest. Pappa

heeft een makreel van hem gekocht. Van buiten is die van goud, maar dat eten we niet op. Het velletje ligt in de vuilnisbak, in een krant gewikkeld. Zijn hoofd zit er ook bij. Met vissticks heb je dat niet.

'Mag ik broodje Kriebel?' vraagt Moon.

Zij houdt niet van makreel.

'Vooruit dan maar,' zegt pappa. 'Al is het zonde dat je die kostelijke makreel niet lust.'

Hij pakt Moons bordje en legt er een boterham op. Eerst smeert hij de margarine. Ik lust alleen boter, maar het geld groeit niet op pappa's rug. Dan doet hij een likje jam in de ene benedenhoek, en chocoladepasta in de andere.

'Pastachoca beregoed,' zeg ik.

De pot met pindakaas is net open; er drijft olie bovenop. Pappa roert die goed door, anders is de pindakaas onder in de pot zo droog dat je hem los moet bikken, als oude boetseerklei. Hij doet een lik glimmende pindakaas in het midden van Moons boterham. Daarna komen de hagels. Het hagelt, het hagelt, grote korrels Venz. Een paar vallen er op de jam. Ik vind alles door elkaar niet lekker. De rietsuikerstroop gaat rechts boven-aan, rinse appelstroop ernaast. Dan snijdt pappa een stukje kaas af. De kaas is zo krom als een bootje.

'Hè, verdikkie,' zegt pappa.

Nog een sigaartje ham erbij, en het broodje Kriebel is klaar. Al het beleg zit tegen elkaar aan geduwd, zoet en hartig door elkaar. Gelukkig hebben we geen theeworst. Daar word ik mis-selijk van.

'Broodje Kriebel voor freule van Monique tot Moon,' zegt pappa.

Pappa, mamma en ik eten een boterham met makreel. Dat is best gevaarlijk, want er kan een graatje in zitten. Ik hoop maar dat we niet stikken. Met het eierlepeltje doet mamma lekker veel mayonaise op haar makreel. Mayonaise is slagroom voor hartig eten.

49

Jamin is aan het einde van de Rade. Het is een winkel voor zoetekauwen.

'Zou ik er hangen, mamma?' vraag ik.

'Dat zul je wel zien,' zegt mamma.

Vorige week waren we nog op vakantie. Op de Veluwe hebben ze ook een Jamin. Daar hing ik in de etalage: nu voor 89 cent. Ik bewoog niet, want het was een poster. In de studio moest ik ook lang stilstaan. Ik lachte, maar het was niet echt. Mijn tanden raakten de chocoladereep, maar ik mocht niet bijten. Andere kinderen hebben een beugel, ik niet. Van pappa en mamma mocht ik kiezen, maar dan moest ik er natuurlijk wel verantwoord mee omgaan. Ik koos dat ik geen beugel wilde. Beugels zijn erg duur.

Bij onze Jamin hang ik niet in de etalage. Ik hang boven de muur met de koekjestrommels.

'Kijk,' fluister ik tegen Moon.

Er staan allemaal moeders in de winkel. Ik wil zeggen dat ik het ben. Op de foto heb ik vlechtjes, maar vandaag heeft mamma mijn haar in een paardenstaart gedaan. Ik heb ook geposeerd voor zuiver scheerwol, want de vader van Karen Breitner maakt reclames. Het was heel warm, met overal grote lampen. Ik moest me uitkleden waar iedereen bij was, al mag dat eigenlijk niet. Toen kreeg ik een wollen jurkje aan. De dikke skitrui vond ik leuker. Edmund mocht een skibril op.

Mamma is aan de beurt.

'Een half pond koekjes, alstublieft,' zegt ze.

De mevrouw schept ze in een papieren zak. Achter haar staan heel veel koektrommels. Als je bij Jamin werkt, mag je de hele dag koekjes eten. Thuis moet ik aan mamma vragen of ik snoepje-koekje-wat-dan-ook mag. Als ik ben gevallen en mijn knie is aan het bloeden, legt ze er een stukje chocola op. Later wil ik best in een ijswinkel werken. Dan neem ik steeds een bolletje.

'En drie van die repen uit de reclame.'

De mevrouw kijkt naar mij. Ik kijk naar mijn foto.

'Ben jij niet dat meisje op de poster?' vraagt ze.

'Ja,' zeg ik. 'Nu voor 89 cent.'

Ik lach, maar ik houd mijn lippen op elkaar. Zonder beugel kun je konijnentanden krijgen.

'Kijk eens, dames,' zegt de mevrouw. 'We hebben een beroemd meisje in de winkel!'

Ze kijken allemaal naar mij. Het is jammer dat ik mijn haar niet in vlechtjes heb, zoals op de foto. Maar ze zien toch dat ik het ben.

We wandelen elke ochtend en elke middag. Dat duurt heel lang. Pappa en mamma willen ook altijd wandelen, maar dan doen we soms speurtocht in het bos van Paulus de boskabouter en Eucalypta. Voor het verkleedfeest ben ik als heks naar school gegaan, met mamma's hoofddoekje om en een rode plastic kat op mijn schouder. Mamma had ook een bochel voor mij gemaakt en een wrat op mijn wang getekend. Pappa zegt dat ik rechtop moet lopen. Ik ben een lange lijs.

Het was al donker op de hei toen ik daar vanavond was, met Dora en haar vader. Ik moest huilen toen ik aan mamma dacht, en dat ik haar nu niet zie. Dora's vader merkte het niet. Soms heeft mamma haar haar in een paardenstaartje, dat staat heel leuk. Nog vier nachten, dan komen ze mij halen, in onze Renault.

Vorige zomer mocht ik kamperen met tante Dina en oom Jan en hun kinderen. Dat is veel leuker. Daar kreeg ik omgekeerde heimwee van. Toen ik terugkwam van de camping huilde ik 's avonds bij het tandenpoetsen, omdat ik dat nu niet meer in het wc-huisje deed, maar gewoon in onze badkamer, in de flat. Ik liet het niet aan mamma merken, want dan wordt ze verdrietig. Van tante Dina en oom Jan kreeg ik een frikadel. Het leek op iets wat ik niet mag zeggen. Ik vond het erg vies.

'Lekker gewandeld?' vraagt Dora's moeder.

Zij is al oud en Dora's broer is ongelukkig geboren. Dat is erger dan ongelukkig jarig.

'We hebben heel veel sterren gezien,' zeg ik.

Dora's moeder deelt de bakjes met fruit uit. Thuis eten we zoiets gelukkig nooit. Ze hebben hier geen snoepschoteltje en ook geen snoepje-koekje-wat-dan-ook. Voor de vakantie trakteerde een meisje in onze klas op blokjes kaas. Ik vond dat niet zo leuk. Een jongen gaf ons rozijntjes in kleine doosjes. Ik krijg liever gewoon snoep.

Ik begin met de sinaasappel, die is het ergste. De partjes hebben dikke vellen en er zit vruchtvlees in. Vruchtvlees: dat klinkt van zichzelf al vies. Ik kauw en kauw en de vellen gaan niet kapot. De witte sliertjes smaken bitter. Ik slik de partjes heel door en kokhals, want het is alsof ik huid eet, van een mens. Als ik nagelbijt eet ik de velletjes van mijn vingers op, maar die zijn juist erg lekker.

Nu de appelpartjes. Ik houd alleen van appelmoes en appeltaart en appelflappen, niet van zomaar appel. De harde stukjes bij het klokhuis zijn net zeentjes in vlees, daar moet ik ook bijna van overgeven, en de partjes zijn bruin van het wachten tot wij terugkwamen van de hei. Ik krijg weleens een Koetjesreep van buurvrouw Ten Wolle. Ik ben er best blij mee, maar als ik een hapje neem herinner ik het me weer: ze smaken lang zo lekker niet als Delicata van Albert Heijn en chocoladeletters van Droste. In Koetjesrepen zit cacaofantasie. Dat is niet echt. Soms zijn ze ook nog wit uitgeslagen.

Als we ons fruitschaaltje op hebben, moeten we naar bed.

Ik lig onder in het stapelbed, want ik ben maar op bezoek. Toen Dora en ik vanmiddag naar de kampwinkel gingen, droeg ik de zware zak met aardappelen de hele weg terug naar het huisje. Bij de deur nam zij hem opeens, alsof zij aan de beurt was voor het dragen. Alleen waren we er toen al.

Vandaag is het mijn beurt. Ik pak de messen uit onze cassette en leg ze met hun punten op de messenleggers. Dan wordt straks het tafelkleed niet vies als je tijdens het eten je mes neer wilt leggen. Alleen wil ik dat nooit. Aan de andere kant komen de vorken. We hebben geen vorkenleggers. Ik vind een cassette niet zo handig. Na de afwas moet je alle messen en vorken en lepels op hun zij in hun eigen vakjes doen. De opscheplepels gaan in de onderste la, op hun rug.

Ik weet niet wat we straks krijgen. Ik vraag het elke dag.

'Mam, wat eten we vanavond?'

'Dat zul je wel zien.'

Alleen van de Saroma met aardbeiensmaak weet ik het al. Ik heb de schaal in de koelkast zien staan. Saroma hoef je niet te koken. Bovenin, waar anders het vel zou zitten, is hij het lekkerst, want daar zitten belletjes. Onderin is de pudding papperig. Net als mamma vind ik chocoladesmaak het lekkerst. Maar pappa houdt daar niet zo van, dus dat krijgen we nooit.

Ik leg de toetjeslepels boven de borden. Bij mijn eigen bord leg ik de mooie lepel, met het handvat naar rechts, zoals het hoort. Als ik ga eten draai ik hem om, want ik ben links. De mooie lepel komt gewoon uit de keukenla, maar hij is glad en glimt veel meer dan zilver. 'Nutricia' staat erop. Vandaag is het mijn dag.

Als pappa thuis is, eten we eerst een kopje soep. Dan gaan we aan tafel. Mamma zet de pannen op de onderzetters. De deksels zitten er nog op. Als je ze optilt zijn ze nat van onderen – net douchegordijn. Ik mag best de deur op slot doen, dat doen pappa en mamma ook. We eten aardappelen, prei met een papje en slavink. Slavink is een rare naam. Moon huilt.

'Wat is er?' vraagt mamma.

'De mooie lepel,' zegt ze.

'Het is mijn beurt,' zeg ik, 'zij heeft hem gisteren gehad.'

'Weet je dat zeker?' vraagt mamma.

'Ja,' zeg ik, 'gisteren was het haar beurt en morgen alweer.'

Zo klinkt het alsof Moon de mooie lepel vaker heeft dan ik.

'Van Henegouwen had vandaag een aanvaring met Berkhout,' zegt pappa. 'Het is de nasleep van die vergadering vorige week.'

Mamma knikt, maar ze kijkt naar Moon. Ik pak de lepel vast

en houd hem voor mijn gezicht, als een spiegel.

'Leg die lepel eens neer en eet door,' zegt mamma. 'En elle-bogen van tafel.'

Met een frons in haar voorhoofd kijkt ze naar pappa's bord. Hij heeft zijn slavink al op, maar de prei en de aardappelen liggen er nog. Als zo meteen de wereld vergaat, heb ik het vlees tenminste al binnen, zegt hij altijd. Ik vind slavink meer als groente klinken.

Mamma snijdt haar slavink doormidden en legt de helft op pappa's bord. Hij krijgt heel vaak haar vlees, want hij heeft zo ver gefietst.

'Nee,' zegt hij. 'Die is voor jou.'

Hij legt het stuk slavink terug op haar bord.

Moon jammert zacht.

'Ik w-w-wil de m-m-mooie lepel.'

'Kunnen we niet nog zo'n lepel kopen?' vraagt pappa.

Dat kan niet, want we hebben hem gekregen, van de chocomel.

'Ze moeten leren delen,' zegt mamma. 'Als lieve zusjes.'

Ze prikt de halve slavink weer aan haar vork en legt hem op het bord van pappa.

'Ik w-w-wil de m-m-mooie lepel,' huilt Moon.

'Het is mijn beurt,' zeg ik.

Zwart-wit

Op zondagmiddag zitten er veel mensen bij opa en oma Jaspers. Ze lachen hard en praten met dubbele tong. Zelfs in opa's prijzenkast staan glazen, tussen de zilveren bekers voor het toneelspelen in. Appie Heerema drinkt jenever, net als opa en oom Johan. Oma drinkt sherry uit een glaasje met een oor: een pulletje. Pappa neemt jus d'orange. Daar moet iedereen om lachen.

'Kom op, Henk,' zeggen ze, 'wil je niet eens wat sterkers?'

Pappa zegt niets. Hij kijkt strak naar de schaal met zoutjes. Wij hebben een pindastel met een schepje en vier kleine bakjes, maar hier ligt alles op een glazen schaal met vakken: kaasvlinders, droge gedraaide stengels en kruidnootjes die naar ham smaken. Deftige zoutjes en kaasschaafgebak, zegt mamma altijd. Kaasschaafgebak is een heel dun plakje van een heel dure cake, met laagjes crème erin en een afdakje van marsepein bovenop. Dat hebben ze hier ook, maar dan eerder op de middag, als het nog geen borreltijd is. Op school heb ik geleerd over de schijf van vijf.

'Blijven jullie eten?' vraag de deftige oma.

Pappa en mamma schudden tegelijk van nee. Ik vind het jammer, want er zijn veel mensen en oma kookt bijzondere dingen, zoals nasi of macaroni. Of we krijgen aardappelsalade met gevulde eieren. Oma zegt altijd dat we ruim moeten nemen, want er is nog achter. Ik weet niet of dat waar is.

We rijden naar huis in onze Renault. Franse auto's zijn niet erg betrouwbaar en ze roesten.

'Wat die Appie Heerema daar toch altijd doet,' zegt pappa.

Het is allang donker en we hebben nog niet gegeten. Ik weet niet waar we zijn, ik ken alleen het huis van de deftige oma en opa, het huis van de lieve oma en onze flat. En de Houtrusthallen, voor het handballen van pappa. Als we thuiskomen uit de Eifel zingen we 'Daar zijn de fleddies'. Mamma zegt dat ik goed moet uitkijken met oversteken als ik van school kom. Beter vijf minuten later thuis dan vijf minuten eerder in het ziekenhuis.

Opeens krijg ik een idee. Als we bij onze flat zijn, gaan Moon en ik net doen of we dood zijn van de honger. Ik fluister het in haar oor.

We parkeren bij de rozenbottelstruiken. Pappa en mamma stappen uit. Wij moeten wachten tot zij voor ons opendoen. Pappa neemt mijn deur, mamma die van Moon. We bewegen niet. Ik heb mijn hoofd achterovergelegd en houd mijn mond half open. Mijn ogen zijn ook open, maar ik doe of ik niks zie. Dat weet ik van de televisie. Moon heeft haar ogen dicht. Die snapt nog niet dat je je ogen best open kunt hebben als je dood bent. Buurvrouw Ten Wolle heeft kleurentelevisie. Iedereen in *Stuif es in* ziet heel erg rood.

'Kom er eens uit,' zegt pappa.

Hij steekt zijn hoofd naar binnen. Mamma ook. We bewegen niet. Pappa duwt tegen mijn schouder en ik val tegen Moon aan. Dat gebeurt nou eenmaal als je dood bent.

'Houd onmiddellijk op,' zegt mamma. 'Hoe kunnen jullie zoiets akeligs doen. Dat is niets om mee te spotten. Ik begrijp niet hoe jullie erop komen om zoiets naars te doen. Dat is het ergste wat ouders kan overkomen en jullie spotten daarmee. Nare kinderen.'

Ze loopt naar de bordestrap van onze flat. Moon en ik stappen uit. Pappa doet de deuren op slot. Hij kijkt ook boos en loopt mamma achterna. We speelden alleen dat we dood waren.

Moon en ik lopen naar de bordestrap. Ik kijk omhoog. Iedereen in de flat is thuis, alleen wij niet. Vroeger dacht ik dat ze allemaal naar me keken als ik op de parkeerplaats uit onze auto stapte.

Na elke bladzijde verkeersregels ga ik kijken of ze klaar zijn. We krijgen geen proefwerk over verkeer, maar ik leer elke dag de regels, voor de zekerheid. Elke keer dat ik ga kijken zijn de ijsjes nog te zacht, dan zakt je vinger er met veel gekraak doorheen, alsof er een wak is. Half bevroren ijs zit vol met splinters, pas als het ijs echt hard is gaan die weg. In de winter houd ik van schaatsen kijken, dan schrijf ik alle rondetijden op.

IJsjes maken is een heel werk. Eerst moet je siroop met water mengen. De limonade giet je in de vormpjes en het plastic stokje klem je in de uitsparing. De bovenste helft ligt onder water, de onderste helft is om het ijsje straks mee vast te houden. Daarna moet je voorzichtig de vormpjes in het vriesvak leggen, zonder te knoeien. Ze passen er net in, want er ligt veel sneeuw. Ik leg ze boven op het pak spinazie à la crème.

Ik heb de voorrangsregels nog een keer gedaan. Nu moet het maar goed zijn met de ijsjes.

'Mam, mogen we er één?'

'Als jullie straks dan nog wel gewoon eten,' zegt mamma.

In waterijs zit niks. Na afloop heb je evenveel honger als ervoor.

'Wat krijgen we?'

'Dat zul je wel zien.'

Door de gang roep ik naar Moon, die op haar kamer zit. Ze is bezig een oude wekker uit elkaar te halen; dat is haar nieuwe hobby. Laatst gingen we naar het graf van opa Oosting en toen ging er een af, in haar tasje, midden op de begraafplaats. Het was best komisch, dat gerinkel, juist daar, al mag je om zoiets eigenlijk niet lachen.

Gehurkt voor de koelkast pak ik de twee vormpjes uit het vriesvak. Ik leg ze op het aanrecht. Je moet het ijsje eruit zien te krijgen door aan het stokje te trekken, maar voorzichtig, anders schiet het los. Dan krijg je het ijsje er nooit van zijn levensdagen meer uit.

Ik beweeg het stokje zo voorzichtig alsof ik mikado speel. Het ijsje komt niet los, dat zul je altijd zien. Ik wrik iets harder en opeens loopt er een potloodlijntje tussen het ijs en het vormpje, eerst in een hoekje, dan overal. Ik voel dat er speling ontstaat. Dat valt weer mee.

Ook de tweede gaat goed. Ik hoef Moon dus niet de beste te geven. Wel zijn de ijsjes nog wat bros, maar dat geeft niet; ze blijven tenslotte zelfgemaakt, net als onze kleren. Een raket is veel echter, die heeft drie kleuren en een houten stokje. Als je dat aflikt, voelt het stug aan je tong. Er kunnen misschien splinters in zitten, maar dat is mij nog nooit gebeurd.

Moon en ik gaan op het balkon staan. Ik kijk naar de auto's op de Meppelweg en zuig aan mijn ijsje. Ik proef het zoet van de siroop. Moon gaat op de vuilnisbak zitten. Toen ik die op mijn grote teen kreeg, ging mijn nagel eraf. Ik zuig aan alle kanten van het ijsje, ook onderaan, waar het plastic stokje zit, om de siroop eruit te krijgen. Bij een raket lukt je dat niet, hoe hard je ook zuigt. Het is knap dat ze dat zo kunnen maken, maar zij hebben daar natuurlijk een speciale fabriek voor, en wij niet.

Mijn ijsje is wit uitgeslagen, alle siroop is eruit. Zo doe ik het altijd. Lekker stom, want wat over is smaakt naar sneeuwbal en dat is niet lekker. Soms plast een hond in de sneeuw. Zo'n gele plek is erg onsmakelijk om te zien.

Ik kijk opzij naar Moon. Haar ijsje is nog rood. Volgende keer moet ik het ook zo doen. Er is geen kunst aan: gewoon opeten zonder eerst de siroop eruit te zuigen. Dat kan best.

Het ruikt niet lekker bij de oma en de tante van Dora. Ik merk het al bij de kapstok in de gang, als de deur opengaat. Straks zit de speklucht in mijn jas en ruik ik die thuis nog steeds. De oma en de tante hebben opgestoken haar met pieken en rode blossen op hun wangen, met adertjes erin. De ramen zijn beslagen.

Dora en ik zijn bij het schaatsen geweest, in het echt en vlak bij ons, in de Uithof. Natuurlijk waren we voor Ard en Keessie, al was ik meer voor Ard. Hij is heel knap, en lang, net als pappa. De Noren zijn ook erg goed.

De lucht is hier warm en zwaar van de spek. Ik wil liever
eten, maar de borden staan klaar in de eetkamer. Er zijn oo
kapucijners opgeschept. Ze glimmen als de zwarte stenen naast
de pier van Scheveningen. Vroeger ging ik met opa poffertjes
eten bij het Kurhaus. Op de pier was een Flintstones-dorp ge-
bouwd. In Fred Flintstone zat natuurlijk gewoon een jongen.
Hij hield mijn hand vast toen opa een foto nam. Dat was fijn.
Lekker warm.

Dora's oma schept iets over de kapucijners. Ze is bij het laatste bord, met haar pan en haar opscheplepel. Ik wil 'ho' roepen,
maar dat kan niet.

'Ik hoef liever geen kaantjes, mevrouw,' zeg ik snel.

Ze houdt de lepel stil boven het bord. Vet druipt eraf en valt
op de kapucijners.

'Kind,' zegt ze, 'je weet niet wat je mist. Daar warm je zo lekker van op na zo'n koude dag buiten.'

We zitten aan tafel. Ik eet de droge kapucijners, ze smaken
naar modder. Door de speklucht is het alsof ik toch kaantjes
binnenkrijg, maar dan via mijn longen. Alleen tuinbonen vind
ik nog viezer. Mamma zegt dat tuinbonen een delicatesse zijn,
maar ze zien eruit als vingertoppen die te lang onder de douche zijn geweest, en het dikke vel smaakt bitter. Het papje is het
enige wat nog gaat. Ik neem altijd zo veel mogelijk papje, maar
als ik slik glijdt dat naar beneden en blijven de tuinbonen achter
in mijn mond. Het zijn net grote pillen.

Gelukkig gruwt mamma ook van kaantjes. Pappa niet. Hij
kreeg ze vroeger vaak, bij opoe in Noord-Holland. Ja, dat waren nog eens tijden.

Het is bijna tijd. Ik draai aan de knop. De radio stond nog op
Madrid, want daar luistert pappa naar, voor zijn Spaans. Morgenochtend zijn er de handbalberichten, op Hilversum. Dan
horen we of pappa's wedstrijd doorgaat of dat het veld is afge-
keurd. Radio Veronica staat niet op het glas.

Ik zit naast de radio, op de grond. Dat doe ik elke zaterdag als er Top-40 is. Eerst ga ik naar de Rade, naar Jamin, om van mijn zakgeld een zakje zwart-wit te kopen. Het zwart-wit strooi ik voorzichtig op een schoteltje, want het stuift een beetje. Met het schoteltje ga ik naast de radio zitten, tegen de zijkant van de bank. Het zeil is koud. Mariska Veres heeft hotpants. Die wil ik ook. Ik ben als hippie naar het verkleedfeest op school gegaan. Woensdagmiddag heb ik voor het eerst een singletje gekocht, van Shocking Blue. Ik hoop dat zij op nummer 1 staan. Dan heb ik daarbij geholpen.

Bijna alle liedjes ken ik, alleen de nieuwe binnenkomers niet. Er staan ook stomme nummers in, zoals 'Manuela'. Ik lik aan het topje van mijn wijsvinger en leg dat op het zwart-wit. Het poeder is zacht als de vacht van Keetje achter haar oortjes. Er blijft een glad laagje aan mijn vinger kleven, dat lik ik eraf. Het is zout, maar er zit ook zoet in. Op je tong zitten allemaal smaken. Bij de sigarenboer hebben ze lolly's met zwart-wit in het midden. Die zijn ook lekker, maar je verhemelte gaat kapot van lolly's, en van zuurtjes ook. Het zijn net mesjes.

Bij nummer 1 heb ik mijn zwart-wit op. Dat kien ik altijd precies zo uit. Shocking Blue staat op drie, met stip. Met mijn vinger veeg ik het schoteltje schoon tot je niet meer ziet dat er iets op heeft gelegen. Ik sta op en haal mijn zwart-wit geblokte kniekousen op. Ze zijn van pop-art en zakken steeds af. Nu duurt het tot woensdagmiddag voor ik weer snoep ga kopen, op de terugweg van de bieb. Dat eet ik dan tijdens het lezen, op mijn bed. Tegenwoordig lees ik het liefst studieboeken, over Egypte en de sterren en de diepzee. Ik kan wel weer eens zoethout nemen. Het is raar dat je op een tak kunt kauwen, maar het smaakt best lekker. Alleen zit op het eind je mond vol met nat zaagsel. Ik moet de kooi van Keetje nog verschonen. Maar eerst mijn schoteltje afwassen en terugzetten in de kast.

Morgenochtend luisteren we ook naar de radio, om te horen of pappa's handbalwedstrijd doorgaat. Ik hoop dat de velden te nat zijn. Pappa speelt heel goed en ik wil best kijken, maar niet elke week. Hij draagt dan groen met gele kniekousen, dat zijn de kleuren van zijn club. Op *Studio Sport* gaat het altijd alleen over voetbal, zegt pappa. Dat is oneerlijk, want handbal is ook een interessante sport.

Ik ga met Tilly de polder in, ook al regent het zacht. In Den Haag hebben ze geen polder. Tilly zit in mijn nieuwe klas. Op de eerste dag had ze een broekpak aan van groene tweed, met een lange jas die bij de broek hoort. De broek heeft wijde pijpen. Ik dacht dat ze niet met mij wilde praten, maar nu gaan we samen de polder in. Ze is mij komen ophalen, want ons pleintje ligt daar dichter bij.

Speciaal voor deze tocht heb ik blaadjes aan elkaar geniet. Dat is ons dagboek. We schrijven erin over onze ontberingen, net als kapitein Scott. Die ging dood op de Zuidpool, in een sneeuwstorm. Dat schreef hij zelf in zijn dagboek. Hij had geen eten meer en het was onder nul. Wij hebben boterhammen bij ons. Tilly's moeder doet speculaas op haar brood. Eerst vond ik dat raar, maar ik heb een keer zo'n boterham van haar geprobeerd en het was best lekker. Tilly's moeder is de enige van wie ik de boterhammen lust.

De polder is drassig land met struiken. Je hebt zicht tot aan Den Haag, maar onze oude flat zie je niet staan. Ik moest van mamma mijn kaplaarzen aan. Het is koud en grijs, maar ik heb expres mijn handschoenen thuisgelaten. We hebben al twee keer in het dagboek geschreven. *We schieten goed op. Maar het is nog wel ver. Het weer zit niet mee. De tocht is erg zwaar.* Als Tilly schrijft zie je het puntje van haar tong. Dat is niet netjes.

'Het is de vraag of we het redden,' zegt Tilly.

'Ja,' zeg ik, 'het volgende depot is nog ver. Ik weet niet eens of we de goede kant op lopen.'

We staan stil en kijken op een gelinieerd multomapblaadje. Dat is zogenaamd de kaart.

'En ons kompas zijn we ook al kwijt,' zegt Tilly.

'Ja,' zeg ik, 'en ik heb een bevroren voet. Het doet heel veel pijn.'

61

We lopen door. Ik loop mank.

'Ik kan niet veel verder meer,' zeg ik.

'Hier,' zegt Tilly.

Ze geeft me een boterham met speculaas. De laatste.

'En jij dan?'

'Ik red het wel.'

Ik scheur de boterham doormidden en geef haar de grootste helft. We eten ons laatste rantsoen. Het speculaasje is zacht geworden door het brood. Je hoeft bijna niet te bijten en het smaakt een beetje muf, maar honger maakt rauwe bonen zoet. Ik vind dat programma van Bartje erg stom. Ze spreken in een of ander dialect. Ik bid niet voor brune boon'n, zegt hij, als hij het eten niet lust. De aardappeleters van Van Gogh vind ik niet mooi, maar andere schilderijen van hem weer wel. Ze eten allemaal uit dezelfde pan.

'Misschien moeten we nog een keer in ons dagboek schrijven,' zeg ik, 'je weet maar nooit.'

We hurken om ons te beschermen tegen de koude wind. Ik schrijf. *Het depot is nog ver. We hebben onze laatste boterham opgegeten. Alma haar voet is bevroren. We zijn aan het einde van onze krachten. We zijn ons kompas kwijt. Doe iedereen de groeten van ons.*

Het vlekt, want het motregent en ik ben links. De bovenkant van mijn hand is rood van de kou en glimt van de regen. Het is een echte overlevingstocht. We keren om en lopen terug naar Zoetermeer. Tilly moet om half zes eten, wij om zes uur. Zodra pappa thuiskomt van kantoor drinken we een kopje soep, dan kan hij bijkomen van het fietsen in de kou. Als hij binnenkomt met een beslagen bril is mamma bang voor hem.

'Je bent net een moordenaar,' zegt ze.

'Huuuuh,' roept hij, om haar bang te maken.

Ze wil hem geen zoen geven. Anders zijn ze juist heel plakkerig. Ik vind het niet leuk als ze zo doen, want dan is het net of Moon en ik er niet zijn. Met vertellen over hoe het was op school moeten we wachten tot pappa goed is uitgerust. En als het iets vervelends is zegt mamma het als wij al naar bed zijn. Gelukkig heb ik vaak goede cijfers, al mag je je daar niet op laten voorstaan. Tenslotte kun je er niets aan doen als je goed kunt leren.

'Dag,' zeg ik tegen Tilly. 'Zal ik je morgenochtend komen ophalen?'

Misschien heb ik een vriendin. Tilly is leuker dan Dora; met haar kun je avonturen beleven. Maar ze zijn hier veel verder met ontleden. De meester schrijft de zin van de dag op het bord, als huiswerk. Die is altijd heel lang, met veel bijzinnen en bepalingen en naamwoordelijke gezegdes.

Ik ben niet meer de beste van de klas.

De kinderen van oom Wim en tante Roos mogen overal met hun handen aanzitten, aan tafel. We zijn nog niet eens begonnen en zij leggen alvast alle witte boterhammen op hun bord, of de sneden krentenbrood met de meeste amandelspijs. Je moet maar afwachten wat er nog over is, als je aan tafel gaat. Het zijn hebberige kinderen, en ze eten vies.

Nu staan ze er ook weer met hun neus bovenop, om te zien in welk bakje het meeste zit. Mamma verdeelt het ijs. Moon en ik mogen dat niet, vergelijken. De ene keer heeft de een wat meer en de andere keer de ander. Als je alles moet gaan afmeten, is het einde zoek.

'Ik wil die!' roept Jolanda.

Ze wijst naar het bakje waar het grootste stuk ijs in zit.

'Nee ik!' zegt Roelof.

'Nee, ík wil die,' schreeuwt Wouter.

'Houden jullie eens op,' zegt mamma.

Het zijn ontzettend onbeleefde kinderen.

'Ik wil die,' zegt Jolanda weer.

Ze duwt haar wijsvinger in het ijs en likt hem af.

'Hier, pak aan,' snauwt mamma.

Ze duwt Jolanda het bakje in haar handen. Die juicht. Ze houdt het ijs onder de neus van Roelof en Wouter en trekt het dan snel weer weg. Dat is helemaal niet aardig, om zo te doen. Maar dan komt het! Mamma vouwt de kartonnen flappen van het drieliterpak Napolitana nog niet over elkaar heen om het terug in het vriesvak te zetten. Ze begint gewoon aan een nieuwe ronde. In elk bakje komt een tweede lepel ijs.

Jolanda ziet het. Ze zet haar bakje ook weer neer.

'O nee,' zegt mijn moeder. 'Jij wilde toch zo nodig dat bakje? Dan kun je het krijgen ook.'

Ze lacht smalend en geeft Jolanda geen tweede lepel ijs meer, hoe die ook zeurt en huilt. Net goed apesnoet, eigen schuld dikke bult. De kinderen van de school naast ons zijn katholieken elastieken. Zij noemen ons openbaren klapsigaren.

Mamma geeft mij mijn bakje ijs. Laatst mocht ik een keer softijs. Het lijkt op slagroom, maar het is toch ijs. Heel langzaam komt het uit de machine en dan moeten ze er een bakje onder houden. Als ze dat goed ronddraaien, krijg je een pluim.

Alleen de toffees zijn nog over. Ik pak er een, trek aan de uiteinden van het knisperende cellofaan en rol hem open. Daar ligt het bruine hompje. Het lijkt op een glimmend stukje vlees, maar het is een toffee. Ik laat hem rondgaan in mijn mond. Je moet zuigen en kauwen tegelijk. Al na een paar omwentelingen blijft hij haken aan mijn voortand, als een dikke bult. Irritant is dat.

Met mijn tong probeer ik hem los te krijgen. Het is of ik weer aan het wisselen ben. Maar als de toffee deze tand eruit trekt, ben ik hem voor eeuwig kwijt. Toen ik door mijn armen zakte en met mijn voortand de rand van het zwembad raakte, sprong er een stukje af. Sindsdien houd ik met lachen mijn lippen op elkaar. Dat blijft nu altijd zo.

Door voorzichtig te duwen met mijn tong weet ik het stuk toffee los te wrikken zonder dat mijn tand afbreekt. Dan controleer ik of alles goed is. Ik voel een bultje dat er eerst niet zat: een klein toffeewratje is achtergebleven op het glazuur. Ik stuur er spuug naartoe en wrijf er overheen, net zo lang tot het is opgelost en mijn tand weer glad is.

Nog vier toffees te gaan, dan is het trommeltje leeg. Elke verjaardag krijg ik Quality Street van oom Johan. Van mamma mag ik het trommeltje op mijn kamer zetten, voor als ik in bed lig te lezen. Ik hoef er niet van uit te delen, al is het natuurlijk wel zo aardig om mijn kleine zusje ook wat aan te bieden. De paarse chocolaatjes zijn het lekkerst, die eet ik altijd het eerst. Ze hebben de vorm van een amandel en binnenin zit praline. Per trommeltje zijn er daar vier of vijf van. Heb ik die op, dan zijn de ronde chocolaatjes met karamelvulling aan de beurt. Om het rode aluminium zit een soort sigarenbandje dat je moet verbreken als een zegel. Dan komen de staafjes met marsepein. Daar is de chocola helaas nog maar een vliesje. Pas op het eind eet ik de toffees.

Ook daar ben ik nu bijna doorheen. Ik pak de op drie na laatste. Ik ben niet dol op toffees, maar ze worden lekkerder als er niets anders is. Op de glimmende bodem van de trommel zie ik even mijn eigen ogen.

Lichtbruin knip

De vloer van de tent is van beton. We slapen op grijze schuim-rubberen matrassen. Er zijn stukken uit gepulkt door andere kinderen, en er staan woorden die je niet mag zeggen. Ik ben de tentoudste en de langste. Bij het schooltoneelstuk dachten ouders in de zaal dat ik een echte onderwijzeres was, terwijl ik het gewoon speelde. Ik had mijn haar in een knotje en droeg een rok en een bloes van mamma, en echte panty's.

'Jij helpt mij toch wel?' vraag ik aan Tilly.

Ik vind het best moeilijk om tentoudste te zijn, want ik weet niet wat je dan moet doen. Op iedereen letten, denk ik. We hebben twaalf kinderen in onze tent en ik kijk steeds naar hun gezichten om te zien of alles goed gaat. Het hele bos staat vol met tenten. De eerste middag zijn Tilly en ik bosbessen gaan plukken. We kregen paarse handen en een paarse tong. We doen hier steeds een spel met je adem inhouden en dan twintig keer op je hurken en weer omhoog. Daar word je duizelig en draaierig van.

De gong klinkt. Die hangt onder de overkapping. Daar eten we als het regent, maar het is mooi weer.

'Aan tafel!' roept onze leidster.

We eten aan een lange tafel, samen met de kinderen van de tent naast ons. Zij komen uit Amstelveen en hebben geen manieren. 's Avonds nemen ze hun vork en mes in hun handen, en beuken ze op de tafel tot het eten komt. Ik zit waar hun deel van de tafel begint en ons deel ophoudt. Ze voelen aan alle boterhammen, vooral aan de witte, en dopen hun mes heel ver in de jam en de pindakaas, wel tot aan het handvat. Er vallen klodders op de tafel en ze doen heel veel op hun boterham en schrapen er dan weer wat vanaf en doen dat terug in de pot, met broodkruimels en al. In hun mondhoeken zit pindakaas. Voor het middageten krijg je hier alleen een mes.

Ik heb mij aangewend om nergens naar te kijken, anders moet ik overgeven, maar veel krijg ik niet binnen. Gelukkig is er niemand die daarop let. Op schoolreisje moesten we van de meester ons bord leegeten. Eén jongen deed dat niet. Hij bleef de hele avond alleen aan een tafel zitten, met zijn koude andijvie. De meester werd steeds kwader.

Er zijn drie kinderen die bidden. Ik kijk naar hun gezichten, maar dat is niet aardig, want zij kunnen mij niet zien. Onze buren thuis zijn ook christelijk.

'Amen,' zegt onze leidster. 'Eet smakelijk.'

Ik pak snel een bruine boterham. Vanochtend kregen we een nieuwe pot pindakaas. Misschien is die nog schoon genoeg. Maar als ik hem oppak, voel ik dat hij nu alweer kleeft. Op het etiket zit een klodder margarine. Ik draai het deksel los en kijk. Door de pindakaas zijn korrels hagelslag en sliertjes boterhamworst geroerd. Ik kokhals. Ik hoor de Amstelveense kinderen smakken. Ze hebben jam op de zijkant van hun handen en ze weten dat niet eens.

Tilly vraagt niet vaak of ik meega naar haar huis. Zegt ze niets, dan fiets ik van de ingang van haar pleintje door naar ons huis. Vandaag vraagt ze het gelukkig wel. Ze weet niet dat ik erop hoop.

'Ja, leuk,' zeg ik.

Tilly's moeder is niet thuis, haar zus wel. Boven, op hun kamerdeuren, hebben Til en haar zus papieren opgehangen waarop staat dat ze niet bij elkaar naar binnen mogen, dat is streng verboden. Dat zou mamma nooit goedvinden. Het is bijzonder onaardig.

We maken thee. Ze hebben hier een theepot van roestvrij staal. Eerst moet je daar een beetje kokend water in doen. Dat

67

laat je ronddraaien over de bodem, dan giet je het in de gootsteen. Het leek mij eerst zonde, maar het is bedoeld om de pot
voor te verwarmen. Pas als je dat gedaan hebt schenk je het echte theewater op. Het zakje hang je er voorzichtig in. Daarna
moet je zeven minuten wachten tot de thee getrokken is. Thuis
haalt mamma het zakje één keer door het water en werpt het
dan met een boog in de gootsteen. Dan zie je slierten licht en
donker in de thee, als in marmercake, maar dat trekt snel bij.

Tilly haalt de mariakaakjes uit het keukenkastje. Het is een
lange rol van doorzichtig plastic. Met een aardappelmesje door-
klieft ze het plastic tussen het eerste en het tweede kaakje, heel
netjes. Ze zet de rol rechtop op tafel, met het plastic dekseltje
omhoog. Als je een vingertop in de richel tussen twee kaakjes
duwt, wip je de bovenste zo omhoog.

De kaakjes zijn droog en niet erg zoet, maar met spuug maak
je er in je mond een weke bal van die toch best lekker is. Het
plastic is doorzichtig, dus we kunnen precies zien hoe ver we
zijn. Tilly's zus en haar vriend doen niet mee met kaakjes eten.
Die kijken elkaar aan en gaan dan zoenen. Zij zitten op het leren bankje, Til en ik zitten op de grote corduroy bank. Daar zak
je lekker in weg. Thuis hebben we alleen harde stoelen. Laatst
zijn mamma en ik begonnen om thee zonder suiker te drinken.
Ik vond het eerst vies, maar nu ben ik eraan gewend en is thee
met suiker juist goor. Het is ook gemakkelijker afwassen, zonder die ingedroogde suiker op de bodem.

Hier wassen ze maar één keer per dag af. De vaat staat in de
hoek van het aanrecht achter de kraan. Je moet alles goed afspoelen voor je het daar neerzet. Zo goed dat het dan al schoon
is, zou ik zeggen. Pas na het avondeten doen ze de hele afwas.
Alles moet in een bepaalde volgorde. Eerst de schoteltjes van de
theekopjes, dan de glazen, dan de kopjes, dan de boterhambord-
jes, dan de toetjesschaaltjes, dan de borden van het avondeten
en op het laatst pas de pannen. De eerste keer wist ik dat allemaal niet. Ik pakte gewoon wat het dichtstbij stond. Bij ons gaat
dat zo en bij opa en oma ook. Hun afwasteiltje is heel vettig.

We zijn halverwege de rol. De richels tussen mijn tanden zijn dichtgesmeerd met mariakaakje en in mijn maag voel ik een klomp van meel. De rol ligt intussen op zijn kant; dat is handiger als we over de helft zijn. Ik duw mijn middelvinger in de richel tussen twee kaakjes om de volgende om te laten vallen. Even schudden en hij komt uit de plastic tunnel rollen. Eigenlijk hoef ik niet meer, maar het helpt om nog wat thee te drinken.

'Neem jij de laatste?' zegt Tilly.

Het plastic is opeens slap en vormeloos. Ik ben blij dat de rol op is. Het is vijf uur en ik ga naar huis. Terwijl ik in een plensbui van Tilly's pleintje naar ons pleintje fiets, haal ik met mijn nagels de restjes kaakje tussen mijn tanden vandaan. Die eet ik ook nog op. Ik lik een paar regendruppels van mijn lippen.

Mamma is aan het afwassen. Dat doet ze altijd, vlak voor het eten, dan is het straks niet meer zo veel werk en hebben we een lekker lange avond. Ik help met afdrogen. Ze houdt zich niet aan de juiste volgorde, want de schoteltjes komen voor de glazen.

'Was het leuk?' vraagt ze.

Er zitten deksels op de pannen. In de bakpan ligt een klontje margarine. Op het aanrecht staat een leeg melkkarton. De bovenkant is opengevouwen, daar gooit mamma al het afval in. Na het eten brengt ze dat naar de schuur. Een pedaalemmer in de keuken zou handiger zijn, volgens mij.

'Mam, mag ik een sigaartje kaas?'

Ik heb trek in iets hartigs. Soms mag ik dan een stukje van de kaas afsnijden. Lang en dun: dat eet het lekkerst.

'We gaan zo eten,' zegt ze.

Ik weet niet wat.

Pappa kan elk moment thuiskomen. De soep is al warm. Zelfs met dit regenweer gaat hij nog op de fiets, hoewel we gewoon een auto hebben.

Mamma vraagt of ik slagroom wil kloppen, want we krijgen een bijzonder toetje. Normaal eten we vla en yoghurt. We zetten de pakken zo op tafel, en schenken van daaruit zelf onze toetjesbakjes vol. Die nieuwe pakken zijn wel handig: je maakt een opening door twee vleugels naar achteren te vouwen en duwt tot er een tuitje ontstaat. Vervelend is alleen dat als je het uitgestulpte karton weer indrukt om het gat te dichten, er vaak een druppel vla of yoghurt over de naad heen druipt. Soms neem ik yoghurt met een beetje vanillevla. Dat is vlaflip, maar dan zonder siroop. Als je van allebei wat op je lepel doet, smaakt de yoghurt zoeter door de vanillevla en de vanillevla zuurder door de yoghurt. Soms doe ik een beetje vanillevla op mijn chocoladevla. Dat lijkt dan net slagroom. We eten ook weleens Klopklop. Dat is plantaardig.

Vanavond doen we niet alsof. Ik draai aan de hendel in het deksel. De slagroom spat tegen de zijkanten van de doorzichtige pot. Het duurt lang voor de slagroom dik genoeg is. Bij Tilly hebben ze een mixer.

Als ik eindelijk klaar ben, trek ik de gardes omhoog. Snel, voordat de klodders terugvallen in de pot, lik ik de slagroom op. Voor de laatste beetjes krul ik mijn tong om de spijlen. Onder aan het deksel zitten ook nog spatjes slagroom, maar mijn tong past niet tussen de opstaande randen. Lekker onhandig gemaakt hebben ze dat. De slagroom moet in de koelkast. Ik dek de pot af met een schoteltje waar geen kopje meer bij hoort.

Eerst eten we zoete macaroni. Dat is een nieuw recept van mamma. De eerste keer was het even vreemd, want oma Jaspers maakt macaroni met gehakt en tomaat en dan kaas eroverheen, maar ik vind zoete macaroni nu erg lekker. Het is of je een toetje eet, maar dan als hoofdgerecht. Met grutjes is dat ook zo.

Na de zoete macaroni komt de bibber op tafel. Voor mij hoeft bibber niet meer zo. Het smaakt naar limonadesiroop en is glibberig als de gelei in een blikje cornedbeef. Slagroom eet ik het liefst met chocoladevla, en dan vooral de chocoladevla uit Lemelerveld, waar ze het nog in flessen hebben. Die is zo dik dat je lang moet schudden voor de vla naar buiten komt – net ketchup. Maar Moon zeurt regelmatig om bibber. Het is duidelijk iets voor kleine kinderen.

De gelatinepudding trilt als het bord de tafel raakt. Ik zet de slagroompot ernaast. De slagroom is een beetje ingezakt. Pappa plaatst onze toetjesbakjes op een rijtje voor zich, pakt de lepel en schept ons op.

'Ik niet te veel,' zegt mamma. 'En geen vel.'

Bibber heeft geen vel.

'Wie mag de pot uitlikken?' vraagt Moon.

Eerst wilde ze nooit haar spinazie opeten. Dan moest ze naar boven, met haar bord, en was ze opeens verdacht snel klaar. Tot mamma op een keer in de badkamer van het poppenhuis een hele berg spinazie vond. Ze was heel erg boos. Sinds kort hoeft Moon geen spinazie meer te eten, want ze blijkt allergisch te zijn. Ik eet altijd alles op, dan kun je zien dat ik het lekker vind.

'Jij mag,' zegt mamma. 'Je zuster heeft de klopper al afgelikt.'

Moon likt de slagroompot uit. Met de mooie lepel gaat ze over de bodem en langs de wanden. Vroeger ruzieden we om die lepel, nu kan het me niet meer schelen. Ik zie de streepjes in het wit waar Moon langs de kanten heeft geschraapt. In het begin zitten er echte klodders slagroom op haar lepel, maar na een paar keer is het niet meer dan een dun randje. Daar proef je bijna niets van, van zo weinig.

In de keuken schud ik cornuco's in onze toetjesbakjes. Mamma heeft gezegd dat we daarvan mogen nemen, maar het hoeft niet op.

We kijken naar de film op België. Eindelijk hebben wij ook kleurentelevisie, maar op zaterdagmiddag zijn de films zwartwit. Tilly's vader heeft een videorecorder gekocht. Daar kun je programma's mee opnemen. Die krijgen wij natuurlijk pas over tien jaar. De vrouwen in oude films hebben watergolfjes in hun haar, ook als ze nog jong waren toen de film werd opgenomen. Ze beginnen vaak opeens te zingen en te dansen. Dat hoeft voor mij niet zo.

Mijn voortand doet pijn. Het wordt steeds erger, maar ik heb het niet tegen mamma gezegd. Toen zij rode bulten kreeg van de medicijnen, wilde ze de dokter niet lastigvallen op zijn vrije avond. We waren bang, en vroegen steeds of ze toch niet zou gaan. Ik ga morgen, zei ze. 's Ochtends herkende ik haar haast niet meer, zo raar zag haar gezicht eruit. Dat was wel flink van haar.

De vier bakjes met cornuco's zet ik naast elkaar op de salontafel, op glazen onderzettertjes, anders krijg je kringen in het hout. We hebben de vier stoelen naast elkaar gezet. De corduroy bank bij Tilly is veel gezelliger.

Ik kijk opzij, het rijtje af. Moon, Til en Linda stoppen de cornuco's in hun mond zonder weg te kijken van de tv. Van cornuco's krijg je oranje vingers, want er zit poeder op dat in de verte naar kaas smaakt. Ze hebben ernaast gelegen, zou mamma zeggen. Ik ga vragen of we volgende week wokkels mogen. Die zijn heel erg in. Vorige week was Mud bij *Toppop*. Op school deden we allemaal na hoe ze dansen. Nibbits vind ik niet zo lekker.

Mijn tand wordt steeds erger. Ik ga naar de keuken en doe warm water in een beker. Terwijl ik naar de film kijk, houd ik mijn tand daarin gedoopt. Ik moet er mijn mond raar voor open houden, alsof ik poseer voor chocoladerepen. Lauw water is viezig om te drinken. Douchewater is nog erger. Het heeft een laffe smaak.

'Waarom doe je dat?' vraagt Tilly.

'Ik heb kiespijn, maar dan in mijn voortand,' zeg ik.

Het water helpt maar even. Mijn tand klopt alsof iemand hem steeds verder mijn hoofd in slaat. Ze zijn hierachter aan het heien, voor nieuwe huizen. Ik doe heter water in de beker, maar het maakt niet uit. Tilly, Moon en Linda verdelen de laatste cornuco's. Moon scheurt de zak open en veegt met haar vinger de kruimels op.

Pappa en mamma komen thuis als de film net afgelopen is. Ze

zijn ook nog bij de supermarkt geweest. Pappa heeft vier blikken appelmoes gekocht die in de aanbieding waren. Die brengt hij naar zolder. Til en ik spelen daar weleens supermarktje, met al het eten dat in het metalen voorraadrek staat. Van een kleed maken we een lopende band. De caissière trekt daaraan. Ik vind het leuk om zo veel mogelijk prijzen te onthouden. *Eén van de acht* is een leuk programma.

Als pappa weer beneden is, vertel ik het van mijn tand.

We kunnen niet naar onze eigen tandarts in Den Haag. We moeten naar een tandarts hier.

'Zenuwbehandeling,' zegt hij.

Zenuwziekte is als je gek bent. Dat ben ik niet. Hij gaat alleen mijn tand doodmaken. Ik wist niet dat tanden nog in leven waren.

Tussen de patat en *q & q* duurt het erg lang. Ik weet niet wat ik moet doen om de tijd te doden. Eerst krijgen we om vijf uur een kopje soep. Ik houd het meest van eigengemaakte champignonsoep, want die is lekker dik en romig. Hij lijkt op de ragout die we in een pasteitje krijgen bij het kerstdiner.

Vandaag eten we tomatensoep. Ik heb drie balletjes. Balletjes uit blik zijn mooi glad en oranjebruin, zelfgemaakte rul en bruingrijs, maar lekkerder. Pappa heeft onze tuin omgespit. Het was een heel werk en als hij niet oppast krijgt hij het aan zijn rug, want het is hier kleigrond. Op het pad naar school liggen nog betonnen platen. Met Tilly ga ik vaak naar de spookpleintjes. Onze stemmen echoën tussen de lege huizen.

Zodra we onze soep op hebben gaat mamma patat bakken. Ze hangt het mandje in de olie en als het frituren klaar is stort ze de patat in de glazen ovenschaal waar anders de macaroni in zit. Op zaterdag eten we met het bord op schoot. Dat betekent niet alleen dat we in de zithoek eten, maar ook dat de tv aanstaat.

Pas na de laatste keer bakken neemt mamma zelf patat. We hebben er knakworst bij, die ze opwarmt in het eierpannetje.

De wanden zijn dik van de kalk, want we hebben hier hard water. Mamma zet het blikje worstjes er rechtop in, het dekseltje omhooggeklapt. Dat is net een cirkelzaag, zo scherp zijn de randjes. Als het water om het blikje heen kookt, is ook het vocht waarin de knakworstjes staan heet genoeg geworden. Dan schudt ze het blikje uit in onze metalen zeef en legt de worstjes op het roestvrijstalen vleesschaaltje. Mamma heeft ook appelmoes gemaakt. In de mayonaisepot staat een plastic eierlepeltje.

Ik prik twee patatjes aan mijn vork en steek ze in mijn mond. Ze zijn te heet om te proeven dat ze van aardappel zijn gemaakt. Ik probeer ze alleen met mijn tanden aan te raken, anders brand ik mijn mond. Moon kijkt naar *Tita Tovenaar*. Met het laatste patatje veeg ik mijn bord schoon. De zoutkorrels die ik samen met de appelmoes opveeg zijn als speldenprikken in het zoet.

'Moet ik nog meer bakken?' vraagt mamma.

De tijd voor Q *&* Q gaat heel langzaam. Ik vind die jongen met die bril leuk. Pappa kijkt er ook naar, dat is heel gezellig. Daarna komt de *Willem Ruis Show*. Hij test of de echtparen elkaar goed kennen. Pappa en mamma zouden alle vragen weten.

Samen met Moon doe ik de afwas. Wij hebben geen Dreft, zoals bij Tilly. Halverwege spuit ik afwasmiddel erbij, en probeer met mijn hand het schuim op te kloppen. Tevergeefs.

Als we klaar zijn berg ik het zilver op in de cassette. Daarnaast staat de kooi van Keetje. Ze is stokoud voor een cavia, en kan elk moment doodgaan. Ik denk al de hele week dat ik haar op schoot moet nemen, anders is het zielig. Morgenochtend gaan we naar oma Oosting. Die woont hier nu vlakbij, in het nieuwe bejaardencentrum. Als we komen koffiedrinken, op zondagochtend, heeft ze haar avondeten al bijna klaar. De aardappelen staan in de pan, de boontjes zijn afgehaald, het vlees is gebraden. Die bakgeur vind ik niet zo lekker als ik een sinaasappelchocolaatje of een chocolade ijscup eet, van het schaaltje met lekkers uit het kastje.

Als ik de opscheplepels in hun bedjes in de onderste la heb gelegd, til ik Keetje op en ga zitten. Helaas is de plafonnière aan. Het licht is fel. Ik kan lezen zonder mijn ogen te verknoeien, maar de leesportefeuille ligt te ver weg, Tonke Dragt ligt boven en ik heb Keetje op schoot. Pappa leest de *Haagsche Courant*, mamma het *Streekblad*. Moon lacht om die stomme Peppi en Kokki.

Straks krijgen we iets lekkers bij de koffie. Mamma heeft boterkoek gebakken, voor de zaterdagavond. Ze zegt dat je niet naar het weekend mag uitkijken. Dat is zonde. Je moet van elke dag genieten, ook doordeweeks.

We lopen altijd van het schoolplein af, omdat ik misselijk word van brood op de grond. Het is vooral goor als iemand erop heeft getrapt of als een boterham uit elkaar is gevallen, met de besmeerde kant naar boven. Dan kun je de margarine zien, met putjes door het losscheuren van de helften. Het is ook erg zonde, want in Biafra hebben de kinderen vreselijke honger. Ze zijn broodmager, maar met opgezwollen buikjes. Het is heel eng om te zien, ik moet er bijna van huilen. De wereld is heel onrechtvaardig.

Ons rondje gaat langs de zandbak, achter de flats langs. We zitten nu nog in het noodgebouw. Tilly en ik krijgen hetzelfde brood mee, want de bakker van ons pleintje komt ook bij haar. Als we niet thuis zijn hangt hij het aan de deur. Mamma vindt het brood niet zo lekker, maar ze durft hem niet af te zeggen. Elke boterham lijkt op een hart, maar met een vierkante onderkant.

Op zaterdag mogen we soms een tompoes. Ze staan in een grote doos op de vloer van het karretje waarmee onze bakker door de wijk rijdt. Eerst eet ik het streepje slagroom, dan wrik ik het bladerdeeg met de roze suikerlaag los van de gele pudding. Dat eet ik als een koekje. Daarna snijd ik met de zijkant van mijn vorkje door de banketbakkersroom en de onderste laag bladerdeeg, en maak zo nette hapjes.

Ik maak mijn broodtrommel open. Gelukkig hoef ik geen margarine meer op mijn brood. Alleen is het gevolg dat de boterhamhelften nu los door mijn trommeltje slingeren, terwijl mamma ze 's ochtends toch keurig op elkaar legt, met kaas ertussen. Ik veeg de broodkruimels van de plakjes voor ik ze terugleg. Tilly heeft lever op haar brood, en speculaas. Bij haar thuis zitten de vleeswaren in plastic bakjes die je kunt stapelen. Die zet je zo op tafel. Wij moeten de ham of de cervelaat altijd op ons roestvrijstalen vleeswarenschaaltje leggen, en na afloop weer in de verpakking doen.

'Heb je hem nog gezien?' vraag ik.

'Hij heeft de eerste twee uur vrij,' zegt ze.

Tilly krijgt ook altijd een appel mee. Gelukkig heb ik dat niet. Ze is verliefd op een jongen uit de derde. Ik ook, maar dan op een jongen uit de vierde. Ik zie hem in de gangen als we van lokaal wisselen en ik weet al wat zijn rooster is. Als ik na het derde uur van Latijn naar Nederlands ga, loopt hij van Frans naar wiskunde. Dan zie ik hem meestal. In de volle gangen worden we allebei een andere kant op gestuwd. Soms denk ik dat hij mij ook ziet.

'Houd eens vast,' zegt Tilly.

Ze moet vast haar neus even snuiten, dus ik pak het klokhuis aan.

'Hé,' zeg ik, als ze doorloopt zonder haar zakdoek te pakken.

Tilly lacht. Het is weer zover. De volgende prullenbak is pas op het schoolplein.

Liever zou ik me daar helemaal niet meer vertonen, want ik heb voor het eerst mijn nieuwe jas aan. Het is een soort regenjas voor oudere vrouwen, in een duffe kleur bruin, met een ceintuur. Ik denk er steeds aan dat ik hem draag. Tilly heeft echte Hush Puppies, bruine met oranje. Die van mij zijn namaak, maar toch best leuk. Ik mocht zelf kiezen, uit de imitatieschoenen die ze bij de Bata hadden. De jas heeft mamma uitgezocht zonder dat ik erbij was, net als mijn beha. Ik was wel blij dat ze me die gaf, want ik durfde er niet om te vragen.

Op het schoolplein gooi ik het klokhuis weg. Naast de prullenbak staat een nieuw boompje. Het lijkt meer een tak. Hij wordt aan weerskanten ondersteund. Ik zou weleens naar Californië willen, om de mammoetbomen te zien. Er is een heel leuk nummer dat ze soms op Veronica draaien, over San Francisco. Daar schijnt het heel leuk te zijn, vooral als je voor vrede bent.

Bij de kapstokken haal ik mijn boeken uit mijn pukkel, zogenaamd om mijn broodtrommel op te bergen.

'Schiet eens op,' zegt Tilly.

'Ik kom,' zeg ik.

Als we te snel zijn zit ik al bij Latijn als hij nog uit de aula naar Frans moet lopen.

Vel

We zijn veel te vroeg, dus dat betekent nog langer wachten. Het waait in het winkelcentrum en de meubelzaak is inderdaad failliet: de ramen naast de praktijk zijn beplakt met kranten. Otto heeft zijn luxaflex altijd dicht. Gelukkig maar, anders zou iedereen je in die zwarte stoel zien liggen, achter de winkelruit.

Mamma kent onze tandarts nog uit haar jeugd. Op school mogen we onze leraar Nederlands ook bij zijn voornaam noemen. Hij heeft mij gevraagd voor de toneelclub. Gelukkig mocht ik mijn nieuwe Wranglers aan toen ik naar de eerste repetitie ging. We pauzeerden om naar *Monty Python* te kijken. Het was een vreemd programma, maar ik vond het ook wel geestig. In ons toneelstuk speel ik Maria Maagdenpalm. Dat heb ik thuis maar niet verteld.

Met zijn vieren op een rij wachten we tot Otto zijn hoofd om de deur steekt. Mamma gaat altijd mee, ook al kan zij geen gaatjes meer krijgen. Ik kijk naar de poster van het roodharige jongetje dat breed lacht. Het zou een grappig joch zijn als hij niet zulke rotte tanden had. Snoep verstandig, eet een appel. Alleen is een appel helemaal geen snoep, dus dat slaat nergens op.

Moon mag dit keer als eerste naar binnen. Door de muur hoor ik dat zij een gaatje heeft. Het is een akelig geluid, dat gieren van die boor. Ik probeer aandachtig te lezen in *Arts & Auto*. Boren doet pijn en van het schoonspuiten met die ijskoude minidouche schrik ik me altijd rot. Na afloop proef ik metaal en als ik niet uitkijk met spoelen spuug ik gruis in het bakje naast de stoel. Slierten speeksel blijven aan mijn lippen hangen. Die moet je snel breken, zonder dat iemand het ziet.

Als ik eindelijk zelf aan de beurt ben, voel ik de warmte van Moon nog in het zwarte leer. Otto steekt zijn vingers in mijn mond. Het is daar opeens erg vol, mijn tong zit in de weg, bijten of sabbelen mag niet, de vingers zijn een beetje ruw, ik hoor het tikken van het tangetje langs mijn kiezen, voel het glijden langs mijn tandvlees. Wachten maar, en hopen. Rechtsonder gehad, rechtsboven ook, linksonder, linksboven, metaal tegen mijn voortanden, tegen de dode tand, tik en nog eens tik. Dan stilte. Hij heeft geen nummer gezegd tegen de assistente. Ik heb geen gaatjes.

Opgelucht ga ik terug naar de wachtkamer. Nu alleen pappa nog.

Hij heeft gelukkig ook geen gaatjes.

Traditiegetrouw gaan we na afloop naar onze oude Jamin, om allemaal iets lekkers uit te kiezen. Ik neem een plastic bakje met pindarotsjes, pappa Engelse drop, Moon een zak met tumtummetjes, mamma boterkoek. Daar krijgen we vanavond bij de koffie dan ook wat van. Moon moet nog een uur wachten voor ze haar vieze snoepjes op mag eten. Ik kan meteen beginnen.

Ik loop de keuken in en zie Kira op haar achterpoten bij het aanrecht staan. Ze is van het gehakt aan het snoepen. Dat had ik alvast op het aanrecht gezet, maar duidelijk niet ver genoeg naar achteren. Het plastic van de keurslager is aan flarden, ik zie haar lange roze tong.

'Stoute hond!' zeg ik, op dezelfde toon als mamma.

Zij zit met Kira op een hondencursus.

Kira kijkt schuldig, haar oren naar achteren. Ze glipt weg uit de keuken; in de kamer kruipt ze onder het dressoir. De mevrouw van wie we haar hebben zei dat ze als jong hondje in een doos heeft gezeten, zonder eten. Nu heeft ze een obsessie; je kunt niets op het aanrecht of op tafel laten staan. Laatst at ze een heel pakje boter op en in de polder loopt ze weg en schrokt een paar kilo modder op. Hier in de kamer, onder onze trap, spuugt ze dat dan weer uit, wat een vreselijke stank geeft. Bij het opruimen ga ik bijna over mijn nek.

'Foei, dat is niet voor jou,' zeg ik.

Haar oren gaan nog verder naar achteren. Honden kunnen zich ook schuldig voelen.

'Kom maar mee, dan krijg je eten.'

Hart is ontzettend goor en het zit in een bloederige zak. Als je hem uit de koelkast hebt gepakt, zet je hem eerst even in warm water. Dan haal je het hart uit het plastic, snijdt het in stukken en doet die in Kira's etensbak, met een schep kalk eroverheen. Het vlees is grijsbruin, ruikt smerig en er zitten vetsliertjes doorheen. Ik probeer er niet aan te denken dat dit een echt hart is geweest dat klopte. Ik adem door mijn mond terwijl ik het in stukken snijd. Het zou helpen als we fatsoenlijke messen hadden. Ik zet de etensbak op de vloer en Kira staat er al bij. Ze begint meteen te schrokken. Toch blijft ze mager; dat heb je met jachthonden.

Nu ons eigen avondeten. Het is te laat om nog een keer naar Boonekamp te gaan. Waar Kira van het gehakt heeft gegeten schep ik een laagje weg, de rest leg ik in een kom. Veel is het niet. Ik doe er een extra beschuit doorheen en een tweede ei. Nu kneden, zo goed en zo kwaad als dat gaat: ik knijp, het gehakt wordt tussen mijn vingers uit mijn vuist geperst, en dan eindig ik met een lege, vettige hand. Ik vorm drie kleine hompjes, qua formaat zitten ze tussen soepballetjes en gewone gehaktballen in. Misschien valt het niet al te erg op.

Ik schil de aardappelen en zet ze op. Wij hebben geen dunschiller, zoals bij Tilly. De vitamines van aardappelen zitten vlak onder de schil; pappa zegt dat het zonde is om die verloren te laten gaan, maar mij lukt het niet om te schillen zoals oma Oosting. Mamma kan dat ook niet. Gisteren had ik veel te veel zout bij de aardappelen gedaan. Aangebrand zijn ze ook al eens. Ik dacht dat we ze nog wel konden eten, want alleen onder in de pan was het zwart geworden, maar je proefde niets dan rook, echt goor. We hebben geen kookboek. Mamma knipt soms recepten uit de *Libelle*.

Sla kan ik wel: daar hoeven alleen zilveruitjes en stukjes augurk doorheen, en dan giet ik er op het laatst azijn uit de grote plastic fles over uit. Een paar blaadjes aan de krop zijn slijmerig geworden, omdat ze tegen het plastic aan hebben gezeten. Die trek ik eraf. Op het fietspad langs de grote weg liggen vaak platgereden slakken. Ik moet opschieten, want anders is pappa thuis en dan is het eten niet klaar. De dikke schillen rol ik in het huis-aan-huisblad. Snel zet ik de aardappelen op. Een kopje soep doen we vandaag maar niet. Gauw neem ik een sigaartje kaas.

De gehaktballetjes braad ik pas op het laatst. De aardappelen zijn overgekookt, op het deksel en op het fornuis zitten schuimkringen, het vuur is uit gegaan, ik ruik het gas. Gauw de knop omdraaien. Ik laat de aardappelen in het water staan, dan blijven ze tenminste warm. Moon komt naar beneden.

'Handen wassen,' zeg ik.

Pappa komt binnen. Hij is koud van het fietsen.

'We kunnen eten, hoor,' zeg ik.

Gejaagd giet ik de aardappelen af. Bijna vallen ze in de gootsteen. Ik zet de slakom en de pan met aardappelen op tafel, en als laatste het vleesschaaltje met de drie miezerige gehaktballetjes. Geen vlaggetjes erin, zoals vroeger als ik jarig was. Halfstok, dat zou nog kunnen.

'Aanvallen maar,' zeg ik.

Pappa haalt het deksel van de aardappelen. Ik heb ze niet goed afgegoten; onderin is het papperig geworden. Net smeltende sneeuw waar iedereen overheen gelopen is.

'Hu, zuur,' zegt Moon als ze een hap sla neemt.

'Wat een kleine gehaktballetjes,' zegt pappa.

'Kira heeft de helft opgegeten,' zeg ik. 'Ik had het achter op het aanrecht gezet, maar niet ver genoeg.'

'Je weet toch dat je niets kunt laten staan. Je had het in de hoek achter de kraan moeten zetten, dan kan hij er niet bij. Heb

81

je hem op tijd hart gegeven? Anders is het vragen om moeilijkheden.'

Mijn ouders zeggen altijd 'hij' als ze over Kira praten. Misschien maakt het voor honden niet zoveel uit.

'Wanneer komt mamma thuis?' vraagt Moon.

Ik hoorde pappa aan de telefoon tegen oma Oosting zeggen dat mamma zo overstuur raakt in het ziekenhuis dat ze eerder thuiskomt dan medisch verantwoord is.

'Ze kan daar beter nog even blijven,' zeg ik. 'Tot ze echt genezen is.'

Toen wij op bezoek gingen moest ze steeds overgeven van de narcose.

'Ik hoop dat jullie je nooit zo zullen voelen,' zei ze.

Het klonk alsof ze het voor ons deed, alsof wij dit dan niet zullen hebben, als wij later eens aan onze rug geopereerd moeten worden.

'Nee, ze moet thuiskomen,' zegt Moon.

Ik heb mamma beloofd goed voor alles te zullen zorgen. Zo krijgt pappa toch zijn natje en zijn droogje. Straks, als hij terug is uit het ziekenhuis, zet ik koffie voor hem en knip ik de lampen aan. Zelf doet hij dat niet. Dan zit hij alleen met de tv aan. Dat geeft een heel raar licht in de kamer, blauw en onrustig.

Het lijkt op een flesje nagellak. Ik zou graag blauwe oogschaduw willen, maar daar ben ik te jong voor.

Ik draai het dekseltje los, er zit een piepklein kwastje aan vast. Royaal smeer ik het glanzende goedje op al mijn vingers, even wapperen en klaar. Het schijnt zo goor te smaken dat je vanzelf al niet meer wilt.

Met het puntje van mijn tong lik ik aan mijn pink. Byte-ex is inderdaad erg bitter, dat moet je ze nageven. Nagelbijten is een vieze gewoonte, dat weet ik ook wel, maar als er een scheurtje zit moet ik het groter maken, net zo lang tot er een stukje loskomt. Het witte reepje slik ik door. Daarna probeer ik de nagel zo glad te maken dat ik kan ophouden met bijten.

Dat zal nu niet meer hoeven, omdat ik niet eens begin.

Ik bestudeer mijn pinken. Ze hebben maar een klein stukje nagel. Je kunt het nagelbed zien, dat is ribbelig en rood. Afwassen doet pijn, vooral als je je handen net in het sop hebt gedoopt en het water erg warm is, zoals bij Tilly. Zij bijt geen nagels, maar zit altijd te pielen met de huid bij haar nagelriemen. Die velletjes zijn taai en elastisch tegelijk, als vlees. Ik trek ook weleens stukjes huid los; die zijn best lekker. Je zou ze kunnen kruiden en braden en er een sausje over kunnen doen. Bij Tilly hebben ze vaste dagen voor wat ze eten. Gehakt op woensdag, vis op vrijdag, nasi op zaterdag. Mijn moeder houdt niet van zulke patronen. Een nagelriem lostrekken doet erg zeer.

De Byte-ex glimt als doorzichtige nagellak. Ik schuif de nagel van mijn wijsvinger onder een scheurtje dat sinds vanmiddag in mijn duimnagel zit. Er komt een lipje omhoog, als bij een blikje fris. Nu heb ik mijn tanden nodig om het verder los te trekken. Ik laat ze over de rafelige nagel glijden. Mijn dode voortand blijft achter het scheurtje hangen, ik oefen druk uit en de scheur wordt groter. Nu de benedentand erbij. Ik klem de nagel tussen mijn kaken alsof ik een enorm pincet ben. De Byte-ex prikt op mijn tong. Mijn moeder en ik drinken sinds kort spa groen, in plaats van seven-up. Dat is mineraalwater met citroen, en dus gezonder.

Een stukje nagel schiet los. Het knarst tussen mijn tanden en springt weg, mijn keel in. Ik slik het door. Soms blijft zo'n nagelsplinter stekken. Je slikt en slikt, maar je blijft dat scherpe stukje voelen, achter in je keel. Dan moet je eten of drinken om het weg te krijgen.

Al van ver hoor je het gegil. Je zou denken dat er aan deze kant van Zoetermeer iets ergs gebeurt, dat hier, in het aangelegde park, met zijn snelgroeiende populieren en schelpenpaden, mensen gemarteld worden, zoals in Zuid-Amerika. De rekken staan vol. Ik moet hard duwen om mijn stuur tussen de sturen van twee andere fietsen te krijgen. Mijn licht doet het niet, de draadjes hangen er los bij. Dat is niet erg, want het is zomer en ik mag toch niet laat thuis zijn.

We betalen en lopen door het draaihekje, dat alleen naar voren kan, niet terug. Ik ruik de chloor van het zwembadwater. In het kleedhokje doe ik het armbandje waaraan het sleuteltje van mijn kastje zit om mijn pols. Eindelijk heb ik een bikini. Het is een model dat in de mode is, met een sluiting achter in mijn nek. Zo ziet het bovenstukje er tenminste niet uit als een beha. Ik zou nooit een witte bikini willen.

Tussen het diepe en het kikkerbad door lopen we naar het grasveld. We zigzaggen tussen de lege badlakens en vermijden de luidruchtige groepjes. De jongens hebben allemaal grote bermuda's aan, over hun zwembroeken heen. Vlak voor het hek spreiden we onze handdoeken uit op het gras. Dat is stug en het voelt een beetje vettig, alsof iedereen er zijn frietvingers aan heeft afgeveegd. Bij de kiosk hangt de Ola-vlag uit. Er staat een hele menigte voor. Gelukkig ben ik niet ongesteld, anders had ik een smoesje moeten verzinnen om thuis te blijven.

Eerst gaan we zwemmen. Het water is lekker fris. Ik houd me vast aan de rand om op mijn plaats te blijven. Voor mij zie ik mijn lichaam drijven. Het lijkt zich in bochten te wringen. Er zijn veel golven, want overal duwen jongens de meisjes het water in. Met mijn linkerhand ga ik een moment langs de zijkant van mijn bovenbeen. In water kan ik goed voelen hoeveel vet ik heb. Ik knijp erin, probeer het te wegen. Het komt los van mijn botten, alsof het op wil stijgen, op het wateroppervlak wil dobberen. Maar er zit huid omheen die het tegenhoudt.

Teruglopen naar de handdoeken vind ik niet leuk. Ik ben blij als we liggen. Op mijn rug, met mijn knieën omhoog, voel ik mij het prettigst. Mijn buik valt dan een beetje in. Zitten doe ik liever niet, dan verzamelt alles zich daar beneden, alsof ik omhangen ben met zakjes. Dat begint al bij mijn borsten. Tilly's buik heeft een heleboel kleine vouwtjes, en in de middelste verdwijnt haar navel. Bij mij is er maar één plooi, daaronder is het een beetje bol. Ik moet er steeds naar kijken als we onze boterhammen eten. Die maken het nog erger, zodra ik ze heb doorgeslikt. Op mijn benen zie ik haren. Die moet je eraf halen, maar ik weet niet hoe.

Na nog twee keer zwemmen ga ik een ijsje voor ons kopen. Ik haal mijn portemonnee uit het kastje. Het is nog steeds druk bij de kiosk. Ik vind het raar om daar in de rij te staan, want de mensen om mij heen hebben weinig aan, en ze zijn vlakbij, ik zou hun huid zo kunnen raken. Zelf heb ik mijn t-shirt aangedaan. Het ruikt hier naar frituurvet en aardbeien. De geuren lijken door elkaar geroerd te zijn, alsof patat en ijs samen één gerecht zijn. Sinds kort serveren ze frites opeens overal in plastic bakjes, met een apart vakje voor de mayonaise. Dat is niet goed voor het milieu.

Til wil een Cornetto, ik neem liever softijs. Het duurt lang voor ik aan de beurt ben. Je kunt hier wachten tot je een ons weegt. De jongen achter de balie ziet mij niet staan. De grindtegels doen pijn aan mijn blote voeten. Hier en daar liggen platgetrapte patatjes.

Het asfaltpad tussen de flats bij de Voorweg brandt onder mijn voetzolen en soms voel ik iets prikken: een steentje, een takje. Het bangst ben ik voor glas, want dat zie je niet. Sinds drie dagen lopen Tilly en ik op blote voeten. We houden onze sandalen in onze handen, want onze moeders mogen het niet weten. In de herfst, als het regent, moet ik mijn regenbroek aan van mamma. Als ik de hoek om ben, doe ik hem uit. Ik loop liever tot de tweede pauze met een natte spijkerbroek dan dat ik in dat stomme gele ding het schoolplein op rijd.

De lucht is wit van de hitte. In onze wijk wordt het steeds leger en stiller. Iedereen is met vakantie, of misschien is de neutronenbom gevallen en zijn wij de enige overlevenden. Ik droomde laatst van de atoombom: aan de horizon zag ik een paddestoelwolk en ik wist dat we eraan zouden gaan. Onze buren zijn naar Italië; Thierry is ook met vakantie. Elke keer dat ik met Kira langs zijn huis loop hoop ik dat hij terug is.

Tilly heeft mij vanochtend een zak met enveloppen gegeven. Als ze in Spanje is, mag ik er elke dag één openmaken. Ik weet niet of ik in mijn eentje ook naar de Dorpsstraat zal lopen. Kira gaat liever de polder in. Gisteren zat ik met haar in de zon op een heuvel waar eerst de vuilstort was. Dat kun je soms nog ruiken. We hadden een mooi uitzicht over het Westerpark, al vond ik het leuker toen het nog niet zo aangelegd was. Kira zat naast mij in het hoge gras alle geuren op te snuiven, haar oren omhoog. Ik had mijn arm om haar schouders. Een hond die je in je gezicht likt is vies, maar op mijn oor vind ik het wel lekker.

In de Dorpsstraat is bijna niemand. Bij Jamin voelen de tegels op de vloer glad en koel aan na de hobbelige, warme kinderhoofdjes buiten. Ik voel dat er zand aan mijn voetzolen kleeft. Ik schuif het glazen raam van de vrieskist open, er komt een lekkere kou vanaf. We nemen altijd de ijsjes die je tussen wafeltjes moet doen. Ik twijfel tussen vanille-ijs of roomijs. Roomijs is lekkerder, maar een dubbeltje duurder. Aan één kant zit dan ook nog chocola.

'Wat neem jij?' vraag ik.

Til kiest een pakje vanille-ijs. Uit het bakje boven de vrieskist pakken we elk twee wafeltjes, we betalen ieder onze vijfendertig cent en gaan buiten tegen de lage muur zitten die om de dorpskerk staat. Mijn voetzolen zijn zwart en er kleven korreltjes aan. Ik zie ook vuil omhoog kruipen tussen mijn tenen. Snel sla ik het wijnrode katoen over mijn voeten. Pappa en mamma waren boos toen ik thuiskwam met mijn indiarok. Ik had nog wel gezegd dat ik een rok ging kopen.

'Eindelijk,' zei mijn vader. 'Kunnen we toch nog zien dat je een meisje bent.'

Ik vond deze lange wikkelrok meteen onwijs mooi.

'Hoe haal je het in je hoofd,' zei pappa, toen ik hem liet zien.

Mamma was ook boos. Ze zei dat ik best eens mijn benen mag tonen. Maar een korte broek hebben ze weer liever niet.

'Misschien krijg je in Spanje een vriend,' zeg ik tegen Tilly.

Ik leg de wafeltjes op mijn knie en scheur het ijspapiertje open. Een laag gesmolten ijs blijft kleven aan het papier; als ik de verpakking verfrommel voel ik de koele klefheid. Het propje leg ik op de grond, straks doe ik het in de afvalbak. Ik begrijp niet dat er mensen zijn die papier op straat kunnen gooien. Nu pak ik de wafeltjes. Aan de ene kant hebben ze kleine ruitjes, aan de andere kant grotere. De kleine ruitjes doe ik aan de buitenkant. Die vind ik mooier om naar te kijken.

'Een vriend hoef ik niet,' zegt Tilly. 'En trouwen en kinderen ook niet.'

Ik denk dat ik later op een van de andere pleintjes zal wonen, met mijn eigen gezin, maar niet in een huis met een open trap in de kamer, dat maakt zo'n herrie. Ik richt het ook stukken leuker in dan bij ons, met banken in plaats van stoelen, en veel spotjes.

De hoeken van het ijs heb ik rond gelikt. Met kleine hapjes bijt ik de hoekjes van de wafeltjes af, zodat ze meebuigen met het ijs. Ik baal ervan dat ik geen roomijs heb genomen. Misschien dat Tilly er zo meteen nog een wil. We nemen vaak een tweede ijsje, zeker als het zo warm is.

'Pffff,' zeg ik. 'Het is best heet.'

'Frische Brötchen,' zegt mijn vader.

Frau Schmidt lacht en zet het mandje met warme broodjes neer. Ze vraagt wat onze plannen zijn voor vandaag. Pappa zegt dat hij het nog niet weet. Ik weet het wel. Vanmiddag gaan mijn ouders naar de supermarkt voor repen Bloc-chocola, en pakjes puddingpoeder voor thuis. Die zijn hier namelijk veel goedkoper. Ik blijf lezen op het balkon dat bij hun slaapkamer hoort. Moon kon eerst met Sigrid spelen, maar die is uit logeren. Het zwembad is in Stadtkyll, daar kunnen we niet zelf naartoe. Vanochtend gaan we wandelen. Schouders naar achteren, zegt pappa. Maar dan gaat tegelijkertijd je borst vooruit. Ik heb bijna al mijn boeken uit.

Vanavond eten we in ons vaste restaurant. We zijn er altijd

om zes uur. Er is niemand en toch duurt het eeuwen voor we ons eten krijgen. Die man doet alles heel langzaam. Mamma neemt een tijdschrift mee. Ik kies elke avond schnitzel met champignons. Je krijgt zo veel champignons dat de schnitzel niet te zien is. In een apart schaaltje zit *Kartoffelsalat*.

Hier bij Frau Schmidt krijgen we elke ochtend witte broodjes met een harde korst. Ik snijd mijn broodje helemaal door, de kruimels schieten in het rond, vallen ook op het tafelkleed. Met mijn handen als stoffer en blik veeg ik de kruimels op.

Het broodje bestaat nu uit twee losse helften. Ik eet ze apart, alsof het boterhammen zijn, met roomboter en jam. De bovenkant eet ik het laatst, die is het lekkerst. Aan hartig bij het ontbijt doen ze niet, in de Eifel. We zijn hier al tig keer geweest.

'Hoe zijn jullie gekomen?'

Dat is de derde keer.

'Met de auto.'

'O, hebben jullie een auto?'

'Ja, een Ford Escort.'

Niemand die ik ken heeft nog een overgrootmoeder. Ik zit op oma Uytenhages bed, op de dikke sprei. Divan moet je zeggen, want een deftige Haagse dame heeft geen bed in haar kamer. De sprei is een soort Perzisch tapijt en mijn theekopje is van Engels porselein, in een tuttig bloemmotief. Op het schoteltje ligt een hartvormig roomboterkoekje met een nootje erop.

'Ze helpen je hier wel van je theelepeltjes af,' zegt oma Uytenhage.

In haar keukentje staat een zilveren vaasje tjokvol zilveren theelepeltjes. Ze gedenken allemaal iets anders: het jubileum van Wilhelmina, het huwelijk van Juliana, de geboorte van Irene, de bouw van de Pyramide van Austerlitz.

Moon gaat verzitten. De divan golft mee. Mijn kopje hangt opeens scheef om de thee heen, de rand schiet er net niet onderdoor.

'Hé, kijk eens uit,' zeg ik.

Ik baal van mijn zondagse kleren. Deze broek is te wijd en hij heeft een rits opzij in plaats van een normale gulp. Daar denk ik steeds aan. Onhandig is het ook, want de rits heeft alleen een dun lipje om aan te trekken. Je krijgt hem niet naar beneden zonder met je andere hand de bovenkanten bij elkaar te houden. Zakken zitten er ook al niet in deze broek. Het maandverband heb ik in de zak van mijn vest gepropt. Voor we weggaan moet ik naar de wc, want ik voel het warme bloed. De toi, zegt oma Jaspers. Moeilijk voor te stellen dat dit haar moeder is.

'En Hansje, hoe gaat het met het leren?'

Steeds als oma mij Hansje noemt, kijkt Moon mij veelbetekenend aan. Alsof ik er iets aan kan doen. Ik kan moeilijk zeggen dat ik Alma heet.

'Goed, oma,' zeg ik.

Moon kan zich niet meer inhouden.

'Ze heet Alma, hoor,' zegt ze.

Oma Uytenhage besteedt er geen aandacht aan. Ze denkt dat ik mamma ben, maar dan toen die nog jong was.

'En kind, heb je al een vrind?'

Mijn haar is zo lang dat het voor mijn gezicht valt als ik mijn hoofd buig. Ik wil best een vriend, maar ik zou niet weten wie. En héél veel later een aardige man, schreef mamma in mijn poesiealbum, als laatste regel in haar zelfgemaakte gedicht. Ze bedoelde beslist niet nu al.

'Nee, oma,' zeg ik.

Mijn vingers passen net niet door het oortje van het kopje. Ook al zo lekker handig. Ik neem een slokje thee. De damp warmt mijn wangen verder op. Het koekje is naar het midden van het schoteltje geschoven. Ik moet het opzij duwen om mijn kopje terug te zetten in de uitsparing. Het randje goud is bijna afgesleten.

'Je moet je haar niet zo voor je gezicht laten hangen, Hansje. Het zijn net gordijntjes.'

'Nee, oma,' zeg ik.

Mamma zegt dat wij hetzelfde haar hebben. Dat is meteen het mooiste wat er aan ons te zien valt.

Ik neem een hapje van mijn koekje. Dat is allang niet bros meer, eerder buigzaam, en het smaakt muf, naar een koektrommel waar heel veel soorten koekjes in hebben gezeten zonder dat die tussendoor ooit is afgewassen. Van alle koekjes blijft iets hangen en die lucht trekt in de nieuwe koekjes.

'Hoe zijn jullie hier gekomen?'

Moon stoot mij aan. De divan golft.

'Met de auto,' zegt pappa.

'O, hebben jullie een auto?'

Amandelspijs

Voor ze naar bed gaat, dekt mamma altijd de ontbijttafel. Eerst het tafelkleed erop, dan het dienblad met het zoete beleg in het midden. Alleen de hagelslag en de strooppot blijven in de kast in de keuken staan, want Kira zou zo door het karton heen bijten.

Daarna de borden van haar en pappa aan de ene kant. Ik weet niet wie het me heeft verteld, maar een dokter schijnt dat pappa ooit geadviseerd te hebben: zit bij het eten naast uw vrouw, niet tegenover haar. Waarom zou dat zijn? Kon ze anders niet goed eten? Voelde ze zich bekeken?

Het bord van Moon komt aan het hoofd van de tafel, mijn bord aan de tweede lange kant. Dan nog de vorken en de messen. Toen mamma zelf nog bij haar vader en moeder woonde, legde ze 's avonds het mannetjesmes bij het bord van iemand die overdag bijzonder lief was geweest. Eerst hadden ze dat niet in de gaten, toen ze het eenmaal wisten keken ze elke avond wie het mes met het kleine merkje bij zijn bord had liggen. Wij hebben dat niet in onze cassette, een mannetjesmes.

De gedekte ontbijttafel staat de hele nacht klaar, als een soort toneeldecor, terwijl wij boven liggen te slapen. 's Ochtends zet mamma nog de kaas neer, en het schaaltje met vleeswaren, de margarine, de stroop, de hagelslag en de melk, en we kunnen beginnen.

Vandaag krijgen we als traktatie echte boter. Ik haal mijn spullen uit de plastic tas van Jamin. Op pappa's bord leg ik het netje met pure eitjes. Hij houdt niet van melkchocola. Ik geef hem ook een haasje van marsepein. Voor Moon heb ik een chocoladepaashaas in opzichtig gekleurd folie, echt iets voor kinderen, en twee pluizige gele kuikentjes. Die zijn niet om op te eten; ze staan gewoon leuk. Bij mamma's bord zet ik een groot chocoladepaasei neer, waarin weer kleine praline-eitjes zitten. Die vindt ze lekker, dat weet ik zeker. Ze houdt niet van kersenbonbons, want daar zit drank in. Het ei met de kleine eitjes erin is mooi verpakt in plastic, met een roze strik eromheen.

Nu staat er alleen bij mijn bord nog niets. Ik hoop dat ik net zo'n paashaas krijg als ik aan Moon heb gegeven, dan breek ik die in zo veel mogelijk stukjes en doe ik ze op een schoteltje. De oren en de voeten zijn het lekkerst, want daar is de chocola het dikst. Hoe meer stukjes je hebt, hoe langer je erover doet. En dan eten terwijl ik op mijn bed zit te lezen. Paaseitjes vind ik ook erg lekker. Je kunt ze door je mond rollen en alle hoeken insmeren met chocola, alsof het bodylotion is.

Als ik alles mooi om de borden heb gerangschikt, vouw ik de plastic tas op en ga naar boven. Mamma is uit de badkamer, ik hoorde de deur net van het slot gaan. Nu kan ik mij gaan wassen.

Straks krijgen we paasstol met amandelspijs. Ik heb weleens gehoord dat ze amandelspijs van witte bonen maken. Dat lijkt me erg onwaarschijnlijk, want witte bonen zijn helemaal niet lekker. Er zijn mensen die hun spijs omhoogwippen uit het brood en uitsmeren alsof het beleg is. Dat vind ik onsmakelijk. Zelf smeer ik roomboter op het hele vlak, behalve waar de spijs zit. Dan snijd ik met mijn mes en vork hap voor hap het krentenbrood weg, tot alleen de amandelspijs nog op mijn bord ligt.

We eten pas om half acht. Dan hebben pappa en mamma thuis hun tweede kopje koffie al op. Pappa vindt dat we veel te lang aan tafel zitten. Dat geeft zo'n akelig korte avond.

Maar wel een lekker lange middag.

Ik ben benieuwd wat we vanavond eten. Gisteren kregen we artisjokken, dat is een soort vetplant op je bord. We wisten niet welk deel eetbaar was, maar Bernard legde het uit. Bèrnáár, moet je zeggen. Hij is heel aardig en mijn Frans is goed genoeg om te begrijpen wat hij zegt, al voert pappa meestal het woord. De harde blaadjes van de artisjok zijn een soort lepels, met elk een zacht hapje erop. In het midden, verstopt onder een grasveld met hoge, dicht opeengepakte halmen, zit het hart van de plant. Ook dat kun je eten, vreemd genoeg.

Op de eerste reisdag konden we geen hotelkamer vinden. Pappa en mamma werden zenuwachtig en mamma had erge hoofdpijn. Als ze haar donkere zonnebril draagt, denk ik steeds dat ze boos op me is. We moesten Luxemburg-Stad in, alleen daar was nog plaats. Ik heb met Moon in één bed geslapen; pappa en mamma lagen in het andere bed, op dezelfde kamer, heel raar. Eten deden we in de restauratie van het Centraal Station. Pappa zag dat het stokbrood in ons mandje uit een plastic zak kwam waar restanten in zaten uit de mandjes op de andere tafeltjes. We hebben er maar niet van genomen.

In dit hotel vindt pappa het ook niet schoon genoeg. Mamma is bang voor de oude mevrouw. Ze lijkt een beetje op een heks.

Het is tijd voor het avondeten. Ik doe mijn boek over Napoleon dicht. Moon en ik lopen naar beneden. Overal liggen oude tapijten, aan de muren hangen spiegels en schilderijen. We hebben een vast tafeltje. Bernard is gelukkig nog maar één keer vrij geweest. Ik vind het verreweg het leukste als er geen andere gasten zijn, zoals vanavond.

'Du vin?' vraagt hij.

Dat nemen wij nooit. Ik geloof dat pappa het wel lust, maar er zit alcohol in en het is nogal duur. Hij kijkt altijd zorgelijk als hij afrekent, alsof we nu geen geld meer hebben. Een huis kopen is riskant, dat doen wij maar niet.

Naast ons bord liggen fonduevorken. Thuis eten we vaak vleesfondue. Het is een beetje eng, met zo'n spiritusbrander eronder, vooral als hij wordt aangestoken en je niet weet hoe hoog de vlam zal gaan. Soms wordt het vet te heet, dan spettert het als je er een stukje kip in steekt, of een piepklein balletje gehakt. Maar je kunt zelf bepalen wat je neemt, en het is lekker, met al die sausjes erbij.

Bernard komt binnen. Hij zet een gietijzeren pan neer en een mand met stukjes stokbrood.

'Kaasfondue,' zegt hij.

Dat hebben we nog nooit gegeten.

Pappa pakt zijn fonduevorkje op en prikt er een stukje stokbrood aan.

'Dan doe je hier je brood aan,' zegt hij. 'En dan doop je dat erin en dan leg je het op je bord en haal je het vorkje uit het brood. Opeten doe je met je gewone mes en vork.'

Anders zou er spuug in de pan komen, en dat is niet hygiënisch.

Ik dompel een stukje brood in de gesmolten kaas. Met een snelle beweging breng ik het van de fonduepan op mijn bord. Gelukkig gaat het goed. Ik trek het fonduevorkje uit het brood en pak mijn mes en vork. Het brood is week geworden, de fondue smaakt zurig van de wijn. Ik vind dat lekker.

'Straks zijn jullie dronken,' zegt mijn vader.

'Ik verpleeg jullie niet,' zegt mamma.

Bernard komt weer binnen. Op een blad staan vier glazen met thee. Bij kaasfondue is dat lekkerder dan water, zo bezweert hij ons.

'Het lijkt me vreemd,' zegt pappa, 'thee bij het avondeten.'

Bernard trekt zich er niets van aan. Hij zet voor elk van ons een theeglas neer. Hij doet dat heel netjes, zonder ons aan te raken, en gaat dan in de vensterbank zitten. Hij knikt mij toe.

Ik draai het oortje naar links, pak mijn glas en neem een slokje. Hij heeft gelijk. Het is heerlijk om thee te drinken bij de kaasfondue.

De babyfoon staat aan. Mamma vindt het een prettig idee dat de buren ons kunnen horen als er iets mocht zijn. Moon ligt boven te slapen. Ik wil proberen liever voor haar te zijn. Ik bid daar ook om, al denk ik niet dat God bestaat. Lennart, Ellen en Manon denken van wel. Ik hoorde Lennart net nog piano spelen, hij is dus terug van turnen. Hij lacht naar mij en duwt mij heel hard tegen zich aan. Dat is fijn.

Kira ligt bij de tuindeur in haar mand te slapen. De gordijnen zijn dicht. De televisie doe ik niet aan, want dan hoor ik niet of er iemand het huis in probeert te komen. Ik zit in mamma's stoel. Op verjaardagen blijft die altijd leeg. Niemand gaat er zitten en mamma is zelf steeds koffie aan het zetten en gebak aan het snijden. Ik sta op en loop naar het kastje waar de trommels staan.

De deksels leg ik voorzichtig op de tapijttegels – dan klinken ze niet als een Surinaamse drumband die bij de buren te horen is. In de trommel van Quality Street zitten theebiscuitjes, in de hoge trommel zie ik drie stroopwafels, in de glazen schaal die nog van pappa en mamma's trouwen is liggen kruimels van speculaasjes en stukjes amandelschaafsel. Met mijn vinger veeg ik ze bij elkaar en eet ze op. Ik zet de schaal terug in het kastje. Gelukkig zijn er van de theebiscuitjes zo veel dat ik er gerust een paar kan nemen, zeker twee of drie. Daar zie je niets van. Ik zet de trommels terug en schuif het kastje dicht.

Terwijl ik mijn biscuitjes eet, blader ik in de leesportefeuille. Ik zie niks wat ik leuk vind om te lezen. Vroeger kregen Moon en ik van oma Oosting een biscuitje mee voor in de auto, na de zondagochtendkoffie. Ik at altijd eerst de randjes op. Tegenwoordig neem ik gewone happen.

De drie biscuitjes zijn op. Ik loop naar de keuken en kijk in het keukenkastje. Daar liggen de paaseitjes die ik aan pappa en mamma heb gegeven. Ik heb mijn paasspullen al op; gegeten terwijl ik boven zat te lezen, en in bed, zaterdag en zondag. Drie praline-eitjes van mamma kan ik wel nemen. Dat is een goed aantal: als de eerste op is heb je er nog twee, en ben je niet al bij de laatste. Het is nauwelijks te zien dat er nu een paar minder in het kastje liggen.

Voorzichtig doe ik het deurtje dicht, zodat de klik door de

babyfoon niet te horen is. Als het woensdagavond was kon ik naar de buren gaan om te vragen of Ellen de nieuwe *Tina* al uit heeft. Ik ga weer naar de kamer.

De paaseitjes smelten in mijn mond. Na het tweede eitje ben ik bij het laatste. Als je net chocola in je mond hebt gehad, is het moeilijk om daarna zonder te zitten.

In de schuur laat ik de zilverpapiertjes tussen de melkpakken en de buitenste bladen van de stronken witlof door naar de bodem van de vuilnisbak vallen. Dan loop ik terug naar het kastje in de kamer en schuif het deurtje open. Het is van teak, nog van pappa en mamma's trouwen. Ik mag gerust een stroopwafel nemen. Dat kan ik morgen ook best zeggen: mam, ik heb een stroopwafel genomen, hoor. Ik schuif het kastje dicht, al weet ik dat ik er zo nog een keer in ga kijken.

Met kracht zet ik mijn tanden in de roomboterstroopwafel. Stroopwafel is taai en buigzaam; je moet bijten en scheuren tegelijk, en er blijven slierten stroop aan zitten die je moet breken. Soms koop ik op de markt een zak stroopwafelkruimels. Daar zitten best grote stukken in.

Uit het huis van de buren komt geen geluid. Als ik als laatste nog vijf theebiscuitjes neem, dan zal het zijn of er nooit een einde aan komt. Na de eerste heb je er nog heel veel over en na de tweede ook. Pas na de vierde hoef je te denken dat de volgende de laatste is.

Ik kniel weer bij het kastje, open de trommel en pak vijf biscuitjes. De gouden bodem is opeens te zien. Over het oog dat mij aankijkt schuif ik snel een biscuitje. Voor erbij neem ik twee pure eitjes uit het netje van pappa in het keukenkastje, al zijn die niet zo smeuïg als melkeitjes, en niet zo zoet.

Dan ga ik boven aan de trap zitten, op de overloop waar de babyfoon staat. Ik kan de buren niet horen, zij mij wel. Bij hen moet je danken voor het eten. Here, zegen deze spijzen, amen. Ik zou kunnen roepen, maar dat doe ik niet.

Zelfs de Fina is dicht. Op Eerste Kerstdag hoeft zeker niemand te tanken. Moon en ik fietsen erlangs, op weg naar de school in Buytenwegh. Daar hebben ze van twee tot vier een levende kerststal. Het is het enige wat er in heel Zoetermeer te doen valt. Moon kan niet naar Linda en ook Tilly is met haar eigen familie.

Morgen is mamma jarig. Dan komen alle ooms en tantes en oma en opa Jaspers en oma Oosting, dan lijkt het op een gewone dag. Toen we hier pas woonden, kwamen ze op verjaardagen allemaal binnen met verhalen over hoe ze hadden rondgedoold in onze wijk, met al die pleintjes met rare namen, en hoe ze vastliepen in de modder. Het was ook best een eind lopen, vanaf de Vijverhoek, en wij zijn de enigen in de familie die van wandelen houden. Nu hebben we hier vlakbij een halte voor de bus, en een eigen winkelcentrum. Bij de kleuterschool is vorig jaar een tweede Boonekamp geopend, voor als je snel melk wilt halen. Maar vandaag is alles dicht.

Via de fietsbrug komen we in Buytenwegh.

'Weet jij waar het is?' vraagt Moon.

'Niet precies,' zeg ik.

Er is niemand op straat om het aan te vragen. We rijden tussen de huizen, moeten onze fietsen door dubbele hekken wringen die op de voetpaden staan, en komen een paar keer terug op de Componistenlaan. Dan zien we de school. In één lokaal brandt licht. We stappen niet af, maar staan met onze benen aan weerskanten van onze fietsen. Ik zie een paar verklede kinderen, een wiegje met een pop erin, stro op de vloer, en een echt schaap. Met kleden is een stal gemaakt. Een paar jaar terug maakte ik met Til op zolder vaak een tent, en paarden. We zetten een kist op twee oude eetkamerstoelen, met een kleed eroverheen. Dat doen we nu niet meer.

'Zullen we weer gaan?'

Ik zet mijn ene voet op de trapper, zet af met mijn andere voet en rijd tussen de betonnen paaltjes het schoolplein af. Dadelijk gaat mamma thuis de kerstplaat opzetten. Hè, laten we daar met elkaar naar luisteren, zegt ze dan, terwijl mijn ouders verder het hele jaar geen muziek draaien. Na de kerstplaat gaan we eten. Ik weet al wat, want het is altijd hetzelfde. Pasteitje vooraf, met lekker dikke ragout erin. Daarna ovenschotel, met in de ene helft aardappelpuree. Het valt altijd tegen hoeveel korstje je krijgt. In de andere helft zit witlof met een sausje. Op zondag eten we ook vaak witlof – het is een luxegroente. Als vlees hebben we rollade, met van die touwtjes eromheen. En er is natuurlijk zelfgemaakte appelmoes, in de grote glazen schaal. Voor toe krijgen we ijs. Sinds kort hebben we op zolder een vrieskist staan. Als we thuis zijn zal ik aanbieden slagroom te kloppen.

'Ik zou best een Mars lusten,' zeg ik tegen Moon, als we weer langs de Fina fietsen. 'Of een Bounty. Of Treets.'

Zelfs een Cornetto lijkt me nu lekker. Onder in het wafeltje zit een hapje chocola, om mee af te sluiten. Dat hebben ze goed bedacht, bij Ola. Maar ik heb niets te willen, want het benzinestation is nog steeds dicht. Auto's rijden er ook niet, het lijkt wel weer oliecrisis. Misschien mogen we zo een kransje uit de boom halen, met van dat viezige suikerspul erin. Daar kreeg ik vroeger met Sinterklaas een kikker van. Ik zou best verkering willen. Dan ben je niet alleen.

Als we binnenkomen gaat mamma meteen de soep inschenken. Het is half vijf.

'Was het leuk?' vraagt ze.

'Ja hoor,' zeg ik.

Op de salontafel staat het glas met soepstengels. De kaarsen in de boom gaan zo aan. Er staat een emmer naast, voor de zekerheid. We luisteren naar de kerstplaat. Het grote licht is gelukkig uit.

Zo'n twintig mensen hebben zich opgegeven voor deze wandeling. Ik ken niemand. Pappa ergert zich eraan dat hier geen naaldbossen zijn. We komen langs het huisje waar ik gisteren een fles witte wijn heb gekocht, voor Tilly. Zij bracht uit Griekenland ouzo voor mij mee. We vonden het allebei niet lekker. Bij de wijnboer mocht ik een glas proeven, gewoon aan de keukentafel. Er zit geen etiket op de fles. Ik vind de wijngaarden erg mooi. Vanaf ons vakantiedorp lopen ze langzaam af, helemaal tot aan de Loire.

'Heb je het niet warm in die spijkerbroek?' vraagt de vrouw die naast me loopt.

Ik trek mijn schouders naar achteren.

'Het valt wel mee,' zeg ik. 'Ik heb geen korte broek.'

Ze kijkt verbaasd. Ik weet niet wat ik er verder over moet zeggen.

Mijn spijkerbroek plakt om mijn benen. Gisteravond kwam de directeur van ons vakantiedorp met zijn auto voor de tribune langsrijden, een groot vat wijn erachter. Na de voetbalwedstrijd tegen het dorp gaf Didier mij drie zoenen. Ik zag dat mijn vader schrok. We liepen zwijgend terug naar ons huisje. Vanochtend vroeg mamma hoe dat zat met Didier.

'Hij is naar huis vertrokken,' zei ik. 'We namen gewoon afscheid.'

Mijn vader dacht dat we steeds zo deden.

Eenmaal bij de Loire lopen we onder de bomen. Het water is breed en stroomt langzaam. Schuiven is een beter woord. Via een oude stenen brug komen we op een eilandje in de rivier. Onze gids zegt dat we hier gaan lunchen. Het eten komt er zo aan. Morgen ga ik kanoën, daar heb ik me al voor ingeschreven.

'Ça va?' vraagt de gids aan mij.

'Oui!' zeg ik.

Alles is hier leuk. De treinreis was al gaaf, want 's nachts kwamen we langs Parijs. In de verte lichtte de hemel op, dat kwam door de stad. Ik geloof dat ik de Eiffeltoren heb gezien.

We gaan in het gras zitten wachten op het eten, onder grote bomen. *Pique nique*, heet dat hier. Dan komt een wit busje van ons vakantiedorp het weiland in rijden, het hobbelt naar ons toe. De zijdeur schuift open en twee mannen dragen schalen naar buiten en zetten die op kleden in het gras. Ik zie schijven oranje meloen, plakken dikke ham, en een salade van tomaat met tonijn. Er zijn ook taartvormen met quiche, op planken liggen stokbroden, met gekartelde messen ernaast, op andere planken zie ik stukken brie en camembert en roquefort. Kromme mesjes staan er rechtop in.

Als laatste dragen de mannen schalen aan met stapels kreeften. Die beesten moet je openbreken om er iets te eten uit te halen. Aan het eind is er net zo veel als aan het begin: een berg schalen en scharen en klauwen, alleen rommeliger, willekeurig door elkaar nu de ordening van hun lijven ontbreekt. Maar de hapjes die je uit hun harnas pulkt zijn heerlijk.

Cacaofantasie

Pappa is vanavond niet thuis. Hij overnacht in een hotel in Noordwijk, het duurste hotel, nota bene. Vorige keer werd daar zijn scheerapparaat gestolen. Ik weet niet wat mijn vader in Noordwijk moet doen. Ja, iets voor kantoor, maar dat zegt mij geen bal. Aan tafel heeft hij het over de varkenspest en mond- en klauwzeer.

Mijn moeder is bezig in de keuken. De tafel is al gedekt. Linda is net naar huis. Moon is boven. Ik denk dat ik weet wat we gaan eten.

'Roep jij haar even,' vraagt mamma.

Ik hoor gesis. Het klinkt als het geruis van de tv als die niet op een zender staat. Mamma loopt met de bakpan en een half brood in een plastic zak naar de tafel. Geen mandje, geen dekschaal. Als ik het niet dacht.

'Aanvallen maar!' zegt ze, als we alle drie zitten.

Uit de zak met brood, voor deze speciale gelegenheid wit, pak ik een boterham. Mijn vork steek ik in de biefstuk die het dichtste bij ligt. Sap loopt uit de gaatjes. Met een zwaai breng ik de biefstuk naar mijn bord en leg hem op het witte brood. Dat zuigt zich meteen vol, het wordt dun en papperig, als maandverband. Ik baal ontzettend van die dingen. De gebruikte leg ik in mijn kast, zodat niemand ze ziet.

Ik snijd de biefstuk en trek tegelijkertijd met mijn vork. In de cassette zit een messenslijper, maar die gebruiken we nooit. Je reinste verplichte winkelnering, zegt pappa altijd. Ze hadden geen cent en toch gehoorzaam zo'n veel te duur bestek aanschaffen, omdat het een familietraditie zou zijn. Zijn eigen familie heeft geen tradities. Ja, vroeg naar bed gaan. Als ze een keer bezoek hadden, bij hoge uitzondering, dan legde opa Oosting om half tien zijn pyjama op de kachel. Echt subtiel, als hint.

Het stuk vlees laat onverwachts los. Rode spatten komen op het tafelkleed. Niet dat dat kleed nog veel soeps is.

'Dat gaat er wel weer uit,' zegt mamma.

Ze doet nooit moeilijk over vlekken. Ik geloof niet dat ze huisvrouw een leuk beroep vindt. Ik steek het stukje vlees in mijn mond. Biefstuk kauwen heeft iets prettigs. Je voelt hoe je kracht zet met je kaken. Het vlees breekt niet meteen in stukken, je moet het bewerken en vermalen, je merkt hoe je tanden deuken maken. Soms slik ik per ongeluk een te grote brok door, dan voel ik die door mijn slokdarm naar beneden vallen, als een stuurloze bobslee op zo'n baan in Innsbruck.

Het is onbegrijpelijk dat mijn maag en darmen eten kunnen afbreken. Gelukkig heb ik scheikunde laten vallen, want ik snapte er geen zak van. Bij Nederlands lazen we een verhaal over een man die de smaak van zijn eigen vlees zo onweerstaanbaar vond dat hij zijn ledematen opat. Op het laatst moest hij een vriend vragen zijn laatste arm eraf te halen en die op te bakken. Mijn eigen maag merkt ook het verschil niet tussen mijn vlees of dat van een ander. Als ik velletjes van mijn vingers trek, verteer ik mijzelf.

Ik heb mijn biefstuk op. Er ligt nog een grote rode plas op mijn bord. Uit de plastic zak pak ik een boterham om het vocht mee op te deppen. Ik houd niet van jus en niet van andermans bloed, maar dit vind ik lekker.

Mijn moeder strooit nog eens zout en peper over haar laatste stukje biefstuk. Hij is rood van binnen. Daar zit het deel dat nog het meest lijkt op ons eigen vlees. Als ik mij later laat cremeren, is er dan een moment dat ik gebakken ben, en mals, voordat ik verkool?

'Dat was weer smulbaar,' zegt mijn moeder.

'Smulbaar' is geen echt woord, maar je snapt meteen wat het

betekent. Ik weet niet wat mamma fijner vindt: de smaak van royaal in boter gebakken biefstuk, met veel zout en peper, of het ontbreken van de aardappelen en groente.

We hebben een pak pennywafels gekocht bij de Boonekamp in de Vijverhoek. Onze fietsen staan tegen de achterkant van ons bankje. Er zit een krant voor thuis in onze tassen, maar ik wil nog niet aan thuis denken. De tijd gaat altijd veel te snel, zo meteen moet ik alweer weg om te gaan eten. Op vrijdag fietsen we na afloop van onze rondes met een paar jongens naar de Twenties in de Dorpsstraat, om taart te eten. Het is goed om met allerlei soorten mensen om te gaan, zegt Peter. Ik moet losser worden.

Het hout van het bankje is vochtig, de kou trekt in mijn bovenbenen. Zijn tong komt in mijn mond. De eerste keer vond ik het raar om zoiets nats en levends van een ander mens te voelen, en vreemd spuug te proeven. Thuis zijn we vies van iedereen. Nu vind ik het lekker. Peter weet heel goed hoe hij alles moet doen, maar hij zegt dat ik de eerste ben.

Ik zit tegen hem aan. We eten onze pennywafels. Het hoeft niet op, zou mamma zeggen. Als ik Peter aankijk is het of hij met zijn ogen iets heerlijks in mij giet, een medicijn, een toverdrank. Wat er uit hem komt smaakt een beetje zout, maar het is niet vies, als je eraan gewend bent.

We eten de laatste twee pennywafels. Je kunt proeven dat er cacaofantasie in zit, maar de combinatie met flinterdunne wafeltjes en chocoladecrème is lekker. Het bijten klinkt ook aangenaam: gedempt gekraak, als het breken van glasplaten die tussen dekens liggen. Voor je het weet heb je ze op.

'Ga eens staan,' zegt Peter.

Ik sta voor hem. Hij bekijkt mij aandachtig, van top tot teen.

'Wat is er?' vraag ik.

'Je benen moeten wel recht blijven lopen,' zegt hij. 'Als er van die zadeltassen aan de zijkant komen, is het niet mooi meer.'

Ik kijk naar beneden. Volgens mij heb ik die niet.

'Heb je weer geen beha aan?'

'Nee,' zeg ik.

Ik draag er heel vaak geen, ik vind het nergens voor nodig en ze passen ook niet goed en dan zie je een soort ribbel als ik een T-shirt aan heb.

'Dat zou je wel moeten doen,' zegt Peter. 'Nu kun je het nog hebben, maar als je voor je man borsten wilt hebben die niet hangen, kun je beter een beha dragen.'

Ik dacht dat wij later zouden trouwen. Deze zomer gaan we op Tienertoer.

'Mijn moeder is vrijdag aan het werk,' zegt hij. 'Kom je dan weer eerder uit school? Dan is Paul er ook nog niet.'

Ik heb het laatste uur opdrachtuur, maar ik kan best weg, als ik mijn parafen heb gehaald. Dan gaan we heerlijk in zijn bed liggen, dan voel ik zijn benen langs de mijne, tussen de gladde lakens. Dat is beter dan buiten.

'Ja,' zeg ik. 'Vrijdag is ook net een goede dag.'

Ik ben vaak bang dat ik zwanger raak. Dan zou ik stiekem een abortus moeten doen, maar ik hoop niet dat dat hoeft. Ik weet ook niet hoe je voor zoiets betaalt.

Ik ben blij met mijn rok. Hij is van suède en donkerbruin, dat is best apart. Ik heb hem van mijn kleedgeld gekocht. Eindelijk kan ik zelf eens bepalen wat ik draag. Als ik straks naar Peter ga doe ik hem aan, met mijn blauwe maillot en mijn zwarte schoenen.

'Krijgen we een tijgertje?' vraagt Niek aan mamma, als we vanaf de Sprinterhalte langs Boonekamp lopen.

Als we in een schoolvakantie in Den Haag hebben gewinkeld, krijgen we thuis tijgerbrood bij het middageten. In de zomer trakteert mamma ons in de stad op een ijsje van Marinello. Ik neem altijd een oubliehoorntje met twee bolletjes chocola en slagroom. Verderop in de Spuistraat heb je Gamba. Dat klinkt minder Italiaans. Peter heeft Moon haar nieuwe naam gegeven. Ze vindt het leuk, zo met een soort broer erbij.

We lopen Boonekamp binnen om een tijgerbrood te kopen. Mamma neemt voor deze ene keer bij de kaasafdeling gesneden kaas. Ik vind dat niet zo handig, want de korst zit er nog aan en je moet elke plak eerst op je bord leggen en dan de omtrek volgen met je mes. Daarna zit je met zo'n sliert op de rand van je bord, en dat terwijl je nog aan het eten bent. Met de kaasschaaf plakken maken is net zo gemakkelijk, volgens mij. Alleen moet mamma dan niet met het aardappelmesje de kaas uithollen tot een bootje. Pappa ergert zich daar ook aan, al zegt hij niets.

Thuis dek ik snel de tafel. Op zich is het best leuk om tijgerbrood te eten, maar gewoon een boterham zou ook goed zijn, deze keer. De plastic tas met mijn rok erin ligt op de trap. Na de lunch neem ik hem mee naar boven, dan ga ik mij verkleden en naar Peter toe, als het mag. Ik heb hem al vier dagen niet gezien, omdat het herfstvakantie is.

'Je moet die rok een beetje voor netjes houden,' zegt mijn moeder.

'Ik wilde hem vanmiddag aandoen,' zeg ik.

'Dat vind ik niet zo nodig.'

'Ik wou naar Peter gaan, als het mag, en hem dan laten zien.'

De stemming is meteen verpest. Ik probeer extra gezellig te zijn en te laten merken hoe leuk het is dat we de stad in zijn geweest. Eerst neem ik een boterham met zalmsalade, want die heeft mamma speciaal voor de gelegenheid gemaakt. Ik steek mijn mes in het glazen toetjesbakje en smeer een dikke laag over de roomboter uit. Ik hoop dat er geen ruggenwervel in de zalm is achtergebleven toen mamma de moot uit het blikje haalde en door de mayonaise prakte.

'Heerlijk, die zalmsalade,' zeg ik.

Mijn tweede boterham doe ik met iets zoets. Eerst weer lekker veel roomboter, daarna van het dienblad de chocoladevlokken pakken, het lipje aan de zijkant van het pak opentrekken en de vlokken gelijkmatig uitstrooien. Met mijn mes duw ik ze aan. Ze breken en zakken diep in de boter. Het oppervlak maak ik glad, totdat er geen chocoladevlok meer uitsteekt. Dan snijd ik een hoekje af en breng mijn vork naar mijn mond. Heerlijk, dat koele, romige van de boter en zoete, stroeve van de chocoladevlokken.

Nou ja, cacaofantasie.

Hierna neem ik een boterham met boter en pindakaas, want dat is ook een lekkere combinatie, en daarna doe ik weer een boterham met zoet. Dan nog een boterham met zalmsalade, en als toetje een met kokosbrood. De witte plakjes zijn lekkerder dan de roze.

Tijgerbrood is lekker met zo'n beetje alles. Soms zeggen we na het eten dat we onze broeken op de vreethaak moeten zetten. Alleen doen we dat natuurlijk nooit, het is bij wijze van grapje. Ik weet niet eens of het een bestaande uitdrukking is, voor de zekerheid gebruik ik hem buitenshuis maar niet. Erg netjes klinkt het ook niet. Uitbuiken, dat is wel een echt woord, maar dat doen we ook niet, bij ons thuis. Het is onbeschaafd.

Ik pak mijn volgende tijgerboterham. In de *Viva* las ik over het brooddieet. Dan mag je zo veel brood eten als je wilt, zolang er maar geen beleg op zit.

'Zullen we gaan?'

De foyer van De Graanschuur is nog vol, het is pas half elf. De barman zet nieuwe bakjes met pinda's op de balie. Ik vond het altijd een aardig gebaar, maar mijn vader zegt dat het alleen is om je meer dorst te geven, zodat de klanten zich vol laten lopen. Uit een fles frisdrank schenken ze zes glazen die elk maar liefst een gulden kosten, terwijl zo'n liter heel goedkoop is. Het is net als met de multinationals: alles draait om winst. Mamma heeft haar spa groen op, mijn vader leegt zijn glas jus d'orange, Niek zuigt aan het rietje dat in haar Fristi staat. De geluiden echoën in het lege flesje, ze slurpt lucht op. Een tweede ronde komt er niet.

'Nu al?' zeg ik. 'Mag ik niet nog even blijven?'

De anderen gaan nog lang niet weg, maar met wat anderen

doen hebben wij niets te maken. Ik kijk naar Peter, die verderop staat te praten met een stel meisjes van school. Hij kan gewoon hier blijven. Dan ben ik als enige van onze groep al weg.

'Mag ik niet later komen, dat jullie alvast gaan?'

'Dat vind ik geen prettig idee,' zegt mamma. 'Dat hele eind fietsen, alleen in het donker.'

Natuurlijk brengt Peter mij thuis, dat weet ze best. Ik zeg het niet, want dat is weer op een andere manier gevaarlijk. Ik maak het mijn ouders erg moeilijk door al zo jong verkering te hebben. Ze moeten steeds op ons letten.

'Maar Peter brengt haar toch veilig thuis?' zegt oma Jaspers. 'Dat lijkt me nou juist zo fijn voor jullie, dat je weet dat Alma in goede handen is. Jullie gaan met een gerust hart naar huis, ik neem de Sprinter naar Den Haag, en Alma en Peter kunnen vieren dat ze zo'n leuke voorstelling hebben gegeven, met die hele groep jongelui.'

Ze neemt een laatste slok van haar sherry'tje en staat op. Zij en opa kwamen vroeger altijd midden in de nacht pas thuis als ze hadden opgetreden. En niet altijd tegelijk. Zij doen tenminste niet zo spastisch over op tijd naar bed gaan. Ze zijn veel moderner dan mijn ouders.

'Geniet nog maar lekker,' zegt ze. 'Jullie hebben erg leuk toneelgespeeld, jullie oma is trots op jullie.'

Daar bedoelt ze kennelijk ook Peter mee, al staat hij verderop. Met haar laktasje aan haar arm loopt ze naar de garderobe. Bij de ingang van de foyer kijkt ze om.

'Komen jullie?' zegt ze gebiedend.

Mijn ouders en Niek volgen haar. Ik zwaai, draai me dan om en ga bij Peter en het groepje meisjes staan.

Als een half uur later de meeste bezoekers weg zijn, gaan we met zijn allen terug naar de kleedkamer. De jongens hebben wijn gekocht, en dubbeldrank, en chips. Ik pak een zak op. Er zit zo veel lucht in dat je de chips niet fijn kunt knijpen. Toch ligt onderin altijd een beetje gruis.

Met in de ene hand een zak Smith's en in de andere de dubbeldrank loop ik via de coulissen het toneel op. Ik hoef niets meer te zeggen. Weken heb ik gedroomd dat ik mijn tekst kwijt zou zijn, maar vanavond ging het gelukkig goed. Het is handig als iemand je de woorden geeft. Nu is de zaal leeg. Alleen in de gangpaden branden lampjes. In de verte is het groene licht van de nooduitgang.

Met zijn allen zitten we op het podium te eten en te drinken. Niemand kijkt naar ons. Om ons heen staan flessen, pakken, liggen lege zakken chips. Ik heb twee glazen perzik-sinaasappelsap op. Ik hoop maar dat er geen Outspan-sinaasappelen in zitten, want apartheid is heel onrechtvaardig. We lachen, praten over het moment van benauwdheid toen de geluidsband niet wilde starten, het licht dat net te laat aanging in de laatste scène. Ik kijk steeds op mijn horloge.

'Peter,' zeg ik zacht, 'zullen we gaan?'

Ik moet steeds vreselijk lachen, zomaar om alles. Echt lekker vind ik het niet, rosé: het is net druivensap aangelengd met azijn. Toch heb ik er vier glazen van op. Zo veel heb ik nog nooit in mijn leven gedronken. Peter vindt mij te eenkennig. Ga nou eens met die jongen daar praten, zei hij. Maar ik kende die jongen helemaal niet. Ik kende niemand.

'Je moet dat toch leren, contacten leggen, buitenshuis.'

Peter heeft veel contacten. Laatst maakte hij een lijst met al zijn activiteiten, om te zien wat hij moest schrappen. Zijn ouders zijn bezorgd dat hij zijn examen niet haalt, al is dat onzin. Ik stond ook op het lijstje, maar ik ben niet weggestreept. We lopen langs een lantaarnpaal. Ik moet weer lachen en draai een rondje, als een ijsdanseres. We zoenen in de kring van licht, het is lekker, maar ondertussen blijf ik lachen. In de Boerderij heb ik laatst twee glazen wijn gedronken, waarna we gingen vrijen in de repetitieruimte van het toneel. Het was nog lekkerder dan anders. Volgens mij komt dat door de alcohol.

Voor onze schuurdeur nemen we afscheid. Ik zie hem pas over vijf dagen weer.

'Ga maar gauw naar binnen,' zegt hij. 'Anders krijg je gedoe.'

In de kamer brandt het grote licht. Pappa is de hond aan het uitlaten. Gelukkig dat hij niet net terugkwam toen wij voor de schuurdeur stonden. Dat is zo erg, dan moet ik gewoon dag zeggen en naar binnen gaan. Mamma is de ontbijttafel aan het dekken.

'Was het leuk?' vraagt ze.

Ze heeft niet door dat ik rosé heb gedronken en ik ben gewoon om tien uur thuis, dus dat is in orde.

'Welterusten,' zeg ik.

Als ik in bed lig hoor ik pappa thuiskomen. Eigenlijk zouden Peter en ik moeten wachten, dat weet ik wel, maar als we ons dat voornemen lukt het steeds niet. Als we even op mijn kamer zitten stuurt mijn moeder Niek naar boven om te vragen of we thee willen.

De waterbuizen zijn gestopt met suizen en tikken. Pappa en mamma liggen in bed. Ik voel me niet lekker. Het is of iemand zonder dat ik het heb gemerkt iets levends in mijn maag heeft gedumpt. Mijn buik lijkt te golven en achter in mijn keel proef ik iets zuurs. Nog even en mijn maag stroomt over en de massa komt mijn mond in, golft over mijn tong, reikt tot aan mijn tanden en dan tot aan mijn lippen. Een tweede tong.

Voorovergebogen loop ik naar de badkamer, terwijl mijn maag steeds een nieuwe uitval doet. Ik haal het net tot de wc-pot. Een stroom overgeefsel komt naar buiten. Het spat op de wc-bril en op de randen aan de binnenkant. Overal zitten lichtbruine spetters. De rosé is gemengd met de pinda's van het feestje en met de macaroni die mamma vanavond had gemaakt voordat ik weg mocht. De elleboogjes zijn al in stukjes gebroken en aan de fijngekauwde pinda's zitten geen scherpe kantjes meer. Ik moet hoesten en meteen komt er nog een golf. Ik probeer geen geluid te maken, want het zou een ramp zijn als mijn ouders wakker werden.

Als ik denk dat er niets meer zal komen, maak ik met wc-papier de toiletpot schoon. Daar moet ik bijna weer van overgeven. Ik zou nog een keer willen doortrekken, want in het water in de afvoerbuis drijven stukjes eten, maar twee keer doortrekken is raar. Ik vouw een wc-papiertje en leg dat op het wateroppervlak: zo lijkt het of dat per ongeluk niet is weggespoeld, dat gebeurt wel vaker. Voordat ik de deur opendoe druk ik op de knop van de bus met dennengeur. Ik snuif de boslucht op. Nu mijn maag leeg is, voel ik mij stukken beter.

Sinds de Nederlandse grens kan ik Hilversum 3 weer ontvangen. Ik houd mijn transistorradio aan mijn oor. Kira zit rechtop, neusgaten wijd open, tong uit haar mond om warmte kwijt te raken. Ze herkent onze wijk. Het is vier weken geleden dat ik Peter heb gezien. Ik zat onder het Sprinterviaduct en huilde, maar toen was hij al weg. Hij is in Italië geweest, ik in de Eifel. Voor de variatie hebben we de laatste dagen niet bij Frau Schmidt gelogeerd, maar in een ander pension. Opmerkelijkste verschil: de roomboter voor de *frische Brötchen* kwam daar 's ochtends zo uit de koelkast.

'Als ik een pension dreef zou ik dat niet doen,' zei mijn vader. 'Als de boter hard is nemen mensen veel meer op hun brood, omdat het moeilijker smeren is.'

De kans dat wij een pension gaan beginnen lijkt me klein. Ik zie de muur van flats waarachter Peters huis staat. We slaan de weg in naar ons pleintje.

'Jullie mogen zo zelf kiezen wat je wilt eten,' zegt mamma.

Het gras in de tuin is lang. Onze buren zijn nog niet terug uit Frankrijk. Ik wil naar Peter, maar dat mag vast niet. We zijn weer thuis en dat gaan we vieren.

'Heerlijk om thuis te zijn,' zegt mamma.

We lopen achter elkaar aan naar boven. Op zolder is het bloedheet, pappa doet snel het dakraampje open. De etensblikken op het voorraadrek zijn warm als je ze beetpakt. Op een van de schuine wanden die met piepschuim zijn bekleed, hangt een poster van Jan Terlouw. Mijn moeder vindt hem leuk. Ik ben zelf meer voor de PSP.

'Wat neem jij?' vraag ik aan Niki.

Ik laat haar een pak voer voor Keetje zien. Eigenlijk ziet dat er best lekker uit, met allemaal zaden om tussen je tanden te kraken.

'Ik neem knakworst,' zegt ze. 'En appelmoes.'

Zelf pak ik een blik met asperges en een blik halve perziken op zware siroop. Die zijn voor bij de aardappelsalade op onze verjaardagen. De punten van de asperges zijn zo zacht dat ze uit elkaar vallen als je ze in je mond steekt. Ik neem ook een pakje aardappelpuree. Daar hoef je alleen kokend water bij te doen. Achter een zak hondenbrokken zie ik een zakje Klopklop staan. Dat is lang zo lekker niet als slagroom, maar ik kan het op een halve perzik doen. Dan heb ik ook een toetje.

'Feestelijk hè?' zegt mamma, als we achter elkaar de trap af lopen, ieder met pakken en blikken in onze handen.

Vroeger vond ik dit heel leuk.

De glazen ovenschaal van de macaroni en de platte ovenschaal van de aardappelpuree met witlof staan naast elkaar op de salontafel. Ze zijn gevuld met oliebollen en appelflappen. In de keuken, op het aanrecht, in de hoek achter de kraan, staan nog twee borden vol. Het ziet er feestelijk uit.

Mijn moeder heeft de hele middag staan bakken, met de deur naar de tuin open, ook al vroor het buiten. Halverwege de middag moesten Niki en ik naar Boonekamp om nieuw meel te kopen, want Kira had de eerste kom met oliebollenbeslag leeg gelikt. Het beslag stond te rijzen op de verwarming, onder een vochtige theedoek – dat is vragen om moeilijkheden. Kira was de hele middag ziek, want het beslag ging in haar maag dood-leuk door met rijzen. We moesten haar elk kwartier uitlaten. Prettig is anders. Gelukkig krijgt ze nooit meer van dat vieze hart, maar droge brokjes.

Zo meteen komt Wim Kan. We mogen onbeperkt oliebollen en appelflappen eten, maar het hoeft niet op, natuurlijk. Het is geen aangenomen werk. Ik zou oudejaarsavond best eens anders willen vieren, maar daar durf ik niet over te beginnen. Vorig jaar reed Peter over het pad achter ons huis, met zijn brommer. Het was twee uur. Ik zwaaide naar hem van achter mijn slaapkamerraam. Ik voelde me behoorlijk depri.

'Hè, gezellig,' zegt mijn moeder, als we klaarzitten voor de tv.

De bus poedersuiker gaat al een paar oudejaarsconferences mee, want zo veel gebruik je daar niet van. Als je schudt hoor je binnenin geratel, van de klonten. Er komt niet veel meer uit, ook niet als je het stukje plastic met het grote gat boven de opening schuift. Bij een nieuwe bus zie je al een wolkje opstuiven als je hem iets te hard op de tafel zet. Ik eet om en om een appelflap en een oliebol. Als je afwisselt kun je veel meer eten; met zoet en hartig is dat ook zo.

De appelflappen zijn lekker zuur, maar ook wat slap. Grote moet je bij het happen ondersteunen met je hand, kleintjes vouw ik dubbel. Oliebollen zijn juist lekker stevig. De rozijntjes aan de buitenkant zijn vaak verkoold, maar die laat ik zitten. Wel breek ik de deegpoliepjes af. Pas daarna neem ik grote happen. Met het laatste stukje probeer ik de restjes poedersuiker van mijn schoteltje op te vegen, maar er blijft altijd een laagje zitten. In de loop van de avond wordt het schoteltje steeds stroever. Vette vingers vegen we af aan papieren servetjes. Er ligt een hele stapel.

'Ik verpleeg jullie niet,' zegt mijn moeder een paar keer, als we weer een oliebol of een appelflap nemen.

Maar wij zijn nooit ziek.

Na twaalven krijgen we een soupertje. Pappa, Niki en ik gaan op ons pleintje naar het vuurwerk kijken. Zelf steken we niets af. Als we weer binnenkomen heeft mamma de tafel gedekt. Er staat een schaal met aardappelsalade, een mandje met kadetjes, een schaaltje met kaas en vleeswaren en twee borden met de resterende oliebollen en appelflappen. We scheppen op. Dan gaan we met het bord op schoot voor de televisie zitten, om naar de hoogtepunten van het afgelopen jaar te kijken.

Maison Kelder

Alles glanst. We staan aan een lange bar en krijgen elk een kopje op een dikke schotel, groen van buiten, wit van binnen, goudrand bovenop. De kopjes zijn zwaar en toch niet lelijk. Ze hebben zes kanten. Thuis lust ik geen koffie, maar Ernst zei dat ik cappuccino moest proberen. Ze geven er een glaasje water bij, maar geen koekje en geen stoelen. Door het raam zie ik de zijkant van het Pantheon.

Ik klap het deksel van de stalen suikerpot omhoog en strooi suiker op de geklopte melk. De korreltjes vallen in de luchtgaatjes en zakken in de koffie. Ik draai het oortje naar links en licht het kopje op. Mijn lippen passen er precies omheen en de flauwe helling aan de binnenkant van het porselein laat de inhoud in een prettig tempo mijn mond in glijden. Eerst proef ik het zachte, licht zoete schuim van de melk. Na een paar slokken schrik ik van de bittere smaak van de koffie. Toch drink ik alles op. Met mijn tong controleer ik of er geen randje melk op mijn bovenlip is blijven zitten. Dat is zo gênant.

Met mijn lepeltje schraap ik de resten melkschuim uit het kopje. Een beetje verbeelding en het is slagroom. Onderin blijft een veegje bruin poeder achter. Als je warme chocolademelk drinkt, ligt er op het laatst altijd cacao op de bodem van de beker, hoe goed je het poeder van tevoren ook hebt aangelengd en doorgeroerd.

'Best lekker,' zeg ik.

Rome is een geweldige stad en de leraren laten ons heel vrij. We eten elke avond een soort macaroni, maar anders van vorm. In Ostia picknickten we tussen de ruïnes. Straks moeten we verzamelen op Piazza Navona, mijn favoriete plein, na Campo dei Fiori. Ik dacht dat ik Peter erg zou missen, maar het valt mee.

'In Florence hebben ze meer gotische kerken,' zegt Ernst. Hij weet heel veel.

'Ja, al die barokke tierlantijnen hier,' zeg ik.

Ik moet niet vergeten om in Florence iets voor mijzelf te kopen, want ik heb speciaal geld gekregen van opa en oma Jaspers. Ik weet alleen niet wat ik zal kiezen. Het moet iets zijn waar ik mijn hele leven plezier van heb.

Weke aspergepuntjes, een zilveruitje en een plakje augurk dobberen in het teiltje. We zijn bijna klaar. Niki zet nog eens in. *Ik zit hier heel alleen kerstfeest te vieren, de straf die ik verdiende zit ik uit.* Bettie doet mee. Ik probeer de tweede stem. *Ik stal voor mijn gezin, maar dat had toch geen zin, want zij viert nu kerstfeest met die ander.* Jammer dat we een open keuken hebben, nu heeft het bezoek last van ons gezang. Vanaf vandaag mag ik stemmen en autorijden.

We hebben aardappelsalade gegeten. Mamma had een garnering gemaakt van gevulde eieren, perziken, asperges, zilveruitjes en rolletjes ham. Naast de aardappelsalade stond het mandje met kadetjes. Die zijn zo zacht dat je er zonder kracht te zetten een vinger in kunt duwen om de helften los te scheuren. Mamma had ook tomatensoep gemaakt. Voor mij was er een klein pannetje, zonder balletjes. Ik vind het hypocriet om naar een andere zender te gaan als ze beelden tonen van de bio-industrie, en daarna toch vlees te kopen. Die varkens in die kleine hokken, die kalveren in een kist: ik wil daar niet medeverantwoordelijk voor zijn. We aten met het bord op schoot.

'Het is weer heerlijk,' zei opa tegen mamma.

Hij heeft altijd mayonaise aan zijn mond als hij bij ons aardappelsalade eet. Pas op het laatst veegt hij die eraf met zijn servetje.

'Inderdaad, erg lekker,' zei Peter. 'U bent een supersoepmaker.'

Hij zat te slijmen.

De afwas is klaar. De grote witte doos is op de afgeruimde eettafel neergezet. Speciaal voor de gelegenheid hebben we taart van Maison Kelder, uit Den Haag. Anders maakt mamma altijd kwarktaart, met mandarijntjes uit blik erop als versiering, en serveren we ook nog advocaatster uit de diepvries. Ik licht het deksel van de taartdoos op en duw die naar achteren, als de capuchon van een regenjack.

Met het mes uit de cassette maak ik de eerste snee. Gemakkelijk is anders, met die opstaande randen van de doos eromheen. Pappa neemt een foto. Ik houd niet van een ceintuur om mijn middel. Als ik omlaag kijk, zie ik onder de knoop de uitstulping van mijn heupen en mijn buik, en daaronder onze lelijke bruine tapijttegels. De ceintuur is een lange, dunne lap, van dezelfde ruitjesstof als de jurk. Ik heb een kettinkje met mijn sterrenbeeld gekregen. Ik ben een weegschaal.

Ik probeer de taart zo te snijden dat elke punt een rozetje van hazelnootcrème heeft, met een chocolaatje rechtop erin gezet. Je kunt die rozetjes aan je vorkje prikken, zo stevig zijn ze, maar in je mond smelten ze als koude boter. Neem je een hap van de taart zelf, dan zinken je tanden weg in kleverig schuim dat langzaam uiteenvalt en oplost in je mond. Om door te slikken blijft er alleen een zoete, dikke vloeistof over, met kleine korreltjes erin.

Eerlijk verdelen lukt niet, hoe goed ik het ook probeer uit te kienen. Op het laatst worden de stukken kleiner, anders is er niet genoeg.

'Helemaal rechtvaardig is het niet,' zeg ik.

'Geef mij maar het kleinste stuk,' zegt tante Dina.

Ook tante Anne en Hennie vragen om het kleinste puntje. Zij zijn altijd op dieet, daarom nemen ze op een verjaardag meestal kwarktaart. Voor deze ene keer doen ze mee met de hazelnoottaart van Maison Kelder.

'Wij willen juist een lekker groot stuk, hè Niki?' zegt Peter tegen Moon.

Mamma's stoel is leeg. Ik hoor het geborrel van het koffiezet-apparaat uit de keuken komen. Bij het eerste kopje koffie krijgen we de taart, bij het tweede een koekje. Daarna gaat mijn vader met een blocnootje de kring langs. Dan nemen opa en oom Johan jenever, Ferdi, Robbie en Karel pils, en Bettie, Hennie, Louise en Jasmijn rosé. Oma Jaspers bestelt een sherry'tje. De Jaspers zijn drankorgels.

'Een sjarry'tje,' doen mijn ouders oma Jaspers na, als zij er niet is.

'Doe maar wat je kwijt wilt,' zeggen de Oostings altijd, als pappa hun bestellingen op wil nemen. Oma Oosting eet soms een advocaatje, van Zwarte Kip. Dat ziet er lekker uit, als vanillevla, maar ik heb er weleens van geproefd en het valt erg tegen. Verder drinken ze allemaal fris. De Oostings lijken wel van de blauwe knoop.

Til en ik zijn theeleuten. Als iedereen straks aan de drank gaat, zet ik nog een pot thee voor ons. Niki en Linda nemen natuurlijk Sisi. Mijn moeder zal zoutjes op de salontafel zetten, op de langwerpige glazen schaal. Het witte kanten kleedje is niet echt. Het is geverfd en in het glas gevangen.

Til heeft thee gemaakt. Er zit een groep Duitse kinderen aan de tafel bij het raam. Ze zijn klaar met ontbijten. De leraar is bezig hun spullen uit de gemeenschappelijke koelkast te halen. Hij legt alles op tafel. Er is ook een grote zak worstjes bij.

'Typisch Duits,' zeg ik. 'Bratwurst eten, zelfs als je in Schotland bent.'

De leraar pakt de zak op en loopt naar vier Engelsen.

'Would you like these?' vraagt hij.

Ik ben blij dat hij het niet aan ons vraagt. Ik neem toch al niet graag eten aan van vreemden, maar dit ziet er ook nog eens goor uit. Het plastic is vettig en de worstjes hebben de kleur van bleek dijbeenvlees. Bruin zullen we deze vakantie niet worden. In de NBBS-gids stond een foto van een meisje op een camping in Spanje. Ze had alleen een T-shirt en een bikinibroekje aan. Ik snap niet dat iemand dat durft. Hier op de Orkneys lopen we in een regenpak.

Onze witte plastic zak met Kellog's cornflakes is bijna leeg. Ik haal de wasknijper van de omgevouwen opening. De kartonnen doos hebben we weggegooid, want die past niet in een rugzak. De laatste cornflakes vallen in mijn kom. Ze tikken als hagel en er komt gruis mee. Ik laat suikerkorrels tussen de vlokken vallen en giet er zo veel melk op dat ze net niet onder komen te staan. Dan begin ik snel te eten, want in een mum van tijd is alles papperig en slap. Cornflakes zijn alleen lekker als je ze kunt kraken.

De Duitsers zijn weg. Ik hoor de regen op het dak. Ik ben blij dat we doorreizen naar Inverness, anders liepen we vanmiddag, als de jeugdherberg een paar uur dicht is, weer doelloos buiten, kleddernat. Twee van de Engelsen schuiven hun stoel naar achteren. Ze gaan naar het grote fornuis. Eentje maakt de plastic zak open, de ander zet een koekenpan op het vuur. Als ik hen was zou ik die eerst goed afwassen, ook al stond hij zogenaamd schoon op de plank. En dan nog: al dat ingebakken zwart van jaren krijg je er niet zomaar af. Ik heb mijn kom en lepel net nog even afgespoeld voor ik aan de cornflakes begon. Gewoon voor de zekerheid.

'Kijk nou,' zeg ik tegen Til, 'ze gaan die worstjes bakken!'

Til draait zich om. Boter sist in de koekenpan en rook stijgt op als ze de worstjes erin leggen.

'Die Duitsers aten ze voor het avondeten,' zeg ik. 'Dat is tenminste normaal.'

'Dit is Engels,' zegt Til.

In een steelpannetje warmen ze witte bonen in tomatensaus op. Dat heb ik thuis weleens gegeten, maar dan natuurlijk 's avonds. Mamma huilde toen we in Hoek van Holland op de boot gingen. Over Spanje hebben Til en ik niet eens gedacht, dat had toch niet gemogen. Ik heb drie brieven aan Ernst geschreven, maar probeerde dat niet aan Til te laten merken. Zij heeft geen vriend.

Het Engelse ontbijt is klaar. De steelpan met witte bonen in tomatensaus en de koekenpan staan op tafel. De worstjes zijn aangebrand, dat zie ik zelfs van hier: in de lengte loopt over elk worstje een zwarte streep, met ernaast een stuk dat roze is gebleven. Ik kan me niet voorstellen dat iemand bij het ontbijt gebakken worstjes lust. Brinta: dat gaat nog. Dat at ik deze zomer, als ik vroege dienst had in De Weipoort. Dan lag ik in bed en dacht ik aan een bord warme, zoete pap. Het hielp me op te staan als iedereen nog sliep en het vulde zo dat ik, eenmaal aangekomen na de lange fietstocht, niet meer met de bewoners hoefde te ontbijten. Die aten zo vies, al kun je hen dat niet kwalijk nemen. Verder was het leuk werk. Gezellig: met de hele groep in de huiskamer, op lange banken, televisie kijken. Een mongooltje slaat soms zomaar een arm om je heen.

De Engelsen scheppen nog eens op. Ze lijken het allemaal nogal lekker te vinden. Vorige week, in de jeugdherberg van Kingussie, was er een meisje met een lange vlecht op haar rug. Til en ik aten salade van tonijn en tomaten. De tonijn is hier niet zoals in Frankrijk, er zitten ook doperwtjes in het blik. Ik keek hoe handig het meisje met de vlecht een echte maaltijd kookte en wilde dat ik was als zij. De volgende dag hebben Til en ik ook kippenniertjes met perziken uit blik gemaakt, en dat met rijst gegeten. Ik ben eigenlijk vegetariër, maar heel soms neem ik vlees. Echt warm eten is beter, als het zo regent.

'Would you like some sausages?' vraagt een van de Engelse mannen. 'We've got plenty.'

Hij heeft mij zien kijken. In een restaurant praat oma Jaspers altijd op luide toon over de mensen om haar heen. De bediening mag best een stapje harder lopen, zegt ze dan. Of: die vrouw daar kan haar moorkop beter laten staan.

'No, thank you,' zeg ik tegen de man die de pan met worstjes vasthoudt, klaar om ons op te komen scheppen. 'But you are very kind to offer.'

Ik steek mijn vork in de berg met stamppot. De punten glijden er gemakkelijk in. Door het wit van de aardappel schemert geel, dat zijn de stukjes kaas. Ik licht een hap uit de massa. Hij ligt op de vier tanden van mijn vork als op een soort bagagedrager.

'Heerlijk,' zeg ik.

'Ben je al lang vegetariër?' vraagt de moeder van Ernst.

Ze heeft een harde stem, dat klinkt vrolijk. Voor het eten stond Ernst even achter haar stoel. Hij boog zich over haar heen en samen keken ze naar een faraomasker in zijn tentoonstellingscatalogus. Mijn vader was boos toen ik die aan Ernst ging geven, want dat wil een jongen niet, zo'n duur cadeau van een meisje, dan voelt hij zich klemgezet. Zijn moeder gaf mij *Herfsttij der Middeleeuwen* voor mijn verjaardag, in een gebonden uitgave. Ik schrok toen ik laatst in de boekhandel zag dat die zeventig gulden kost. Van mijn boekenbon heb ik *Oorlog en vrede* gekocht. Mijn vader vond twintig gulden al zonde voor zo'n boek. Je kunt ook naar de bieb gaan.

'Een tijdje,' zeg ik. 'Ik ben tegen de bio-industrie.'

Uit de gesmolten kaas vormt zich nu een elastische sliert. Vroeger kocht ik van mijn zakgeld bubbelgum en trok daar een lange draad mee uit mijn mond, ook al is dat ordinair. Of ik blies er een ballonnetje van, tot de kauwgum knapte. Dan vielen er slappe roze vellen langs mijn lippen. Ik pelde ze eraf en kneedde ze weer tot een balletje. Dan kon het kauwen opnieuw beginnen.

Snel breek ik met mijn vingers de streng kaas die is gespannen tussen mijn vork en de stamppot op mijn bord. Ik hoop dat niemand het heeft gezien. Als Til bij ons eet en mijn moeder vraagt of ze genoeg heeft gehad, antwoordt ze dat ze vol is. Wij mogen dat niet zeggen, maar dat kan Til natuurlijk niet weten. Ik denk dat mijn moeder het te plastisch vindt, die uitdrukking, alsof het eten er letterlijk niet meer bij kan, alsof het uit je keel weer naar boven komt zetten. En zoiets is geen tafelgesprek. Veel dingen zijn bij ons geen tafelgesprek. Laatst zei Ernst dat we hysterisch hadden gelachen bij het schooltoneelstuk. Mamma werd boos, want dat woord mag je niet lichtvaardig gebruiken. Ik geloof dat dat haar aan vroeger doet denken.

'Wil je nog?' vraagt de moeder van Ernst. 'Je kunt best nog wat gebruiken.'

Ze geeft me een flinke opscheplepel vol.

'Ik ga alvast naar boven,' zegt de vader van Ernst.

Ernst heeft me verteld dat hij kuren kan hebben, maar ik vind hem aardig. Hij speelt altblokfluit. Terwijl ik netjes mijn bord afschraap, maar ook weer niet zo dat het lijkt of ik niet genoeg heb gegeten, komt uit zijn kamer middeleeuwse muziek. Tenminste, het klinkt middeleeuws. Ik weet niet veel van muziek, Ernst wel. Zijn zus en zijn jongere broer hebben ook veel belangstelling voor culturele dingen. Mijn vader is bang dat ik een dra. Droog zal worden, als ik ga studeren. Dan wil geen man je meer hebben. Alleen noemen vrouwen zich tegenwoordig doctorandus, niet doctoranda.

Na het eten help ik met afwassen. Het keukenkastje onder het aanrecht gaat andersom open dan bij ons. Ik grijp mis als ik de Dreft wil pakken en het afwasteiltje terug wil zetten. Dit huis is van een ander type, met een trap in de gang. Bij ons moet je door de kamer naar boven en beneden. Dat is niet prettig, want dan kan iedereen je zien.

Mijn vader is de banden aan het controleren. Ernst is gekomen om ons uit te zwaaien. Hij staat naast mijn fiets, met zijn hand op mijn zadel. Mamma leunt tegen de schuurdeur. Ze houdt onze broodtrommeltjes vast.

'Jouw banden zijn te slap,' zegt pappa tegen Moon. 'Dan heb je veel eerder een lekke band. Aan bandenplakspullen hebben jullie zeker ook niet gedacht.'

Ik kom van boven, waar ik nog snel mijn korte broek aan heb gedaan. Het wordt warm vandaag en we moeten honderd kilometer fietsen. Ik heb alleen die zwarte stretchbroek van schoolgym.

'Zit er ook lijm in?' vraagt pappa.

Ernst heeft bandenplakspullen uit de schuur gepakt. Hij maakt het metalen doosje open.

'De tube is halfvol. Verder is alles in orde. Alleen zijn er maar twee bandenlichters.'

'Ik zal kijken of ik er ergens nog een paar heb,' zegt pappa. 'En dan zal ik zo de banden oppompen, anders is het vragen om moeilijkheden.'

Dan ziet hij mij.

'Was je van plan zo te gaan?'

Een moment begrijp ik niet wat hij bedoelt. Dan weet ik het.

'Het wordt hartstikke warm vandaag,' zeg ik.

Een minuut geleden gingen Moon en ik leuk naar Lunteren fietsen. Nu is het zo'n droom waarin ik op de wc zit en er opeens geen deur meer is.

'Hier kun je niet mee weg,' zegt pappa.

Mijn benen voelen dik. Het vet duwt de pijpjes van mijn korte broek omhoog.

'Maar op school hebben we deze aan met gym,' zeg ik. 'En Moon heeft ook een korte broek aan.'

De benen van Ernst zijn bruin en stevig, met een zachte laag haar die glanst in de zon.

'Dat is iets heel anders.'

De korte broek van Moon is wijd, met pijpen tot net boven haar knieën. Zelfgemaakt.

'Wat moet ik dan doen? Ik heb niets anders.'

Ik wil huilen, maar dat kan niet. Ik kijk naar Ernst. Hij heeft de deurknop van de schuurdeur in zijn hand en beweegt die langzaam op en neer.

'Doe een lange broek aan.'

'Maar het is nu al stikheet! En wie ziet mij nou? We zijn gewoon aan het fietsen.'

'Jullie zullen ook weleens stoppen onderweg,' zegt pappa.

'Als ik in mijn spijkerbroek moet, ga ik niet,' zeg ik. 'Dan ga ik met jullie in de auto.'

Ik kijk naar mijn moeder. Zij staat nog steeds met onze broodtrommeltjes in haar handen.

'Als je nou eens je rok meeneemt,' zegt ze. 'En als jullie dan door een dorp fietsen of ergens stoppen, doe je die aan.'

'Best,' zeg ik.

Ik loop naar boven en pak mijn wikkelrok. Ik doe hem om en meteen voel ik me beter. Toen ik naar de introductiedagen van de vakgroep ging, zei pappa dat ik mijn bloes over mijn broek moest dragen, en niet erin. Ik dacht dat die tweedbroek mij redelijk stond, al was de stof erg warm voor augustus, maar kennelijk zag ik er niet uit. Snel trok ik mijn bloes uit de broekband. Gelukkig was hij wijd en lang.

Als ik beneden kom, staat Ernst in de gang op mij te wachten. De anderen zijn nog buiten.

'Sorry,' zeg ik. 'Dit is niet erg leuk voor jou.'

'Die gymbroek is inderdaad niet erg flatteus,' zegt Ernst. 'Koop alsjeblieft wat beters. Maar zo'n drama als ze er hier van maken is nou ook weer overdreven.'

Hij vindt het dus ook.

Buiten geeft mamma mij mijn trommeltje met boterhammen.

'Ik heb er omelet op gedaan,' zegt ze.

Mijn moeders omeletten zijn erg lekker. Ze doet er maggipoeder in. Ze kan ook heel goed kaaskroketjes maken. Ik doe het trommeltje in mijn Wereldwinkeltasje en klem dat onder de snelbinders. Pappa is klaar met banden oppompen. Hij voelt of mijn tasje goed vastzit.

'Zo,' zegt hij. 'Jullie weten hoe je moet rijden? Via Haastrecht en dan in Utrecht bordjes voor Apeldoorn aanhouden en dan via Woudenberg naar Barneveld en van daaruit Otterlo aanhouden. Kijk maar goed op de kaart. Hier is nog een tientje, om onderweg een sorbet te eten. En dan zien we jullie vanavond wel aankomen.'

De achterbak van onze auto staat open. Mijn tas zit er al in. Ik heb veel boeken bij me. Brenda ligt op de achterbank te slapen, die wil zeker weten dat ze niet wordt achtergelaten. Ik vind een dame blanche lekkerder dan een sorbet. Ik houd niet van vruchtencocktail en niet van siroop.

'Heel erg bedankt,' zeg ik.

We stappen op. Het voelt raar om mijn gymbroek onder mijn wikkelrok aan te hebben, alsof ik veel dikker ben geworden. Mijn achterwerk lijkt over het zadel te puilen. Dikke derrière, zeggen pappa en mamma altijd spottend. Op alle kinderfoto's heb ik spillebenen. Nu weeg ik zevenenzestig. Ik weet niet of dat goed is. Tilly is achtenvijftig, maar ik ben weer een stuk langer.

'Dag,' zeg ik tegen Ernst. 'Tot over twee weken.'

We kunnen niet eens zoenen.

'Goede reis,' zegt pappa. 'Laat maar zien dat jullie echte Hollandse meiden zijn, die zo'n kippeneindje gemakkelijk kunnen fietsen.'

'Voorzichtig zijn,' zegt mamma. 'En zorg dat jullie genoeg rusten.'

Moon en ik rijden weg. We kijken om en zwaaien tot we de hoek bij de garages omslaan. Ik moet mijn knieën dicht bij elkaar houden om de pedalen rond te kunnen draaien, in mijn wikkelrok.

Marvelon

Dit is erg stom. Ik zoek tussen mijn spullen, maar de strip zit er niet bij. Nog een keer til ik mijn kleren op en schud ze uit. Niets. Godver. Mijn toilettas haal ik leeg. Ik voel met mijn hand in de zijvakjes en ga over de gladde plastic bodem, ook al heb ik gezien dat er niets meer in zit. Dit is heel erg balen. Nu moet ik terug naar huis.

Shit.

Ik loop naar beneden. Ernst staat in de keuken. We eten bloemkool met kaassaus; hij weet dat ik dat lekker vind. Als welkom voor dit weekend kreeg ik een blocnootje in de vorm van een bloemkool. Ik wil nog vaak voor je koken, heeft hij op de eerste bladzijde geschreven. Hij heeft ook een middeleeuws handschrift voor mij gekopieerd en ingelijst. Ik houd van hem.

'Ik ben de pil vergeten,' zeg ik. 'Ik moet terug naar huis.'

Over het schelpenpad loop ik naar ons pleintje. Onbegrijpelijk dat ik zo stom heb kunnen zijn. Mijn maag krimpt ineen alsof ik op weg ben naar nog een keer van die toespraken als in de afgelopen weken. Eerst was er geen probleem toen ik zei dat we naar Schotland gingen. Wist ik veel dat ze hadden aangenomen dat we in jeugdherbergen zouden slapen. Pas toen ik zei dat we een tent gingen kopen kwam het. Ik ging iets heel kostbaars weggeven en dat krijg je nooit meer terug en dat doe je alleen als je zeker weet dat het voor altijd is. Ik kon alleen maar huilen, en zei niets. Ze wilden voorkomen wat allang is gebeurd, met Peter. Ze denken dat vanavond de eerste keer zal zijn.

De consummatie.

Ik ga door de schuurdeur naar binnen. Die is altijd open. 'Joehoe,' roep ik in de hal, alsof ik de buurvrouw ben. 'Ik ben het.'

In de kamer brandt het grote licht. Mijn moeder leest de *Haagsche Courant*, mijn vader zit aan tafel een wiskundeboek te bestuderen, Moon kijkt naar *Pippi Langkous*. Alles lijkt koek en ei.

'Ik ben nog iets vergeten,' zeg ik, zonder iemand aan te kijken.

Ik ren de trap op naar mijn kamer, pak een trui uit mijn kast, gris het doosje met de strips uit mijn bureaula, wikkel het in de trui, ren de trap af, zwaai en ga door de hal en de schuur snel weer naar buiten. Het is of ik de pillen in hun strips hoor ratelen, de hele weg naar het huis van Ernst. Ik droom vaak dat ik op reis ga, maar al mijn spullen nog in moet pakken.

Als ik weer veilig terug ben, is de tafel gedekt. Ernst vraagt niet hoe het was. Het is raar om samen te eten. Straks drinken we thee uit zijn Chinese kommen. Misschien luisteren we naar het tweede pianoconcert van Chopin. Dan gaan we naar bed, als een echtpaar. Zijn ouders zijn tot overmorgen weg.

Na de afwas loop ik naar zolder en haal de strip uit het doosje. Van 's ochtends slikken word ik misselijk. Ik hoor het zachte getik van de bolletjes in hun plastic hulsjes. Vroeger hadden we reis-mens-erger-je-niet voor in de auto, met een dobbelsteen in een plastic bol.

Ik zoek naar de pil van vandaag. Wanneer ik hem door de strip probeer te drukken, knerpt de folielaag aan de onderkant. Ik zie de ronding van de pil ertegenaan duwen, maar breken doet hij niet. Je moet flink kracht zetten en altijd komt het gele bolletje er net doorheen als je het niet verwacht. Ik heb al een paar keer onder mijn bed moeten kruipen, net als vroeger bij het vlooienspel. Dit keer gaat het goed. Ik vang de pil op in mijn hand en leg hem op de punt van mijn tong. Kon ik hem van daar maar naar achteren slingeren, mijn keel in, mijn tong een katapult. Het kost een paar keer slikken voor hij weg is. De afdruk blijf ik nog even voelen.

Ernst komt naar boven. Als hij op me ligt, kan hij niet naar binnen.

'Je moet harder duwen,' zeg ik.

Ik weet dat het kan, maar het doet pijn en het gaat bijna niet en er is bloed. Je zou zweren dat ik nog maagd ben.

Later, als het gelukt is, doe ik mijn nachtpon weer aan, en mijn onderbroek, anders kan ik niet slapen. In de nacht word ik een paar keer wakker van het ademen en bewegen naast mij, en van de warmte die naar mij toekomt. Ik wil erheen en ik ga ervan weg. Ik heb mijn hele leven alleen geslapen.

Normaal doet een gastarbeider dit werk. Omdat hij ziek is, heeft het uitzendbureau mij gestuurd. Met mijn karretje ga ik de koffieautomaten langs. Het is iets waar je nooit bij stilstaat: dat die apparaten moeten worden bijgevuld.

De vrouw laat me zien hoe je de plastic bakken eruit tilt, ze volstort met de vereiste poeders en korrels en ze dan terugplaatst. Niet echt moeilijk. Toen ik bij Nutricia werkte, moest je van alle medewerkers weten hoe ze hun koffie dronken. Die schonk je in identieke bekers en dan met een vol dienblad de bureaus af gaan en zorgen dat iedereen het juiste mengsel kreeg. Pas na twee weken liep ik foutloze rondes. De andere koffiejuffrouwen werkten daar al jaren. Ik vroeg waar zij heen gingen met vakantie.

'Naar Balkonia,' zei er een.

Het duurde een moment voor ik begreep wat ze bedoelde.

Snel ga ik aan de slag. Nog voor de middagpauze heb ik alle twaalf verdiepingen gedaan. Ik neem de lift naar de kantine op de bovenste verdieping. Als de liftdeuren opengaan en ik mijn karretje naar buiten manoeuvreer, komt de vrouw die mij instrueerde op mij af.

'We hebben je overal gezocht,' zegt ze. 'Op bijna alle etages doen de koffieautomaten het niet meer sinds je daar bent geweest. We worden gek gebeld. Ga ze alsjeblieft allemaal nog eens langs en zorg dat de containers goed vast staan voordat je ze dichtdoet. En daarna controleren of het werkt.'

Overal waar ik kom staan groepjes opstandige werknemers in de gangen. Ze praten druk over de weigerende koffieautomaten. Ik voel dat ik verontschuldigend lach, ook in de lift, tussen de etages in.

Aan het eind van de middag lever ik mijn karretje weer af bij de kantine.

'Morgen kun je in de afwaskeuken werken,' zegt de vrouw.

Het bedrijf heeft geen productieve dag gehad, dat is wel duidelijk.

Tussen onze borden staat een schaal met drie verdiepingen. Op elke etage staan taartjes en cakejes. Van geen enkele zijn er twee, dus eerlijk verdelen is er niet bij.

Het meisje komt terug met een plankje met sandwiches. De korstjes zijn eraf gesneden en er zit alleen komkommer op. Ze zijn plat, alsof er een wals overheen is gegaan. Vannacht waaide het zo hard dat het natte tentdoek tegen mijn wang aan sloeg. Onze slaapzakken worden geacht met hun folielaag onze lichaamswarmte binnen te houden en kou buiten te sluiten, maar ze lijken eerder het omgekeerde te doen. Ernst heeft een wollen deken aangeschaft, in een mooie Schotse ruit, met donkerblauw en donkergroen; ik kocht in de supermarkt een goedkope acryl autoplaid. Heb ik mezelf eenmaal ingestopt, dan kan ik niet meer bewegen, want de plaid is te klein. Ik moet straks niet vergeten de pil in te nemen.

Als laatste zet het meisje een grote metalen pot thee op tafel, met een kleinere pot erbij, waar heet water in zit. Ernst schenkt mijn kopje vol. Ik draai het oortje naar links.

'Welke cakejes zullen we nemen?' vraag ik. 'Als we er nou eens elk twee kiezen? Anders wordt het zo duur.'

Ik wacht tot Ernst heeft gekozen. Dan pak ik van de laagste verdieping een scone met rozijntjes en van de hoogste een chocoladecakeje met donkerbruin glazuur en een nootje. Er staat veel meer wat me lekker lijkt, maar je kunt niet alles hebben. Als iemand bij ons thuis veel opschept, wordt erom gelachen. Het lijkt wel of je boulibouli hebt, zegt mijn moeder dan. Ik geloof dat dat een soort eetziekte is.

Ernst schenkt me het laatste beetje thee in, en het restant van de melk.

'Zullen we maar weer?' zegt hij, als ik mijn kopje leeg heb.

De ramen zijn beslagen. Buiten is het nog steeds aan het plenzen. Mijn regenjack is nat van binnen als ik het weer aantrek. Gisteren liepen we op een verlaten weg, ergens langs de kust. Daar was een hotel, pal aan het woeste water. Binnen dronken mensen thee en er brandden gele schemerlampen. In zo'n hotel zou ik willen logeren, ooit.

'We have eaten four cakes,' zeg ik, bij de kassa.

Het meisje kijkt ons verbaasd aan.

'I don't need to know,' zegt ze. 'They were all included.'

Ernst en ik lachen. Ik kijk naar de tafel waar we net nog zaten. De servetten hebben we op de bordjes gelegd, zoals dat hoort in een restaurant, als je klaar bent met eten. Het zou een kwestie zijn van weer aanschuiven en ze oppakken. De schaal met de drie verdiepingen staat nog tussen de twee borden in, elke etage tjokvol met lekkernijen. Maar het zou raar zijn om te gaan zitten en het hele ding alsnog leeg te eten. Hebberig. En de tearoom gaat zo sluiten. Het is vier uur.

We lopen naar buiten. Ernst slaat zijn arm om mij heen. Dat is fijn, maar ik voel zo ook extra goed hoe nat mijn regenjack is. De pub gaat pas om vijf uur open. Dit is het uur waarin je nergens heen kunt om te schuilen.

'Doe het licht in de gang eens uit,' zegt mijn vader.

Op de eettafel staan drie borden. Moon werkt vanavond bij Boonekamp. Het lijkt mij moeilijk, op zo'n kaasafdeling. Ik zou steeds bang zijn dat ik er een half pond naast zat, met het afsnijden van de gevraagde hoeveelheid. Ik hang mijn regenjack over Moons stoel. Dadelijk moet ik hem weer aan om naar de Wereldwinkel te fietsen. Mijn regenbroek hangt in de gang over de verwarming, al is die altijd uit.

'Haal die jas eens weg,' zegt mijn moeder.

'Hij moet drogen,' zeg ik. 'En in de gang is het steenkoud.'

'Niet in de kamer en zeker niet over onze mooie eetkamerstoelen.'

Ik pak de jas van de stoel. Hij ritselt en er vallen druppels op de grond. In Leiden denk ik in elke straat: had ik hier maar een kamer. Maar thuis kan ik niet zeggen dat ik op kamers wil; het is al zo erg dat ik door Ernst en mijn studie vaker weg ben. Dus fiets ik langs die vreselijke bomenweg, in de regen, met tegenwind, in het donker.

Als ik mijn jas in de gang over de koude verwarming heb gehangen en weer binnenkom, is mijn moeder aan het huilen.

'Ik wil het niet meer. Ik wil het niet meer,' zegt ze.

Ik weet niet wat ze bedoelt, maar het gaat over mij, het komt door mij, ik heb dit gedaan, door weg te willen, door mijn gedachten aan een kamer in Leiden. Haar gezicht is raar en ze wiegt voorover. Nu raakt haar hoofd de tafel. Het serviesgoed trilt.

'Haal de pannen maar,' zegt pappa tegen mij. 'Anders wordt alles koud.'

Ik loop naar de keuken. De pannen staan op het fornuis, maar de pitten zijn uitgedraaid. Aardappelen, groente, vlees. Overal zitten deksels op. Op de vierde pit staat een koekenpan. Er ligt een klontje boter in, klaar om gesmolten te worden. Op het aanrecht staat een glazen toetjesbakje met geklopt ei erin. Ik zie slierten eigeel, slierten half doorzichtig eiwit en daartussen plasjes melk. Bovenop drijft peper, fijngeknipte peterselie en geel poeder. Aromat. Terwijl ik langs de bomenweg door de regen fietste, heeft mamma alles klaargezet om een omelet voor mij te bakken. Ze hoefde alleen het vuur nog aan te doen, de inhoud van het bakje los te kloppen, met de vork die er ook al ligt, en het mengsel in de pan te gooien. Er ligt zelfs al een spatel klaar.

Aan tafel haalt pappa de deksels van de pannen. Er komt geen damp omhoog, het eten is lauw. Hij schept voor zichzelf op en voor mamma. Ze zit stil en huilt. Ik neem een aardappel en een paar sperziebonen. Pappa legt mamma's mes en vork op haar bord. Op die manier ziet het eruit alsof ze een moment is gestopt met eten, maar zo weer door zal gaan.

We zwijgen. Pappa en ik eten.

Ik ruim af. Het omeletmengsel spoel ik door de gootsteen. Het blijft een moment in het kantelende bakje hangen en valt er dan uit. Laatst kocht ik sojabrokken. Die moet je weken in water. Ze smaken als hondenvoer, en zien er ook zo uit.

Pappa en ik doen de afwas, mamma zit op het zitelement bij de tv. Ze staart voor zich uit. Ze lijkt iemand anders.

Ik ga naast haar zitten en strijk over haar haar. Dat is veel zachter dan ik dacht. Ook haar wangen zijn zacht, en warm.

'Gaat het weer, schatje?' vraag ik.

Ze knikt.

Pappa brengt de koffie binnen. Anders maakt mamma die altijd en als zij een keer weg is, naar bijbelstudie, doe ik het. Dat vraagt ze dan speciaal aan mij.

'Mag ik even naar Ernst?' vraag ik, als pappa het nieuws aanzet.

'Ja hoor,' zegt mamma. 'Veel plezier.'

Ze praat langzaam en toonloos. Het is allemaal mijn schuld. Toch ga ik nu alweer van haar weg. In gedachten ren ik.

Langzaam loop ik de kamer uit en pak mijn regenjack van de radiator in de gang. Zodra de deur achter me dichtvalt hol ik naar het pleintje van Ernst. Het regent niet meer, maar mijn jack is nog nat en ik heb het koud. Er brandt licht.

Gelukkig doet hij zelf open. Gelukkig hoef ik niet naar binnen om gedag te zeggen. Ze hebben hier geen trap in de kamer.

Op zijn zolderkamer huil ik. Ik kan niet zeggen wat er is gebeurd.

Als ik uit mijn raam kijk, zie ik hem weglopen. Ik hoor de stem van tante Anne in de gang. Daar klinkt alles hol door de tegeltjes. Het is half zes, zo meteen komt mijn vader thuis, dan eten we een kopje soep, voordat we aan tafel gaan. Op mijn sokken loop ik naar beneden. De hardhouten treden van onze open trap zijn glad. Mijn moeder is bezig de theeglazen van Pickwick af te wassen.

'Was het gezellig?' vraagt ze.

'Ik kom niet eten, ik ga naar bed. Ernst heeft het uitgemaakt,' zeg ik.

Ik draai mij om en loop weer naar boven. Mamma komt mij achterna. Ik zit op mijn bed en huil. Mamma's kin trilt, zij begint ook te huilen. Ik probeer uit te leggen hoe ik aan hem moest vragen wat er was, en dat hij eerst niets wilde zeggen.

'Dus jij hebt het uitgemaakt?' zegt ze.

Ik schud mijn hoofd. Ze begrijpt het niet. Hij zei dat ik hem te veel beïnvloed heb, dat hij vegetarisch is gaan eten, alleen omdat ik dat doe, dat hij zich een grijze gehaktbal voelt, vergeleken met mij. Dat wist ik allemaal niet. Ik kijk naar mijn bureau, dat eigenlijk een oude keukentafel is. Op de multomap met collegedictaten over Algemene Taalwetenschap ligt een bundel met gedichten van Lermontov. Die lazen we samen, in een Engelse vertaling.

Beneden hoor ik de deur. Mijn vader is thuis. Hij zal niet begrijpen waarom er beneden niemand is. Ik hoor zijn voetstappen op de trap. Hij komt het halletje in, kijkt in hun slaapkamer. Die is leeg. Dan duwt hij de deur van mijn kamer open en ziet mamma en mij. Ik zit op mijn bed. Zij staat bij het raam.

'Ernst heeft het uitgemaakt,' zegt mamma.

Ze huilt.

Mijn vader heeft een diepe rimpel in zijn voorhoofd.

Ik wacht.

'De rotzak,' zegt pappa. 'Had hij dat maar een half jaar eerder gedaan.'

Een half jaar eerder. Toen was het zomer. Toen gingen we

naar Schotland, met de tent. Niet in jeugdherbergen.

Pappa draait zich om en loopt de kamer uit. Mamma zegt dat ik beneden soep moet komen eten, het is veel te vroeg om al naar bed te gaan. Ze loopt hem achterna.

'Het is champignonsoep,' zegt ze nog. 'Dat lust je graag.'

Als ik beneden kom, is de soep net ingeschonken. De koppen staan op hun glazen onderzetters, de lepels rechtop erin: de grote zilveren uit de cassette voor pappa en mamma, de kleine roestvrijstalen dessertlepels uit de keukenla voor Moon en mij. Ik heb de mooie lepel.

In het midden van de salontafel zie ik het glas met soepstengels. Ik pak er een. Hij is droog en gaaf, met een dunne naad die over de hele lengte loopt. Ik ben een afgelikte boterham.

Hotelcake

De mensen lopen allemaal de supermarkt in. Ook bij de bakker is het druk. Hier niet. Dat is begrijpelijk, want reformproducten zijn duur. Ik had een papier met 'personeel gevraagd' zien hangen toen ik van een werkcollege kwam. Onze vakgroep zit twee verdiepingen boven de supermarkt. Middelnederlands hebben we in een lokaal waar je de viskraam kunt ruiken. De kat op het spek.

De eerste zaterdagen wist ik van veel dingen niet wat ze waren. Tapioca. Tartex. Gierst. Er is een heel schap met vitaminepillen en knoflookpillen en sojalecithine. En verder vezeltabletten die uitzetten in je maag, gezonde koekjes met zonnebloempitten en stroopwafels met vruchtensiroop. Op een stellage in het midden staan cakes. Niet van die goedkope hotelcake, maar boerencake, uit zuiver roomboter bereid, marmer en gewoon.

Het is pas half elf, maar ik begin al trek te krijgen. Op mijn stoel achter de kassa zit ik te lezen in *Lanceloet van Denemerken*. Echt lekker gaat het niet, want ik moet steeds in de noten kijken wat er nou eigenlijk staat. Soms koop ik iets uit de winkel en dan verreken ik dat met het salaris dat ik om vijf uur uit de kassa neem. Ik zou natuurlijk zo'n boerencake kunnen kopen. Dan eet ik er één plakje van en de rest neem ik mee naar huis, voor vanavond bij de koffie. Zonde van het geld is het wel, want ik moet hier bijna een half uur zitten om hem terug te verdienen.

Ik loop om de toonbank heen en pak een boerenmarmercake die nog houdbaar is tot veertien mei. Er zitten er ook bij die al deze week verlopen. Ik voel hoe de cake onder het plastic meegeeft met mijn vingertoppen, als mosgrond in het bos bij het wandelen. Schouders naar achteren.

Snel zet ik de cake uit het zicht, naast de kassa, want er lopen twee mannen de winkel in. Ik ga achter de toonbank staan, om te laten zien dat ik graag bereid ben om te helpen. De ene man gaat zonder iets te kopen weg. Hij heeft bij de vitaminepillen rondgekeken en daar veel etiketten gelezen. Ik vind het vervelend als iemand heel lang kijkt en toch niets koopt. Dan is het net of wat ik aanbied niet goed genoeg is. Gelukkig pakt de andere man twee blikjes linzenpaté en zet die voor mij neer. Ik zou de cake nog terug kunnen zetten, als hij zo weg is. Hij wil ook een stukje brandnetelkaas.

Ik doe met het mes een voorstel en vraag dan of het goed is.

'Doe maar iets meer,' zegt hij.

'Zo?' vraag ik.

'Iets meer.'

Ik schuif het mes op tot hij knikt. Als laatste neemt hij nog een rijstbrood. Ik heb vorige week rijstwafels geprobeerd. Dat zijn zulke rare dingen, alsof je een nieuwe stereo-installatie hebt uitgepakt en nu een stuk van het piepschuim eet. Het knarst als je je tanden erin zet, maar ze hebben weinig calorieën en met kaas erop zijn ze best lekker.

Als de man weg is ga ik weer in mijn hoekje achter de kassa zitten en open het plastic van de cake. Het scheurt veel te ver uit. Ik snijd een plak af en leg die op mijn knie. Het plastic probeer ik weer dicht te vouwen, maar een stukje cake blijft blootgesteld aan de lucht.

Ik plaats mijn tanden op een hoekje en buig de plak cake naar beneden. Zo breekt er zonder bijten een stukje af. In mijn mond wrijf ik het deeg fijn tot er een korrelige, zoete massa ontstaat. Als ik zo nog een plak neem zal de verpakking beter dichtgaan. Dan beschouw ik dit gewoon als middageten.

Als een nieuwe klant sesamkoeken en couscous heeft afgerekend, neem ik mijn tweede plak. Daarna leg ik de cake ondersteboven naast de kassa, op het omgevouwen stuk plastic, om dat dicht te houden met het gewicht. Dat lukt nu inderdaad beter. Ik lees in *Lanceloet* en wil niet meer denken aan de cake. Ik stop hem in mijn tas, al weet ik dat ik hem zo weer zal pakken. Het minste wat ik kan doen is proberen het uit te stellen.

Met een klap doe ik mijn boek dicht. Dat uitstellen slaat nergens op. Als ik de cake toch op ga eten, kan ik het net zo goed meteen doen. Ik maak mijn tas weer open. De strip van de pil ritselt als ik de cake pak, ik moet niet vergeten er vanavond een te nemen. Het is nergens voor nodig, maar ik ga door, dat is belangrijk, anders is alles helemaal voorbij. Ik open het plastic van de cake. Dat de scheur nu over de hele lengte loopt, grillig als een rivier, maakt niet meer uit. Ik snijd een dikke plak en laat de verpakking open liggen. Snel help ik een vrouw die ook een cake koopt. Die is nog mooi intact. Het begint pas als je de gelijmde uiteinden van het plastic lostrekt.

Ik ga weer zitten en kijk naar de cake. Tweehonderd gram heb ik op. Dat valt nog mee: als ik nu ophoud, is er geen ramp gebeurd. Maar het is wel vreemd om thuis met zo'n halve cake aan te komen, dan zien ze meteen hoeveel ik heb gegeten. Ik snijd het restant in drie plakken en eet ze achter elkaar op.

Zo. Even zit ik stil. Mijn maag is opeens het centrale punt in mijn lichaam: zwaar, volgestopt met een homogene massa, een cementmolen die niet draait. Ik heb spijt, ik moet iets doen. Ik ga achter de kassa staan en spring op en neer en beweeg mijn armen. Mijn maag lijkt later neer te komen dan de rest van mijn organen. Ik moet steeds stoppen omdat er mensen aankomen, maar meestal gaan ze de supermarkt in. Tussen de broodplanken en de kassa is niet genoeg ruimte om te sporten.

Om tien voor vijf zijn mijn ouders er om me te halen. Het is lief dat ze dit doen, want het hoeft natuurlijk niet. Ze kijken rond in de winkel, terwijl ik de kas opmaak.

'Het is hier niet goedkoop,' zegt mijn vader. 'Moet je die prijzen eens zien.'

'Het zijn reformproducten,' zeg ik. 'Dat is altijd zo.'

'Dat kan wel zijn. Maar moet je kijken, zo'n petieterig potje appelmoes. Daar koop ik drie grote blikken voor.'

'Die zijn niet biologisch,' zeg ik.

'Alles wat je kunt eten is biologisch,' zegt mijn vader.

Ik ben klaar met de kas. De omzet is niet hoog. Ik heb mijn salaris in mijn portemonnee gedaan, minus de cake en de laurierdrop.

'Ik dacht dat ik misschien kon trakteren op een cake, voor vanavond bij de koffie,' zeg ik.

'Dat is lief bedacht, maar ik heb al amandelcake gebakken,' zegt mamma.

'Kom,' zegt pappa. 'Dan gaan we. Hier is toch niets voor ons te koop.'

Ik haal de manden met kruidenthee binnen, knip de lichten uit en doe de deur op slot.

'Zitten ze goed dicht?' vraagt pappa.

We lopen langs de viskraam naar buiten. De jongens van de supermarkt manoeuvreren een grote rij wagentjes naar binnen. Sinds kort moet je een gulden in een sleufje doen om er een los te krijgen.

'Volgende keer kunnen we daar weleens kijken wat de appelmoes kost,' zegt pappa.

'Vanavond hebben we zelfgemaakte,' zegt mamma.

Op zaterdag eten we altijd ovenfrites en appelmoes.

Bij de deuren van alle exotische eettentjes staan mannen die je binnen willen lokken door zogenaamd charmant te zijn. Ik vind het eng als ze zich zo uitsloven, en al helemaal nu Til terug naar huis is. Dit restaurant heeft gelukkig geen man bij de deur, en ze gooien hier ook geen borden stuk, zoals in die Griekse tentjes. Dat vind ik zoiets stoms: het is zonde en het lijkt op ruzie. Bovendien ken ik dit restaurantje al, want Til en ik zijn hier eergisteren geweest. Misschien dat ze me wel herkennen. Er wonen miljoenen mensen in Parijs. Niet een van hen weet wie ik ben.

De ober zet een grote soepterrine op tafel. Hij brengt ook

een schaal met gele korreltjes en een platte schotel met gekookte groenten. Fransen vinden je getikt als je zegt dat je vegetariër bent. Ik moest drie keer uitleggen dat ik geen vlees wil.

Ik schep couscous op en giet er een paar lepels soep overheen, zoals dat hoort. De soep is pittig: zout en scherp, met een doordringende kipsmaak. Tuinkruidenbouillon kennen ze hier niet. Het oppervlak is bedekt met glimmende lovertjes, de plakjes winterwortel zijn fel oranje en glanzen van het kippenvet. In mijn mond zijn ze zoet en zacht. De andere mensen in het restaurant vragen zich vast af waarom ik hier alleen ben. Ze kijken steeds naar mij.

Met Tilly dronk ik na het eten nog mierzoete muntthee uit sierlijke glaasjes, bedrukt met goud, in een patroon als van een kanten kleedje. Als mijn moeder in de auto vraagt of we een pepermuntje willen, sla ik dat altijd af: te zoet. Deze muntthee vind ik wél erg lekker, maar als ik mijn couscous op heb vraag ik toch snel om de rekening. Ik moet nog met de metro en ik wil bij een kiosk een grote reep Nestlé Crunch kopen. Daar zit gepofte rijst in, dat is lekker om op te kauwen. Als ik in de nachttrein naar Millau niet kan slapen en me beroerd ga voelen, zal de chocola me wakker houden, zodat ik in ieder geval kan lezen. Zuigen en langzaam laten smelten gaat niet met Nestlé Crunch, daar is de rijst te scherp voor.

Ik hijs mijn rugzak op mijn schouders en loop naar het metrostation. Uit de roosters in het trottoir komt een speciale geur. Hij doet me denken aan de lucht in een huis waar voor het eerst in jaren de kachel brandt. In een kamer met beslagen ramen staat iemand kleren te strijken, kleren waar het weer in zit, en schimmel. Het stoomstrijkijzer sist en maakt muffe wolken, waarin alles wordt vermengd. Ik snuif de zware geur graag op. Bij elk rooster, waar ook in de stad, is hij precies hetzelfde.

Op de overloop tussen de derde en de vierde houd ik halt om op adem te komen en naar buiten te kijken. Het stinkt hier. Ik ga de kamer hoe dan ook nemen, al liggen de flats buiten de stad. Met dit aanbod van Studentenhuisvesting kan ik niet anders dan verhuizen, dat moeten ook mijn ouders wel snappen. Toen mijn vader mij rijlessen aanbood, en zijn auto, om naar Leiden op en neer te gaan, heb ik gezegd dat ik aan het milieu wil denken. Anders had ik nu nog geen goede reden.

Op het plakkerige linoleum staan drie pannen in de week. Wollige slierten drijven op het wateroppervlak. De binnenranden lijken op kadewanden bij laag water, met een groene aanslag.

Ik kijk snel weg en beklim de laatste trap. Links is een keukentje. Eigenlijk is het meer een kast, met net genoeg plaats voor een gootsteentje en een koelkast met een kookplaat erop. Ik weet niet hoe je hier met tien mensen moet koken. Op alle gaspitten staan al pannen. In één pan zit macaroni, de elleboogjes zijn ingedroogd en weer net zo hard als voordat ze gekookt werden. Je zou ze los moeten bikken. In een andere pan zit een laag tomatensaus. Bij het koken op de muur zijn er spetters achter de kookplaat terechtgekomen, en op de kookplaat zelf. Er zitten zelfs rode spatten op het plafond. Het is of hier een moord is gepleegd. Verder staan er twee bakpannen, met gestold vet erin. In de gootsteen liggen aangekoekte borden. Beneden in de fusie is een iets grotere keuken, maar daarvoor moet ik zes trappen af.

In het gangetje is het donker. Ik heb de sleutel meegekregen, maar mijn kamerdeur staat open. Binnen blijkt alles donkerbruin geverfd te zijn: de wanden, het plafond, het houtwerk van de klerenkast, de radiator. De ruit is bedekt met jaarclubstickers van Minerva. Mijn kamer is van zo'n vreselijke corpsbal geweest. Het beige zeil is kapot en goor.

Ik zal alles verven en vloerbedekking leggen. De stickers moet ik van het raam verwijderen. Daar heb je spul voor. En als ik het hier gezellig heb gemaakt, en ingericht naar mijn eigen smaak, dan kan ik mensen te eten vragen. Een van mijn studiegenoten, Brigitte, heeft haar kamer in de binnenstad heel mooi, in grijs en blauw. Dat wil ik ook. Als ik Brigitte hier te eten vraag, of Klara, maak ik als voorafje uiensoep, en als hoofdgerecht mijn moeders kaastaart, met bladerdeeg. Beneden in de fusie staat een oven.

'Nou, bedankt, Sinterklaas,' zegt mijn vader.

Hij houdt een knalroze suikerbeest omhoog. Laatst zei hij tegen mijn moeder, Moon en mij dat hij die dingen eigenlijk niet zo lekker vindt. Jarenlang hebben we hem allemaal suikerbeest gegeven, in de veronderstelling dat hij daar dol op was. De rest van de familie weet nog niet dat dat een misvatting is. Dit is zijn tweede suikerbeest al, vanavond. Het eerste was knalgeel.

Opa Jaspers is aan het zoeken in de enorme hoeveelheid pakjes die in de achterkamer ligt. Vroeger ging hij tussendoor nog even snel naar boven om cadeaus in te pakken en een laatste gedicht te maken. Nu vieren we het bij Ferdi en Louise, en dat kan dus niet meer. Maar het uitdelen is voor mijn opa nog steeds een kunstvorm, een mise-en-scène. Iedereen moet regelmatig opkomen, grote en kleine cadeaus wisselen elkaar af, gedichten moeten als monologen verspreid worden over de avond, surprises ook. Het is een heel gepuzzel. Ook vanavond zijn we vast niet voor enen klaar. Dan moet ik met mijn ouders en Moon mee naar huis.

Opa heeft weer een pakje uitgekozen.

'Voor Robbie,' zegt hij, met zijn rollende toneel-r.

Ik ga rechtop zitten. Aan de vorm zie ik dat dit cadeau afkomstig is van mijn moeder. Het gedicht heb ik haar aan de hand gedaan; ik las het ergens. Het is het kortste sinterklaasgedicht ooit geschreven.

Robbie trekt het witte papiertje los en vouwt het open. Hij schraapt zijn keel.

'Hier, lul, een bierpul. Sint.'

Zijn lach schiet uit. Iedereen ligt dubbel.

'Dat is kort maar krachtig,' roept Ferdi.

'Als iedereen dat volgend jaar nou zo doet, dan zijn we om tien uur klaar,' zegt Hennie.

Onder grote hilariteit maakt Robbie het pakje open. Inderdaad: het is een bierpul, en dat terwijl mijn moeder een hekel heeft aan alcohol en het zo erg vindt dat hij drinkt.

Iedereen lacht nog na en roept nieuwe varianten. Hier, zak, een bolknak. Hier, etter, een chocoladeletter. Ondertussen is opa alweer aan het zoeken tussen de stapels cadeaus die overal op kastjes en tafeltjes liggen, en op de grond. Ik zie hem moeizaam bukken, dingen oppakken, bevoelen en terugleggen. De cadeaus voor hemzelf bewaart hij tot het laatst. Het gevolg is dat hij straks zeker zeven potjes gember op rij zal uitpakken. Op zijn verjaardag is het hetzelfde. Opa houdt van gember, dat weet iedereen.

Oom Ferdi komt binnen met een grote schaal bitterballen en kleine loempiaatjes. 's Avonds laat frituren: dat zouden de Oostings nooit doen. Die serveren hoogstens een paar melbatoastjes met selderiesalade en wat leverworst en blokjes kaas met een stukje gember of ananas erop geprikt. Als je die al van tevoren maakt is de kaas bovenop wit uitgeslagen en doortrokken van het sap. Robbie heeft aan het begin van de avond een heel Indonesisch buffet voor ons verzorgd. Dat doet hij altijd op familiefeesten. Hij is kok.

Mijn vader is aan de beurt voor een cadeau. Ik herken het sinterklaaspapier van de banketbakker in Leiden. Daar heb ik een groot marsepeinen varken gekocht. Dat vindt hij lekker, dat weet ik zeker. Ik heb er een gedicht bij gedaan over de varkenspest, want die schijnt weer te heersen.

'Nou, bedankt, Sinterklaas,' zegt hij.

Hij kijkt hetzelfde als bij de suikerbeesten.

Het melkpannetje kreeg ik vorige week van oma Oosting, toen ik op zondag met mijn ouders meeging, bij haar koffiedrinken. Ze won het met bingo. Het is een lelijk ding dat niet bij mijn spullen past, met zijn bruine plastic handvat en bloemen op de zijkant. Maar voor melk koken is het stukken beter dan mijn eigen blauwe pannen. Met tegenzin ben ik er blij mee.

Koken kan hier niet zonder eerst iets weg te ruimen. Ik haal een pan van het gasstel en zet hem in de gootsteen. Daar staat een laagje water, want in de afvoer ligt een kluwen spaghetti. Loeres is gelukkig weg. Hij is een echte bal, met een hete aardappel in zijn keel. Verder is er ook niemand op onze verdieping. Veel mensen zijn het weekend naar hun ouders. Naar huis. Dat doe ik niet. Ik woon nu hier.

Terwijl de melk warm wordt, schep ik twee volle eetlepels custardpoeder in een beker. Zodra je er melk op giet, wordt het poeder okergeel. Je moet er een glad papje van roeren. Eerst gaat dat stroef, dan steeds gemakkelijker, tot je een mengsel hebt in de kleur van een eierdooier. Daarna is het wachten op de melk. De kunst is om die net niet te laten koken. Ik kijk of ik al beweging zie, in de pan. Aan de zijkant vormen zich belletjes. Snel gooi ik de custard erin.

Nu is het een kwestie van goed roeren. Ik meet nooit iets af en weet dus ook niet hoe dik de pap zal worden. Ik doe een flinke schep suiker in de pan en laat die oplossen. De pap begint te blazen en te puffen. Ik draai het gas uit. Volgens mij is hij goed gelukt. Ik giet hem in mijn bakje en laat koud water in het melkpannetje lopen. Hoe hard je ook roert en hoe laag je het gas ook houdt, de bodem en de wanden zijn altijd aangekoekt.

Het melkpannetje neem ik mee naar mijn kamer. Ik zet het op de onderste plank van mijn witte metalen rek, daar kan het vannacht in de week staan. Morgenochtend is het water troebel en drijven er stukjes custardpap in. Ik zal flink langs de wanden moeten schrobben. De bodem schraap ik schoon met een lepel, de krullerige bruingele reepjes, nat potloodslijpsel, schep ik in de vuilnisbak die naast de koelkast staat. Hij heeft geen deksel. Ik kijk niet wat erin zit, want dan ga ik over mijn nek.

Met opgetrokken knieën zit ik op mijn bed. Ik leun tegen de twee blauwe kussens. Het zijn grote slopen die ik heb gevuld met in stukken geknipte oude kleren. Zo lijkt mijn bed op een bank. Het blauw past goed bij het grijs van mijn tapijttegels. Die zijn handig, voor als ik nog eens verhuis.

De bovenste laag van de custard is afgekoeld. Lauw vind ik de pap het lekkerst. Daarom eet ik steeds een laagje en wacht dan even, tot wat daaronder zit de juiste temperatuur heeft aangenomen. Tot slot schraap ik het bakje goed leeg. Dan sta ik op en laat het voorzichtig in het pannetje zakken. Als custardrestjes opdrogen krijg je ze er nooit meer vanaf. Het is alleen onsmakelijk om bij het afwassen morgenochtend mijn hand in het pannetje te steken en het bakje er weer uit te vissen. Dat is dan helemaal slijmerig geworden.

Het is stil. Ik weet niet wat ik nu zal doen. Soms kijken we met een paar mensen naar *Dynasty*, in de fusie, en bescheuren ons. Voor de enorme zwart-wittelevisie staat een oud bankstel waarin je wegzakt als een kruimel in een hoogpolig tapijt.

In mijn maag voel ik de massa custardpap. Misschien komen mijn buurjongens vanavond nog terug en gaan ze risken. Dan kloppen ze op mijn deur. Helga is vanavond bij Els. Ze zal wel blijven slapen, dus haar zie ik ook niet meer, dit weekend. Morgen ga ik naar het Stedelijk Museum in Amsterdam, naar een tentoonstelling van een Franse fotograaf, Cartier-Bresson. Dan heb ik een doel. Ik zag op de vakgroep een affiche hangen, met zijn foto van een man in pak die op straat een sprong maakt. Voor hem ligt een plas. De voorste voet, in een keurige schoen, raakt net het oppervlak van het water, maar er zijn nog geen kringen gevormd. Klik: dat moment. Je weet niet wat er daarna zal gebeuren. Misschien een kleine plons en spatten op zijn schoenen en zijn broek. Misschien is de plas diep en zal hij erin verdwijnen.

Ik zoen zijn vriendin. Een paar jaar terug zag ik hem samen met haar in de Dorpsstraat lopen, ze was toen veel dikker. Ik denk dat hij haar geholpen heeft om af te vallen. Hij hield altijd al van verbeteringsprojecten. Het is aardig dat ze mij meteen heeft gebeld en vertelde hoe het is gegaan, in de laatste momenten. De rits van mijn zwarte rok gaat aan de bovenkant niet helemaal dicht.

'Hé, Paultje,' zeg ik tegen zijn broer.

Zijn opa, aan het einde van de rij, herkent mij niet. Ik zeg niet wie ik ben. Zijn tevreden woorden na elke maaltijd zouden als wachtwoord kunnen dienen. Hij lachte vergenoegd en zei dan: 'We zijn verzadigd en verkwikt en weer behoorlijk aangedikt.' Nu is hij gebroken. Peter was zo mager, hij had alleen zijn ogen nog, en zijn handen. Die heb ik vastgehouden, op de dag voor hij doodging. Toen moest ik naar de redactievergadering van het vakgroepsblad.

In de zaal zie ik een paar bekende gezichten, maar ik durf op niemand af te stappen. Tenslotte heb ik het destijds uitgemaakt, daar zijn ze vast nog boos om. Met zijn vijven staan we bij elkaar. Op grote roestvrijstalen schalen liggen plakjes hotelcake, als dakpannen gestapeld, bleek geel van binnen, okergeel opzij, allemaal even dik gesneden, hun structuur niet korrelig en draderig als een oude trui, maar glad. Dat wijst op een vlijmscherp mes. Ik neem er een. Een jaar terug aten we nog samen bij Surakarta. Peter zei dat hij mij bewonderde: ik deed tenminste wat ik wilde, was zelfstandig. Jij niet dan? vroeg ik. Hij schudde zijn hoofd. De laatste dagen moest hij gevoerd worden, als een kind.

'Jullie komen toch wel met ons mee?' zegt mijn moeder.

Ze heeft op ons gerekend met eten. Ze huilt. Mijn vader staat naast haar, zijn voorhoofd in een diepe frons. Toen ik net had gehoord dat Peter ziek was, was ik bang dat pappa ook dood zou gaan, al leeft hij heel gezond, met veel fietsen en geen alcohol. Ik kon bijna niet stoppen met huilen. Het was erg raar.

'Nee, we gaan naar Leiden,' zeg ik.

Ik ben onaardig. Ik laat Moon in de steek. Zij was ook gek op Peter.

Mijn ouders en Moon lopen naar de parkeerplaats. Els en ik gaan naar de bushalte. Ik kijk nog een keer om naar het gebouw. Het heeft iets van het Kröller-Müller, zo modern en laag, met veel glas, omringd door gras en bomen. Maar het Kröller-Müller is mooi. Dit is spuuglelijk.

Dhal bhaat

Mijn deur heb ik even dichtgedraaid, voorzichtig, zodat iemand die toevallig langsliep op de gang de klik van het slot niet kon horen. In het huis van mijn ouders hebben de deuren beneden ronde knoppen, nog uit de tijd van Kira, die altijd naar eten zocht. Gewone hendels duwde ze naar beneden. Brenda heeft geen eetobsessie, maar die valt weer kleine hondjes aan. Alle honden van mijn ouders zijn psychisch gestoord.

Morgen ga ik verder met mijn lijst voor moderne letterkunde, nu zit ik op bed met een jeugdboek en een doosje Bonbonbloc. Dat koop ik bij de Aldi. Daar is hij het goedkoopst en ik kom erlangs als ik van de vakgroep naar mijn kamer fiets. Voor de andere boodschappen ga ik naar Albert Heijn. Ik vind het zo armoedig dat alles bij de Aldi in dozen staat.

Er zitten zes balkjes in een pakje Bonbonbloc. Ik breek er twee af en leg die op het schoteltje. Ik bijt mijn eerste stukje af en laat het rondgaan in mijn mond. Mijn tanden en tong werken samen om de chocola te scheiden van de zachte praline in het midden. Terwijl ik de hazelnootpuree uitwrijf over mijn tong, sla ik de chocola op tussen mijn kiezen en mijn wang. De praline wordt vloeibaar en sijpelt weg in mijn keel, de chocola druipt langs de binnenkant van mijn wang.

Na deze twee balkjes komen er nog twee, en ook daarna ben ik pas op tweederde. Ik zou bij alles wat ik doe, de hele dag door, het smelten van chocola in mijn mond willen voelen. Kon ik de tijd maar terugdraaien, zodat ik steeds opnieuw aan de reep kon beginnen.

Ik schrok laatst toen ik mezelf op een foto zag. Of ik van binnenuit een beetje opgeblazen was. Ik had dat niet gemerkt. Els zei er ook iets over, toen we in bed lagen. Ze vergeleek me met Helga, die is slanker. Ik deed of ik het niet hoorde. Nu denk ik er niet aan.

De deining neemt toe. De zwarte plas op het dienblad dep ik met een wit servetje. Aan tafel halen we meteen de vier theezakjes uit onze theepot. Als zandzakken liggen ze op mijn schoteltje, alsof ze mijn kopje moeten stutten, de porseleinen wanden behoeden voor een doorbraak. De theepot is opeens halfleeg.

Het schip helt voorover terwijl ik inschenk, met extra kracht gutst de thee uit het tuitje. Een nieuwe golf en de straal breekt af, alsof hij zich in de theepot terug wil trekken. De mensen om ons heen zien er beroerd uit. Tafel voor tafel, alsof er een volgorde is afgesproken, nemen ze hun toevlucht tot het dek.

'Kom,' zeg ik. 'Frisse lucht en strak naar de horizon kijken.'

We zetten het dienblad niet meer op de lopende band, zoals ze vriendelijk verzoeken. In mijn laatste zomer met Ernst werkte ik in de afwaskeuken van een grote bedrijfskantine. Eerst vond ik het vies om etensresten van de borden te schrapen, maar algauw werd het een sport om de vaat door de dampende machines te jagen. Alles kwam er gloeiend en blinkend wit weer uit tevoorschijn. Een warm bord vastpakken is lekker.

In een hoek van het dek gaan we op de grond zitten. De zee is een schuimige massa en het is koud, maar op alle gerverniste houten banken zitten mensen, sommigen met een ouderwets papieren boterhamzakje bij hun mond. Wij krijgen er ook twee uitgereikt door een bemanningslid. De zak knispert als je je hand erin steekt om hem te laten opbollen. Zo doen ze dat in de snackbar ook als je een gezinsportie patat bestelt, alleen maken ze er dan gaten in, met de tanden van een plastic vorkje. In Engeland hebben we een keer Indiaas eten gehaald. Els heeft het kookboek van Madhur Jaffrey aangeschaft. Ik kocht *The Sainsbury Book of Chocolate Cooking*.

Ik kijk strak naar de horizon. Het is het enige wat niet beweegt. Ik wilde dat ik kon overgeven. Els laat steeds iets uit haar keel in het bruine zakje lopen. In mijn rugzakje heb ik een rol McVities. Ik haal hem tevoorschijn en trek aan het rode lipje. Het plastic wordt rondom in tweeën gesneden, met een haarscherpe lijn, als door een wonder, zonder mes. Alleen op het laatst, op de geplakte lengtenaad, blijft de verbinding intact.

Achter elkaar eet ik zes *digestives* op. In Engeland doen ze zout in de boter. Ik draai de verpakking dicht als het papiertje om een toffee. Dat gaat net wanneer er pas zes biscuitjes uit zijn.

Het is inderdaad beter om wat in mijn maag te hebben – dan maar vierhonderdtachtig calorieën binnen. Helga had voor ons allebei een McVities-trommeltje gekocht, als cadeautje. Ik zag mijzelf in de winkelruit van W. H. Smith en vond mijn nieuwe grijze regenjas niet leuk staan, ondanks de aparte asymmetrische sluiting. Mijn hoofd leek zo klein. Helga is afgevallen in Engeland, en ze rookt. Shag, van een merk dat wij in Nederland niet kennen.

'Ik ga naar de wc,' zeg ik tegen Els.

Ze voelt zich vaak niet lekker, door een soort ziekte van Pfeiffer. Ik probeer haar te helpen. Soms typ ik een essay voor haar uit.

Er spat water van de kanten van het schip. Dat lijkt op een hond die in zee is geweest en zich nu uitschudt. Ik houd me vast aan balustrades en enorme schroeven. Als ik de trap naar het benedendek ben afgedaald, kom ik langs het zelfbedieningsrestaurant. De vitrines staan vol typisch Engels eten: sandwiches, *rhubarb pie* met custard, scones, *fish and chips*. Daar blijven ze mooi mee zitten deze reis, want er is niemand.

Alleen aan de zijkant zie ik een grote familie aan zo'n verankerde tafel zitten. Allemaal kluiven ze aandachtig op een kippenpoot. Die hebben ze zelf mee aan boord genomen, want overal liggen stukken aluminiumfolie. Als die eenmaal gekreukeld zijn, krijg je ze nooit meer glad.

Ik schenk het water op de koffie. Koffie ruikt lekker als je het folie openknipt. Onder mijn vingers voel ik hoe het vacuüm wordt opgeheven en de lucht zich tussen het maalsel mengt, het loswoelt alsof het tuinaarde is. Het is jammer dat ik geen koffie lust, anders zou ik dit vaker doen. Wel rook ik af en toe een sigaartje. Dan hoef je gelukkig niet te inhaleren. Vroeger hadden we het thuis over een sigaartje kaas als we een reepje uit het vuistje wilden eten.

Piet komt de keuken binnen. Hij groet niet, haalt een pak yoghurt uit de koelkast, pakt een bakje uit de paarse servieskast, schenkt dat vol en gaat weer naar de voorkamer. Die is zonnig, met hoge ramen en uitzicht op de gracht. Mijn moeder hoopt altijd dat Piet de telefoon niet op zal nemen. Hij zegt zijn naam als een diepe zucht en roept dan vermoeid mijn naam door de gang. Toen ik gisteravond appeltaart wilde bakken, ging hij net uitgebreid koken. Ik moest een hele tijd wachten.

De taart laat zich gelukkig redelijk snijden. Het meest rommelige schoteltje, met een afgebrokkeld stuk taart dat eruitziet alsof er stenen naast een ruïne liggen, neem ik zelf. Pappa en opa geef ik de grootste punten. Dan deel ik de koffie rond. De beker voor mijn vader, met gekookte melk, zet ik op de schoorsteenmantel, die voor mijn moeder, zwart aangelengd met water, op het witte bureau, die voor opa en oma Jaspers op de planken vloer, aan weerskanten van mijn grijze bankje. Ik zou een laag tafeltje moeten hebben, maar dat is zo burgerlijk.

'Ik hoop dat de koffie goed is,' zeg ik.

Mijn ouders houden niet van sterk en opa en oma niet van slap.

'Heerlijk, schatje,' zegt oma, als ze van de appeltaart heeft geproefd.

Zelf neem ik ook een hap. Ik had toch goudreinetten moeten nemen, zoals in het recept stond. Deze appels zijn een beetje melig. En ik had meer boter in het deeg moeten doen, want de korst van de achterrand is droog. Ik moet wrikken om de punten van mijn vorkje erin te krijgen. Ik had het kunnen weten.

Als Els en ik iets uit het kookboek van Madhur Jaffrey maken, dan doen we precies wat zij zegt, al klinkt het nog zo overdreven. Soms moet je elke dertig seconden een nieuw kruidenmengsel in de olie gooien, met fenegriek en asafetida en andere dingen waarvan ik nog nooit gehoord had. Maar je eindigt met een echt Indiaas gerecht.

Aan het zachte geruis uit de keuken hoor ik dat het water kookt. Het gruis onder in de ketel wordt opgeschud en de stoom verdwijnt in de grote kap van de ouderwetse schouw. Op het granieten aanrecht giet ik het water op. Ik breng de theepot binnen en zet hem op de gaskachel, ook al is die uit.

'Nou, het is hier een echte theekrans,' zegt mijn vader.

'Gezellig voor je, dat Els op jouw oude kamer is komen wonen,' zegt oma. 'En je hebt het hier voor jezelf erg leuk gemaakt, met dat blauw.'

Oma Jaspers is best modern in haar denkbeelden. Misschien snapt ze het wel, van Els en mij. Ze heeft in ieder geval niet gevraagd waar ik slaap, en in mijn kamer staat geen bed. Oma Oosting heeft vast geen idee. Ik moet nodig weer eens bij haar langsgaan, op een zondag. Dat is ook best gezellig. En waar anders krijg ik sinaasappelchocolaatjes?

'Zullen we de bank iets naar achteren schuiven,' stelt opa voor, als ik een stoel van boven tussen de bank en mijn stereoinstallatie in wil zetten.

Opa en oma Jaspers staan op en duwen tegen het grijze corduroy. Op de witte planken waar net de bank nog stond, ligt een leeg Bonbonbloc-doosje. Het verfrommelde zilverpapiertje steekt er half uit.

'O,' zeg ik. 'Dat is daar nog blijven liggen.'

Ik pak het snel op en ga naar de keuken. Gelegenheid om de verpakking onder de opgerolde krant met aardappelschillen te leggen krijg ik niet. Mijn oma komt binnen, ze ziet me staan. Ik wist vanochtend niet wat ik aan moest trekken. Zij is een sprekende weegschaal, die zegt dat je bent aangekomen of afgevallen. Ik weet nooit wat ik moet antwoorden als ze haar oordeel geeft. Ik wil alleen dat het moment voorbij is.

'Mijn oudste kleindochter!' zegt oma. 'Die haar opa en oma ontvangt op haar studentenkamer in Leiden, met zelfgebakken appeltaart!'

Ze is trots op mij.

'Je hebt alleen wel wat bollere wangen gekregen,' voegt ze eraan toe, als ik er al niet meer op bedacht ben.

Ze houdt van iedereen bij of die weer op dieet is, of eigenlijk op dieet zou moeten. En verwijst ze naar iemand die te dik is, terloops, in een gesprek over iets anders, dan maakt ze soms dat ene, vreselijke gebaar. Haar armen gaan opzij, tot een halve meter naast haar lichaam, om zo de omvang aan te duiden van de persoon over wie ze het heeft. Doet ze dat ook bij mij? Dat kan niet, daar is geen reden voor, niet echt, maar ik zie het voor me: haar lippen die zich vouwen om de klanken van mijn naam, haar armen die omhooggaan, in een onwillekeurige beweging, een die ze niet kan tegenhouden, al zou ze willen. De beweging herhaalt zich, snel, steeds sneller, totdat het sporten wordt, omhoog die armen, en weer omlaag, met mijn naam als de muziek. Ze hijgt van inspanning. Ik laat haar werken.

Het is hier niet erg schoon. De tafel plakt, je snapt niet waarom ze daar niet even een doekje overheen halen. Maar alles is hier anders. Ze zitten midden op straat vlees te snijden en kleren te naaien. De mensen zijn tenger. Als je blaast vallen ze om.

Ik heb geen idee hoe laat het in Nederland is. Na de tussenstop in Dhaka ben ik elk gevoel voor tijd kwijtgeraakt. Bangladesh zag er vanuit de lucht prachtig uit, met groene rijstveldjes en glinsterend water. Toen we in Bombay uit het vliegtuig moesten, raakten we onze paaseitjes kwijt. Die hadden we stom genoeg in ons netje laten zitten, bij het overgeefzakje en het *in flight magazine*. De schoonmaakploeg heeft ze waarschijnlijk weggegooid. Het eten aan boord was erg lekker: rijst met een pittige saus erover, niet van die duffe worteltjes. Toen we boven India vlogen zag ik de volgende dag in de verte liggen: een strook fel licht. Van hieruit gezien is de ochtend een plaats, en niet, wat ik altijd dacht, een tijd.

De man zet een groot metalen bord voor ons neer, met een opstaande rand als bij een dienblad. *Dhal bhaat* is rijst met een linzenpapje. Het ziet er lekker uit. Er zitten kerrieaardappelen bij. Dat is hier de groente.

We wachten op bestek, maar er komt niets. Je wordt kennelijk geacht met je hand te eten. Dat moet met rechts, heb ik in Bezruchka gelezen. De linkerhand is voor iets heel anders bedoeld, die is om je mee schoon te maken als je naar de wc bent geweest. Onrein. Met mijn rechterhand raak ik het eten aan. Het is nog te heet om beet te pakken. Vreemd dat je in je mond hogere temperaturen kunt verdragen dan in je handen. Hadden we bestek, dan waren we al begonnen. Ik moet onthouden dat ik mijn goede hand niet mag gebruiken.

Als er geen damp meer opstijgt, duw ik mijn vingers in het linzenpapje. Toen ik ooit met Peter ging wadlopen vanaf Pieterburen, stonden we aan de rand van de drooggevallen moddervlakte. Ik moest iets overwinnen om de eerste stap te zetten, want ik had nieuwe witte gymschoenen en witte kniekousen aan. Dit is ook zo'n moment.

Onwennig kneden mijn vingers de eerste hap. Ze kennen het gevoel van deeg en gehakt. Dit is anders. *Dhal bhaat* is korrelig, warm en nat. Snel breng ik een kloddertje naar mijn mond. De rijst met linzen is lekker pittig, de kerrieaardappelen zijn scherp en zoet, maar ik kan me niet concentreren op de smaak. Wat ik met mijn vingertoppen voel, leidt me af van wat ik proef. Ik heb er een zintuig bij. Aardappelpuree, vissticks, biefstuk, appelmoes, spaghetti, grutjes met stroop, Brinta, spinazie à la crème, witlof met een papje: ik zou het allemaal nog eens moeten eten, met mijn handen.

Ik lik mijn vingers af. Ze zijn stroever dan een lepel, het is of ik mijn vingerafdrukken over mijn tong voel raspen. Een moment lijkt mijn hand geen bestek, maar vlees dat bij de maaltijd hoort, dat moet worden afgekloven. Met nagelbijten gaat het tegenwoordig beter. Ik doe alleen mijn pinken nog.

'Zullen we afrekenen?' vraag ik aan Els.

Het water drinken we maar niet. Op onze hotelkamer staat het flesje jodium dat we hebben gekocht om water te ontsmetten, voor als we eenmaal de bergen in gaan. Vroeger deed je dat op een wondje aan de buitenkant, nu drinken we het op. Ook de sla laten we staan. De maaltijd kost bijna niets.

Buiten is het donker. De stad lijkt nog voller en drukker, alsof alles, kleuren, geluiden en geuren, onder druk van de zwarte lucht in de smalle straten is samengeperst. Aan de overkant staat een koe. De enige auto's in Kathmandu zijn oude Datsuns. Het zijn allemaal taxi's en ze rijden als gekken. De rit vanaf het vliegveld deed denken aan een scène uit een James Bond-film, met opstuivend pluimvee en opzij springende mensen.

Weer zie ik dat we worden aangestaard. Ik weet hoe het komt: Els heeft een oude legerbroek aan. Dat doe je hier niet als burger, en zeker niet als vrouw. Misschien moet ik het tegen haar zeggen. In dit land hebben vrouwen ook geen kort haar. Het betekent dat je luizen hebt gehad en kaalgeschoren bent.

In de etalage van een winkeltje liggen pindakoeken op een schaal.

'Zullen we er daar nog twee van kopen?' zeg ik. 'Bij wijze van toetje?'

Al etend lopen we terug naar onze straat. Bij ons zou je zeggen dat het hotel nog in aanbouw was; hier is het klaar. Maar we hebben wel een eigen badkamer. Pas als we liggen merken we hoe moe we zijn.

In de nacht word ik wakker van een scherpe pijn in mijn buik. Ik haal de wc net. Als ik op de brilloze pot zit, komt er een golf diarree naar buiten. Op hetzelfde moment schiet uit mijn mond een pluim braaksel naar buiten.

Els komt uit bed. Ze kijkt vanuit de deuropening toe. Zo heeft ze mij nog nooit meegemaakt. Het is walgelijk, maar ik kan het niet tegenhouden. Weer geef ik over, het braaksel spat op de kale betonnen muur. In de wc-pot klinkt een geluid alsof ik aan het plassen ben. Maar dat is niet zo, er komt water uit mijn darmen. Ik ben een kraan. Ik spoel mijzelf schoon.

Op de vloer voor de wc ontbreken drie tegels. Ik zie stukjes pinda aan het voegsel plakken. Er zat vast iets in de *dhal bhaat* dat mij nu ziek maakt, en toch denk ik steeds aan de pindakoek, omdat ik die als laatste at. Als ik me voorstel dat ik een hap ga nemen, voel ik hoe mijn maag in reactie op dat beeld een golfbeweging maakt. Zelfs het idee van pindakoek moet worden uitgedreven. Ik zal ze nooit meer kunnen eten, ook niet als ze van Verkade zijn.

Na een tijd brengt het kokhalzen niets meer naar boven. Soms komt er uit mijn darmen nog een kleine stroom water. Ik kan niet voorspellen wanneer. Dan druppelen ze na. Ten slotte houdt ook dat op. Ik zit te wachten. Het blijft rustig. Ik ben eindelijk leeg.

Het is of we weer een huisdier hebben. Onze cavia is net twee weken dood. De dierenarts stak een naald in zijn hartje, hij piepte even en werd slap. Misschien heb ik hem niet goed verzorgd, stond hij op de tocht, in zijn kooi op de planken vloer, heb ik zijn water niet vaak genoeg verschoond. Hij kon nauwelijks ademhalen van het slijm.

Nu hebben we een yoghurtplantje. Het is een kwakje yoghurt waar bacteriën in zitten. 's Avonds giet je er gekookte melk bij, twee dagen later heb je yoghurt. Iets daarvan houd je achter en daar giet je weer melk bij.

Wij hebben ons plantje van mijn moeder, die had het hare weer van een vriendin gekregen. Misschien is er in onze kom een druppel aanwezig die al jaren van hand tot hand gaat. Opa Jaspers droeg mijn appeltaart in zijn maag naar het station en viel neer op straat, voor het gebouw waar ooit Wienerwald zat, en daarna In den vergulden Turk. Nu is het een grand café. Met mijn taart in zijn maag zakte hij daar in elkaar. Met mijn taart in zijn maag lag hij opgebaard. Het was zijn laatste eten. Op mijn beurt draag ik in mijn hele lichaam zijn genen, maar aangelengd met die van oma. Ze hadden altijd ruzie.

Het grootste nadeel van een yoghurtplantje is dat je elke keer melk moet koken. Ik vind het een gedoe. Misschien moeten we het plantje laten verhongeren. Dan sterft deze tak maar uit.

Rijstwafels

'Giet jij vandaag de pasta maar eens af,' zeg ik tegen Melissa.

Op de een of andere manier heb ik al de hele vakantie de leiding over het koken. Dat is niet erg, maar afgieten is een rotkarweitje, met zo'n pannengreep en een deksel zonder handvat dat je vast moet houden met de theedoek. Het is knap lastig om de kier zo te houden dat het hete water eruit kan en de penne niet. En hoe voorzichtig je ook bent, altijd vallen er een paar op de grond. We laten door heel Toscane een spoor van pasta achter en het gras om de gemorste penne heen wordt geel. In de pan blijft altijd een laagje kookwater achter. Dat eten we op.

'Heerlijk,' zegt Melissa, als we op onze matjes zitten.

Het was een heel gedoe om al die stukjes olijf om de pitten weg te snijden, en natuurlijk smaakt het nog steeds niet als op het terras in San Gimignano. Met Pinksteren, in Noordwijkerhout, hebben Brigitte en ik voor de tent zelf patat gebakken: aardappelen in repen snijden, in het aluminium pannetje olie verhitten en dan twee keer frituren, uiteraard zonder mandje. Bewerkelijk, en niet speciaal lekkerder dan patat uit de snackbar, maar wel leuk om te doen. Brigitte heeft altijd aparte ideeen. Thuis probeer ik ook voor mijzelf alleen gezond te koken, nu Els een jaar in Engeland woont. In *Aan tafel met Moeder Aarde* staan goede recepten.

'Veeg maar af met de theedoek,' zeg ik tegen Melissa als we bij het kraantje de afwas doen.

Ik geef haar de vettige pan om af te drogen. Warm water is hier niet en ik heb geen zin om de shampoo uit mijn fietstas op te diepen.

Als we terug bij de tent zijn, pak ik mijn notitieboekje. Daarin noteer ik alle schilderijen die ik mooi vind. Italië heeft zo veel schitterende kunst, alleen de mannen zijn pure kitsch. Op het plein in Florence waar tekenaars van elk nieuw model dezelfde afbeelding maakten, sloegen wij de korting voor blauwe ogen af.

We zitten op onze matjes, op de grond. Een terrasje heeft deze camping niet, dus vanavond krijg ik geen Bigusto. Vandaag zijn we, zoals elke dag, een paar keer gestopt voor waterijs voor mij, en cappuccino voor Melissa. En toen we vanmiddag Tirennia binnenfietsten, voerde een spoor ons naar de ijszaak. Eerst zagen we mensen met een leeg ijshoorntje dat ze gedachteloos aten, nu het lekkerste al op was, toen mensen die likten aan hun laatste beetje ijs, dat al niet meer boven de rand uitstak maar er met elke duw van hun tong verder in wegzonk, daarna mensen met een nog ongeschonden bolletje, toen mensen met twee bolletjes, toen mensen met drie. Zo wisten we dat we dicht bij de oorsprong waren: een glanzende *gelateria*. We zetten onze fietsen tegen de gevel en gingen naar binnen. Op het ijs in de roestvrijstalen bakken lagen grote stukken fruit: schijven meloen, stukken mango, hele sinaasappels en citroenen. We aten ieder twee bakjes van tweeduizend lire. Het zou zesenvijftig gulden kosten om van elke smaak een bolletje te nemen.

Nu drinken we onze thee en ik voeg de nieuwe smaken ijs toe aan de lijst die ik daarvan bijhoud. Met die van vandaag erbij zit ik op zestien: chocola (altijd), koffie, citroen, meloen, mango, banaan, nootjes, aardbeien, crème, chocolademousse, kokos, *amarena, arancia, bacia, tartufo*, pistache. Ook de verpakte ijsjes werk ik bij: Jack Lemon, Lemonissimo, Fragola, Split, Goodup, Long John, Calippo Limone, Calippo Arancia, Bigusto, Baby Bigusto, Cornetto, Baby Cornetto, Donald Duck-ijsje, Coppa Vaniglia-Cacao, Granite, Cornetto Amarena, Coppa al Caffè, Capriccio, Coppa dei Campioni. Overdag waterijs voor de dorst, 's avonds roomijs als toetje.

Ik sla de pagina om en noteer de kilometers van Volterra naar de kust. Ik schrijf er niet bij dat ik liever daar was gebleven, of waar dan ook in het binnenland. Het strand is hier met hekken opgedeeld en er is maar één opgang waar je niet hoeft te betalen. In Siena mochten mensen met korte broeken en blote armen niet in de kathedraal. Ik had mijn zwarte jurk aan, die waarvan Melissa zegt dat ik er hartverscheurend mooi in uitzie. Dat is leuk om te horen, maar ik heb Els al. Met mijn sjaal als een stola om mijn schouders mocht ik de dom binnengaan. Melissa, in haar korte broek en hemdje, werd geweigerd. Grote vlaggen hingen van het plafond naar beneden.

'Het is meer een ridderkasteel dan een kerk,' zei ik, toen ik na een snelle ronde, met het altaar als keerpunt, weer buiten kwam.

Aan deze warme kust ben ik degene die niet binnen mag. Ik weet niet waartoe het strand mensen toegang geeft en wat voor poort de zee is. Melissa zegt dat mijn huid zo gaaf is. Daar heb ik nooit op gelet. Ik voel mij thuis in de donkere, koele kerken.

Zodra ik de buitendeur hoor slaan, loop ik naar mijn kast. Het is of ik een koelkast opendoe, zo veel kou komt er van achter de deur vandaan. Er gaat alleen geen lampje aan. Daar staat hij, onder een stapel wetenschappelijke artikelen over ironie. Vorige week, op Els' tweede werkdag, ben ik hem gaan kopen. Opeens was ik niet meer bang.

Ik sta naast de gaskachel. Een meter verderop voel ik de kou. Door mijn kamer lopen is als te vroeg in het voorjaar zwemmen in zee, met flarden opgewarmd water en koude onderstromen die opeens je kuiten grijpen. Het raam doet een uitval als ik dichtbij kom. Els treft het niet: het is een extreem koude winter en zij moet huis aan huis meterstanden opnemen. Ze heeft het geld nodig voor haar studie. We staan nu tenminste eens vroeg op.

Buiten is het nog donker. Ik kleed mij weer uit. Ik heb geen gordijnen, maar dat is niet erg, want ik kijk uit op blinde muren. Mijn kleren leg ik op het bureau. Ik voel of hij stabiel staat, want de vloerplanken zijn ongelijk en dat kan zo een kilo schelen. Nu is alles klaar. Ik ben net nog naar de wc geweest en de naald staat op nul.

Het is zover.

Eerst plaats ik voorzichtig mijn linkervoet, dan mijn rechter. De opstap moet beheerst zijn: dat heb ik intussen wel geleerd. Onder mijn voetzolen voel ik de ribbeltjes van het witte plateau. De fabrikant wil niet dat ik uitglijd. Dat is sympathiek. Ik houd mij stil. Tot de naald zijn rustpunt heeft gevonden mag ik geen beweging maken. Ik wacht en zie het zwaaien. Ja, daar, nee, niet daar. Rad van fortuin. Dan eindelijk de uitslag. Gelukkig. Drieënzeventig en een half. Een halve kilo minder dan gisteren.

Geen kilo. Het valt mee en het valt tegen.

Ik stap af en kniel. Met mijn vinger op de stelknop beweeg ik de naald heen en weer. Eerst blijft hij rechts van de nulstreep hangen. Dat is niet goed, dan word ik alleen maar zwaarder. Ik verschuif hem. Nu komt hij links van de nul uit, dat is niet eerlijk. Eindelijk heb ik hem waar hij moet zijn.

Weer stap ik op. Ik hoor het geluid als van een veer die wordt uitgerekt en dan abrupt losgelaten. Hij zoekt zijn ruststand. Het duurt lang voor de klank is weggeëbd. Op mijn bureau liggen de scripties van mijn werkgroep Stilistiek. Die moet ik vanmiddag nagekeken hebben. De machines van de copyshop zijn nog niet aan. Straks is het hier weer een herrie.

Het is stil. Ik kan kijken. Als ik het niet dacht. Drieënzeventig.

Elke beweging van mijn pols is in mijn bovenarm te voelen. Mies en Klara hebben een elektrische citruspers, wij doen het met zo'n ding van plastic. De richeltjes zijn niet scherp en het gootje loopt al bij de tweede fruithelft over. Steeds moet ik sap overgieten in mijn glas. De uitstulpingen die de pitjes moeten tegenhouden doen dat natuurlijk niet. De pitjes storten zich in het glas alsof ze een bommetje doen. Ik probeer drie keer in de week te zwemmen. Vroeger, op de Klikspaanweg, schoten we 's ochtends in onze badjas, en dan zo in een oude eend naar De Vliet. Als ik terug was had ik zin om weer naar bed te gaan.

Ik pers een Cubaanse sinaasappel en een grapefruit uit. 'Crêpe' schrijven ze op de schoolbordjes bij onze fruitkraam. Het is een hypercorrecte verbastering: vervorm Engels dat je niet begrijpt tot Frans dat je bekender voorkomt, zet als puntje op de i een dakje op de 'e'. Het fruit doe ik altijd het laatst, na de Turkse kraam waar ik feta koop, en olijven, tomaten en aubergines, en plat Turks brood. Eén grapefruit en één Cubaanse pers zijn samen zo'n tachtig calorieën. Voor de zekerheid noteer ik straks dat het er honderd zijn. Ik spoel de citruspers snel af, anders krijg je die flintertjes vruchtvlees er nooit meer af.

Het water kookt. Ik gooi een handje pepermuntblad in de thermoskan en schenk het water erop. Pepermuntthee geeft een schoon gevoel van binnen; zo schoon dat je nooit meer zou willen eten. Maar dat is niet verstandig. Ik zet de thermoskan op mijn bureau, dan kan ik een paar uur blijven zitten. Als ik straks pauzeer, neem ik de eerste twee van mijn rijstcrackers. Ze zijn gezond en geven maar twintig calorieën per stuk. Met een pak per dag betekent dat vijftien keer eten en toch maar driehonderd calorieën. Het duurt lang voor je bij de laatste bent. Ik eet ze met cottage cheese, dunne plakjes Maaslander of Paturain Light. Handig dat ze dat hebben tegenwoordig, dingen met bijna geen vet erin.

Vanavond zijn Els en ik aan de beurt om te koken voor onze vaste eetafspraak. Elke woensdag eten we met Tijmen en Josje. Ik wil een lichte maaltijd maken, maar zonder dat het opvalt. Niemand hoeft te weten dat ik bezig ben. Tahoe-omelet zou kunnen, met rijst en chilisaus, en groente. Of kabeljauw uit de oven, met bouillon en witte wijn om die in gaar te stoven. Dat kan net zo goed zonder klontjes boter. Uientaart doe ik voorlopig niet: in het deeg alleen zit al driekwart pakje boter, en er moet ook nog kaas en ei doorheen. Ik ben altijd verbaasd hoe zoet uien worden als je ze heel langzaam zacht laat worden.

Linzensoep is prima; als hij niet te dik is, kan ik een gewone portie nemen.

Misschien ben ik morgen dan wel zeventig half. Of zeventig.

Ik heb nog nooit duivenbiefstuk gegeten. De twee stukken liggen op mijn bord als kleine organen, in een cirkel ondoorzichtige, dieprode saus. Heel anders dan het boterbloed waar ik vroeger als wij thuis eens gewone biefstuk aten, mijn brood in doopte. Daar schemerde het bord doorheen, hier ligt de saus als een dieprood zegel op het porselein.

Jan eet kalfstong. Die is vast zacht van smaak en een delicatesse, maar ik moet er niet aan denken op iets te kauwen wat aanvoelt als een tweede tong. Ik neem een slok van mijn Perrier. Die is nog lekkerder dan spa rood.

Dit restaurant is vroeger een loods geweest. Vier gangen kost honderd gulden. Zo veel geld heb ik nog nooit gespendeerd aan eten. Deze winter, toen we op zaterdagen in het verlaten faculteitsgebouw aan de congresbundel werkten, haalde Jan tussen de middag broodjes krabsalade voor ons. Het was zijn voorstel om vandaag naar Het Loo te gaan en ook nog in Amsterdam te eten. Dat had niet gehoeven, ook al is de bundel nu uit na al ons harde werken. Je hoeft hier niet zelf op te scheppen. Ze geven je per gang een bord met iets erop, en dat is het dan.

Na het dessert neemt Jan espresso. Ik wil thee. De ober houdt een grote houten doos voor mij open. Je verwacht dat er sigaren in zullen zitten, maar het is een soort knopendoos, met vakjes voor de theezakjes erin. Ik mag kiezen uit verschillende soorten. De ober wacht. Snel neem ik Irish Breakfast Tea. Dan bedenk ik dat het helemaal geen ochtend is. Mijn spijkerbroek is te warm, mijn blauwe katoenen bloes, met de luxaflexplooien aan de voorkant, te gewoon. Ik had iets anders aan moeten doen, iets wat ik niet heb, iets wat ik nooit zou kopen. Toch is Jan aardig voor mij.

Het theezakje zit in een groen envelopje. Ik open het, verfrommel het en doop het theezakje in mijn kopje. Het groene labeltje hang ik achter het oortje, zodat Jan het niet ziet. Alweer niet slim, want eigenlijk moet ik het kopje nog een halve slag draaien. Dan dit keer maar met rechts. Mijn moeder heeft met die hand zelfs leren schrijven.

De ober komt nog een keer terug. Jan kent hem: elke keer dat hij iets serveert praten ze even. Hij zet drie soorten suiker op tafel, wit, bruin en kandij, en chocolaatjes. Mijn vader houdt ervan om brokken kandij te eten, als snoep.

'Als je scriptie af is, stel ik je hier op de vakgroep voor,' zegt Jan. 'Misschien kun je in Amsterdam promotieonderzoek gaan doen.'

Zonder hem was ik geen student-assistent geworden. Hij vroeg me te solliciteren, vier jaar geleden, in de koffiekamer van de vakgroep. Alle literatuur voor mijn scriptie heb ik van hem gekregen. Het tegengestelde bedoelen van wat je zegt: zo simpel als het woordenboek het zegt, ligt het niet, met ironie. Daar ben ik wel achter.

We vragen om de rekening. Ik wil de helft betalen, ook al heb ik nauwelijks van de wijn gedronken. Jan heeft zo veel voor mij gedaan. Ik ben ook een paar keer bij hem thuis geweest. Hij heeft alleen koffie in huis, en wijn. Zelfs ontbijten doet hij buiten de deur.

Het is beter om niets overbodigs in huis te hebben. Toch neem ik een wagentje. Door het metalen vlechtwerk heen zie ik de vloer: gele tegels, grijze groeven. Mijn moeder komt koffiedrinken. Ze belde of dat goed was. Ik moet eigenlijk aan mijn scriptie werken, maar ze is zo blij als ze mag komen.

'Ik ben alleen wel aan het sapvasten,' zei ik.

Dat schijnt heel gezond te zijn en het is maar voor een week. Dat ik al maanden op dieet ben weet niemand. Als mensen zeggen dat ik ben afgevallen, doe ik of ik dat zelf niet heb gemerkt.

'O ja?' zeg ik dan.

Als je bent afgevallen, was je eerst te dik.

Sommige mensen beweren dat ik mager begin te worden, maar dat lijkt me overdreven.

Op de broodafdeling vraag ik om één moorkop. Voor Els hoef ik niets te nemen; zij volgt een rijstdieet, op doktersvoorschrift. Het is een rare bestelling, één gebakje. Ik wil zeggen dat het voor mijn moeder is, niet voor mij, maar dan vestig ik er zo de aandacht op. Dan zou ik het zelf ook niet meer geloven als ik achter de toonbank stond.

Uit een grote mand pak ik twee voorverpakte kaiserbroodjes. Ik kan mijn moeder moeilijk dat hele eind terug laten fietsen zonder lunch. Als ik nu naar mijn ouders toe ga, neem ik liever de bus. Ben je weer met de bus gekomen, zegt mijn vader dan, kun je dat roteindje niet fietsen? Die bus is een crime. Ik ben altijd wagenziek.

Een vrouw naast mij knijpt in een pakje muffins. Ze duwt de *chocolate chips* naar binnen, maar besluit ze niet te nemen. Lekker is dat. Haar hand gaat naar een doosje donuts. Als je daarvan begint te eten, houd je nooit meer op. Dat zachte, natte glazuur is heerlijk, terwijl ik verder toch niet dol ben op dat hele zoete. Oliebollen en kerststol eet ik het liefst zonder poedersuiker. Ik houd ook niet van biscuitjes met suikerkorrels op een laagje cacaofantasie. Die zitten er alleen om het gebrek aan chocola te verhullen.

De vrouw doet de donuts in haar wagentje. Ja hoor, dat kan er nog wel bij. Hij staat al vol met flessen frisdrank à zeshonderd calorieën per stuk. Voor erbij heeft ze een paar balen chips ingeslagen. De zakken zijn gestapeld als potaarde op een pallet bij het tuincentrum. Daarnaast liggen witkartonnen schaaltjes met voorgesneden vleeswaren onder cellofaan: boterhamworst, ham, salami. Het is een staalkaart van de kleuren die vet kan hebben. Je mag kiezen met welke tint je jezelf wilt behangen. Bij haar zitten er heel wat lagen op.

Gelukkig dat ik geen enkele aanvechting voel. De laatste tijd ga ik graag naar de Digros. Ik heb bijna niets nodig en dat maakt mijn gang tot een triomftocht, met de schappen als hindernissen die ik gemakkelijk neem. De finish ligt bij de kassa's, waar alle andere mensen, met hun volgeladen wagentjes, de verliezers zijn. Het is de derde dag van mijn sapvastenkuur. Brigitte zei dat het steeds lekkerder gaat voelen. Dat klopt: ik moet er niet aan denken om zoete deegwaren te eten, of vet. Alsof je gedempt zou worden met zand en dichtslibt met bagger. Het is heerlijk om dat niet te willen.

Bij de vleeswaren neem ik speciaal voor mijn moeder filet américain. Mijn ouders eten dat niet vaak, want mijn vader wantrouwt rauw vlees. Ik pak ook een blikje zalm. Met de yogonaise uit onze koelkast maak ik daar zalmsalade van. Voor mezelf zal ik als lunch twee sinaasappels uitpersen.

Voor de zekerheid koop ik een pak Zontomaatje, want laat in de middag wordt het moeilijk. Gisteren kwam ik op het idee om dan tomatensap op te warmen. Dat is best lekker en het lijkt op soep. Verder heb ik niets nodig. Rijstwafels, tuinkruidenbouillon en yoghurt heb ik genoeg, alvast voor als ik dinsdag weer normaal ga eten. Ik neem ook nog een fles spa rood.

Op de zuivelafdeling valt mijn blik op de plastic halveliterpotten met pap: havermout, rijstepap, karnemelkse gortepap. Die kun je nog steeds kopen. Ik vind gortepap best lekker, hij is een beetje zuur. Ik krijg er trek in als ik een griep onder de leden heb, dat is zo'n beetje het eerste symptoom. Anders taal ik er niet naar. Ik loop snel door.

De vrouw voor mij bij de kassa heeft haar wagentje vol. Wat kunnen mensen toch een troep in huis halen. Ze begint pas met inpakken als ik al lang en breed aan de beurt ben. Voor mijn boodschappen is achter de kassa geen plaats meer. De caissière duwt met de scheidingsbalk de massa opzij. Ze moet flink kracht zetten. Aan mijn kant komt een klein stukje band vrij. Dat is genoeg.

Gegeten heb ik al. Geen rotzooi: rijstcrackers, bouillon met champignons en twee bakjes luchtige kwark. Die heb ik pas ontdekt. Ze zijn honderdtwintig calorieën en ik eet ze met een theelepeltje. Ik maak geen japen in het witte vlak, maar werk laagje voor laagje naar de fruitmoes op de bodem toe. Op die manier daalt het peil van de kwark alsof er een bad leegloopt. Uiteindelijk schemert het rood van de aardbeienpulp door het wit. Vaak eet ik die niet op, dat scheelt zo twintig calorieën.

Het is een avond om door de weilanden te fietsen of een wandeling in Amelisweerd te maken. Of ik ga werkstukken nakijken op het balkon. Ik zou ook mijn derde hoofdstuk kunnen overtypen. De bladzijden zijn zwaar en stijf van de herziene alinea's die ik over oude passages heb geplakt. Her en der zitten klodders Tipp-ex, gebarsten als opgedroogde modder. De correctietoets op mijn nieuwe Olivetti is handig, maar daar red ik het niet mee. Je blijft zien dat er eerst iets anders stond.

Ik leg mijn horloge op Brigittes keukentafel, zodat ik weet hoeveel ik haar verschuldigd ben. Tien over acht. Ik draai het nummer.

'Ik heb het al aan allerlei mensen verteld, van je afstuderen,' zegt mijn moeder. 'Nu moet ik gaan zeggen dat het pas september wordt.'

Weer heb ik haar teleurgesteld. Ik huil. Dat doe ik anders nooit.

'Nou ja, zo erg is het nou ook weer niet,' zegt ze. 'Word eerst maar weer eens rustig.'

Ik noteer de drie minuten, onder 'avondtarief'. Voor mijn afstuderen wil ik Moon en mijn ouders, Els' ouders, oma Oosting en oma Jaspers mee uit eten nemen, naar een echt goed restaurant, een gelegenheid waar ze anders niet zouden komen, waar het eten niet Chinees is. Misschien vinden ze dat ook weleens leuk, al krijg je er geen grote porties voor weinig geld. Maar als ik betaal is dat geen bezwaar. Wanneer mijn ouders bij mij eten zegt mijn vader nooit dat hij het lekker vindt.

Het is hier doodstil. Als ik nu boodschappen ga doen, kan ik het hele weekend ongestoord werken. Thuis werd ik gek van de machines van de copyshop. Met mijn rugzakje om loop ik naar het winkelcentrum. In het wagentje verzamel ik mijn gewone, gezonde dingen. Ik neem acht bakjes luchtige kwark.

Uit de diepvries haal ik een pak spinazie. Dat vult lekker: vierhonderd gram en er zit toch bijna niets in. Het duurt alleen een eeuwigheid voor zo'n groene baksteen in de pan een plasje fijngehakt blad is geworden. Nooit denk ik eraan spinazie 's ochtends uit het diepvriesvak te halen om die op een bord op het aanrecht neer te zetten. Ontdooien vergt een vooruitziende blik en die heb ik niet. Stom, want het is een lekker gevoel om zo'n slap, nat pak vast te grijpen, open te maken en de papperige spinazie in de pan te laten glijden.

Mijn vingers blijven een moment aan het wit uitgeslagen karton kleven. Ik trek ze los. Ze pakken opnieuw iets kouds, van twee vakken lager. Ik weet dat het niet verstandig is. Ik doe het toch.

Ik rijd naar de kassa. Er staat niemand voor me. Het wisselgeld komt snel. Het huis is dichtbij. Brigitte woont op de eerste. De deur zit niet op het nachtslot. Ik loop naar de keuken. De gang is kort. Ik leg de kwark, de cottage cheese, de groente en de yoghurt in de koelkast. Het past met gemak, hij is bijna leeg. De rijstwafels en kruidenbouillon zet ik op het aanrecht. Dat is al met een doekje afgenomen. Ik schuif de spinazie in het vriesvak. Dat is pas nog ontdooid.

Het ijs blijft op de keukentafel staan. Ik kan best een toetje eten, zo veel heb ik vandaag nog niet gehad. Duizend, op zijn hoogst.

Het deksel kraakt als ik het lostrek. Ik pak een lepel uit de la. Ik schep een portie in een schaaltje. Dat gaat niet gemakkelijk: het ijs is nog hard, ik moet bikken om er iets uit te krijgen. De lepel buigt een beetje door. Ik zet de plastic bak terug in het vriesvak en eet terwijl ik in *Allerhande* blader. Brigitte kookt altijd van recepten uit *Vrij Nederland*. Als ik bij haar ben, zitten we lang aan tafel en pikken we stukjes stoofpot of pasta uit de pan, gewoon met onze vorken, soms met onze vingers. Ze zegt weleens iets over naar de wc gaan: of het gemakkelijk gaat of niet. Ik weet nooit wat ik daarop moet zeggen. In mijn familie praat je daar niet over.

Als mijn portie ijs op is, open ik weer het vriesvak. Ik schep nog eens op. Het deksel hoeft niet goed te sluiten. Ik zet het terug. Weer wordt mijn mond heerlijk ingesmeerd met zoet. Ik kijk in de VPRO-gids of er iets op de tv komt.

De bak is voor tweederde leeg. Het slaat nergens op om nu te stoppen. Ik pak hem uit het vriesvak, licht het laatste blok ijs eruit en kieper dat in mijn schaaltje. Brigitte heeft mooi aardewerk. Ik lees in haar *Op pad*. Ze is op fietsvakantie.

Het ijs is op. Mijn maag voelt koud aan, en vol. Morgen ben ik vast aangekomen. Ik heb mijn weegschaal meegenomen in mijn nieuwe Karrimor-tassen, toen ik uit Leiden naar Utrecht kwam fietsen. Het ging zo goed. Nu is het verziekt. Soms droom ik dat ik enorm veel chocola heb gegeten. Als ik wakker word ben ik opgelucht.

Dit is echt gebeurd.

Ik duw de lege ijsbak in de pedaalemmer, onder de grapefruitschillen, en loop naar de wc. Voor heel veel dingen ben ik links, maar hiervoor blijkt mijn andere hand het beste. Intuïtief weet ik dat ik dit met rechts moet doen. Ik strek mijn middelvinger. Hij is lang genoeg, ik voel hem achter in mijn keel. Hij strijkt over een stukje zacht, nat vlees. Dan komt het. Het welt op uit mijn maag. Een golf wordt opgetild en omhooggevoerd, tot hij over de rand van mijn keel stort en over mijn tong naar buiten wordt geduwd. Die wordt langer, breder. Een nieuw soort likken.

Ik hoor plonzen. Mijn ogen tranen. In de laag water die op het plateau van de wc-pot staat, vormen zich eilanden van dikke, witte vloeistof. IJs is vloeistof. Daarom komt het er zo gemakkelijk uit. Dat is goed om te weten.

Thee met melk

Mijn oude metalen rek staat op de gang, sinds we de hele bovenverdieping hebben. Ik trek de plastic wasmand met vaat naar mij toe. Het is een goede avond om de afwas van vijf dagen weg te werken. We hebben geen schone kopjes meer, en nog maar twee yoghurtbakjes. Els eet bij een vriend. Toen we pas samenwoonden spraken we af dat we niet hoefden te bellen als we onverwacht ergens bleven borrelen of eten. Was je er niet rond een uur of zes, dan moest de ander ervan uitgaan dat het laat zou worden. Maar dat is een vorm van vrijheid die alleen werkt in theorie. Dus tegenwoordig bellen we even, hoe burgerlijk dat ook is.

Boven op alle borden en schaaltjes in de wasmand ligt de plastic kom van mijn keukenweegschaal. Die moet ik extra goed afwassen. Ik spoel hem altijd om in de wastafel van mijn studeerkamer, maar dat is niet genoeg, al gebruik ik hem niet om mee te koken. Recepten maak ik op de gok. Ik weeg geen ingrediënten.

Als ik beneden in de keuken de eerste lichting vaat in het teiltje met warm water heb laten glijden, loop ik de trap weer op. Er staat nog een dienblad met afwas boven. Van de bovenste plank van het rek pak ik alvast de ingrediënten voor de lasagne. Dat is nu ons favoriete gerecht als Melissa en ik samen eten. Het heeft zelfs onze Toscaanse penne met olijven verdrongen.

Ik pak twee blikjes tomatenpuree en open ze met onze goede blikopener. Die houd ik hier, sinds ik Piet er in de keuken een blik cornedbeef mee zag openmaken. Met de dekseltjes omhoog zet ik de blikjes tomatenpuree tussen de pannen en de gestapelde ovenschalen. Ik wurm het pak met de lasagnebladen ertussen, en leg in de bovenste ovenschaal een netje uien. Dat kan geen kwaad. De restjes linzenpaté zijn ingedroogd.

Het dienblad is loodzwaar, ik kan het maar net in evenwicht houden. In elk van de pannen staat een laag water. Zal ik ze eraf halen en een keer extra lopen? Je zult zien dat ik naar beneden lazer. Het is een enge trap, zeker als je niet ziet waar je je voeten neerzet. Het kleed is glad en afgesleten. Zoiets had oma Oosting vroeger ook. Ik moet weer eens gaan, op zondagochtend. Krijg ik van die ouderwetse sinaasappelchocolaatjes. Zijn die nou vies of lekker?

De onhandig gestapelde ovenschalen, grotere boven op kleinere, schommelen bij elke stap. Ze tikken als klokken, steeds als ze met elkaar in botsing komen. Het is hun wankeling die alles in beweging zet. Vlak voor ik val weet ik dat ik ga vallen.

In de bocht van de trap kom ik tot stilstand. Het blad ligt voor mij op de grond. Bij de telefoon van Piet ligt een van mijn oude blauwe pannen op zijn kant op het zeil, in een troebele plas water. Het melkpannetje van oma staat op de loper, in het midden van een cirkel in het patroon, alsof dat een kookplaat is.

Ik kijk omhoog. Op de muur zijn overal rode spatten. Het lijkt of ik gewond ben, maar dat is niet zo. Zonder moeite sta ik op, ik heb nergens pijn. Met sinterklaas hadden Els en ik voor Mies en Klara een namaaktheorie-examen voor het rijbewijs gemaakt. In de stad namen we dia's van verkeerssituaties. We verzonnen er multiplechoicevragen bij, met bizarre antwoordmogelijkheden. De laatste dia's hadden we in scène gezet. Dramatisch hoogtepunt: Els over de motorkap van een auto, met overal tomatenpuree. En een vraag erbij over voorrangsregels.

Deze val is eigenlijk net zoiets. Het lijkt veel erger dan het is.

Een frituurpan is er niet in dit huisje, een schuimspaan ook niet. Ik vind olie eng, je weet nooit hoe heet hij is. Als ik met Oud en

Nieuw oliebollen en appelflappen bak, gooi ik een stukje witbrood in onze pastapan. Vormen zich trosjes met belletjes, dan is de temperatuur goed.

Dit jaar heb ik dat niet gedaan, omdat we in Engeland waren. Van de week kregen Els en ik de foto's opgestuurd. Die peperden het mij nog eens in: steeds zag ik mijzelf zitten eten. Kerstdiners, *afternoon tea* met scheuten volle melk erin, scones, *cheesecake*, sandwiches erbij. Alleen de *christmas cake* was al een aanslag: een zwarte massa samengeperst fruit met een voor voedsel bizar hoog soortelijk gewicht, en een vingerdikke laag *icing* erop. Zonder het nieuwe begin, de schone lei van het overgeven, wist ik niet waar het einde van het eten lag, wanneer ik genoeg had, wat een gewone portie was. Sinds we thuis zijn gaat het weer beter. Daar heb ik mijn routine.

De borden en het bestek heb ik net even afgespoeld. Ik weet dat het symbolisch is, een doop haast, maar ik voel me beter als ik het doe. Bij een paar vorken vond ik harde stukjes tussen de tanden. Met mijn nagels, voor zover je daarvan kunt spreken, heb ik die eraf gekrabd.

Het oppervlak van de olie begint te rimpelen.

'Volgens mij kunnen ze erin,' zeg ik tegen Mark.

Met zijn handen schept hij de aardappelkroketjes uit de plastic zak. Nu zijn ze nog keihard, met een bobbelige buitenkant in een onnatuurlijke kleur oranje. Voorzichtig laat hij ze in de olie vallen. We horen hoe die sissend oprijst in reactie op de ijskristallen, door de afkoeling een moment verstomt en dan gelijkmatig begint te sputteren. De anderen zitten in de kamer.

De pan is vol en de aardappelkroketjes botsen op elkaar als bootjes in een drukke jachthaven. We hadden het frituren beter in twee keer kunnen doen.

'Ho,' zeg ik, als er damp van de olie begint te slaan.

Ik draai aan de knop.

'De andere,' zegt Mark.

Die Belgen doen alles anders dan je verwacht.

'Nee, lager,' zegt Mark.

We lachen. Ik temper het vuur. Op dat moment word ik getroffen. Uit de hete olie komt een vloeibare pijl naar boven. Hij raakt mijn ooglid. Dat heeft zich in een reflex over mijn oog laten vallen. Opofferingsgezind.

De pijn verdringt alles. Hier ben ik. Ik ga nooit meer weg. Mijn ooglid voelt alsof het is afgesneden, als lekkernij gefrituurd en teruggelegd op mijn oog: een stukje knapperig, opgekruld vlees, uitgebakken bacon. Mark leidt me naar de kamer en zet me in een grote fauteuil. Het steken en branden wordt steeds erger. Geef me aandacht, al je aandacht, zegt de pijn.

'IJs,' zeg ik.

Ik maak haast met het uitspreken, zelfs van dat korte woord. Mark rent naar de koelkast en haalt de zak Parijse aardappeltjes uit het vriesvak. Hij wikkelt die in mijn kampeertheedoek en legt hem voorzichtig op mijn oog.

'Is dat beter?' vraagt hij.

'Ja, heerlijk,' zeg ik.

Met mijn goede oog zie ik dat de andere jongens de keukenkastjes doorzoeken. Een kreet, en ze houden twee bakjes omhoog. Snel worden die gevuld en in het vriesvak geschoven. IJsblokjes zijn in de maak, voor als de Parijse aardappeltjes gesmolten zijn. Hun kou overschreeuwt de brandende pijn. Een moment is dat fijn, dan ontstaat een andere pijn. Mijn oog bevriest. Je kunt niet aan mij ontsnappen, zegt de pijn. Ik heb vele gedaantes.

'Een natte lap,' zegt Mark.

Hij houdt mijn theedoek onder de koude kraan en legt die voorzichtig op mijn oogkas. Ik duw de stof aan tot hij precies om mijn oog heen valt en elk stuk huid bedekt.

'Ja,' zeg ik.

De pijn wordt draaglijk. Ik ontspan. Het duurt een moment, dan is de frisse kou van de theedoek weg. De lap wordt lauw en laf, net zo warm als ik. Als ik niet oppas, gaat hij mij zelfs verhitten, zal ik verbranden. Ik blijf bij je, zegt de pijn.

Mark pakt de theedoek en loopt naar de kraan. De pijn neemt

toe alsof er aan een knop wordt gedraaid. Dan is er het moment dat hij de koele, natte stof weer op mijn oog legt.

De vier jongens zitten in de diepe fauteuils om mij heen. Ze praten over de nieuwe formule voor ons coc-clubblad, roepen ideeën voor rubrieken, lachen. Homomannen zijn ontzettend leuk. Ik geef mij over aan de omloop van pijn en verlossing. Als een kind dat laat op mag blijven in de verlichte kamer, luister ik naar het gesprek. Ik ben welkom. Ik hoef niets te doen.

Steeds precies op tijd staat Mark op en houdt de theedoek onder de kraan. Zijn afwezigheid is pijn. Dan is er het moment van opluchting. Hij is terug.

Bij alles wat ik doe voel ik het likken van het hoge gras: natte halmen proeven van mijn benen als ik met haringen om de tent loop, en van mijn handen als ik de scheerlijnen span. Het is laat, het heeft de hele dag geregend en we vonden alleen deze camping, die nog niet open is. Het gras is sinds vorige zomer niet gemaaid.

'We gaan niet meer zelf koken, hoor,' zegt Brigitte.

Zij komt altijd als eerste aan, boven op een pas, ik ben tweede, dan komen de anderen. De tenten staan. Ik doe mijn joggingbroek over mijn fietsbroek aan, weg zijn de natte tongen. Els ritst onze tent dicht, we stappen op. Nog voor we bij het volgende dorpje zijn zien we langs de weg een *auberge*. We juichen.

'Ik heb me toch een honger,' zeg ik.

Er zijn geen andere gasten in het restaurant. We krijgen de grote tafel in het midden. De man zet kannen water neer en brengt een mand met stokbrood. We vallen er meteen op aan. Het brood is een beetje taai, maar dat maakt niet uit. Als de *patron* onze bestelling op komt nemen, is de broodmand al leeg. Hij lacht, de dames hebben kennelijk honger. Dan zijn ze hier aan het goede adres.

We hoeven niet te kiezen wat we willen eten, want zo vroeg in het seizoen is er maar één menu. Brigitte vraagt waaruit de gangen bestaan. Ik luister niet, ik zal het wel zien.

Ik verplaats mijn waterglas naar links. We toosten op de lange fietsdag en de welverdiende maaltijd. Er wordt een nieuwe mand met brood neergezet en we krijgen elk een bord met een schijf meloen. Ondanks alles wat er speelt sinds het weekend in België, is het een goede vakantie. Het helpt natuurlijk dat Els en ik niet alleen zijn. Ik drijf mijn lepel in het harde vlees van de meloen en duw en draai tot er een stukje loskomt.

'God, wat is dit lekker,' zeg ik.

Als we de meloen op hebben zet de man een grote schaal neer, met plakken vleeswaren erop. Ze liggen half over elkaar heen. Ik eet gewoon van alles mee. Er is pittige salami, een soort gekruide boterhamworst en gerookte ham die leerachtig aanvoelt, maar lekker zout is. We beleggen ons stokbrood ermee. Met mijn tanden scheur ik stukken los. Op de avond dat ik thuiskwam uit Schotland had Els gerookte zalm voor mij gekocht, als welkom. Die is ontzettend duur. Dat maakte het nog erger. Met Gareth beklom ik de Ben Nevis. Hij kende de route, ik hoefde hem alleen maar te volgen. Bovenop lag sneeuw.

'Dit hebben we verdiend,' zeg ik.

Voor morgen heeft Brigitte drie passen gevonden om overheen te gaan. De man blijft eten brengen. Het hoofdgerecht is kip met frites.

'Wel vet,' zegt Brigitte.

Ik vind het niet leuk dat ze dat zegt. Natuurlijk is het eten in restaurants niet altijd van topkwaliteit. Ook ik proef het verschil tussen de satésaus van Kwantung en die van Surakarta. Maar als ik toch eens een keer naar de Chinees ga, zeg ik niet dat het niet lekker was. En ik denk het ook niet. Je bent tenslotte voor je plezier uit eten.

Als toetje krijgen we dikke kwark met een kwak bessenjam erin. Net als we denken dat het daarmee afgelopen is, brengt de man weer een mand met brood en allerlei soorten kazen. Ik hoorde eens een verhaal over Nederlanders die argeloos zo'n hele plank leegaten. Ze dachten dat het allemaal voor hen was.

'Wat leuk, allemaal regionale kaasjes,' zegt Els. 'Ik ga van elk een stukje proeven.'

Ze haalt me de woorden uit de mond.

Ik drijf tussen Aranmore en Dunglow. Ik weet niet waarom ik het eiland verlaat. Is het een proef die ik mijzelf opleg? Ik zie het vissershuisje en de muur waarachter ik de picknicktafels weet. Daar zit Dawn nu alleen. De laatste vier dagen zaten we naast elkaar op de plank die uitzicht gaf op zee, als het niet regende. We keken naar het vasteland en dronken sterke thee met melk. Na drie bekers is het of je een maaltijd op hebt. We praatten aan één stuk door.

's Middags wandelden we naar de achterkant van het eiland. We zaten onder aan de trap die in de rotsen is gehakt. Het water spatte op de onderste tree, waar wij onze voeten hadden neergezet, als ornamenten. Hoog boven ons stond de vuurtoren. Toen ik langs de oostkust van Noord-Ierland fietste, ving ik een glimp op van Schotland. Ik had kunnen oversteken, naar Gareth kunnen gaan. Van Larne naar Stranrear gaat een boot. Maar ik nam hem niet. Ik rondde de noordkust en nam het veer naar Aranmore. Aan de kade borgen ze net de lijken van drie toeristen die dronken in een bootje voeren, in de nacht.

Nu vaart het eiland van mij weg. Dawns rode sweater is als een achterlicht. Rechts van de aanlegsteiger is de pub waar Dawn en ik Bailey's dronken. Dat is een vloeibare bonbon. Zo vind ik alcohol wel te zuipen.

Het eiland wordt kleiner en blauwer, het vasteland is groot en groen. We leggen aan. Ik rijd door de straten van Dunglow en stop bij de Spar. Ik heb eten voor vanavond nodig, voor onderweg. Het is vijftig mijl naar Glencolumbkille. Dawn is daar ook geweest. Nu blijft ze overwinteren op Aranmore, om te schilderen. In Amerika had ze een goede baan, werkte hard, verdiende veel geld. Ze moet herstellen van haar chronische vermoeidheid. Ze is heel zwak, dat merk je goed.

Het is een steile klim, het dorp uit. Ik stop en hijg, mijn fiets tussen mijn benen, mijn hoofd omlaag, even rustend op het stuur. Zo staand, langs de kant van de weg, eet ik het pak wafels leeg. Het is goed om ergens op te kauwen. Biscuitjes heb ik ook. Ik bijt hard in de McVities, vermaal ze, de een na de ander. Het zijn er zo veel dat ze zich niet laten tellen. Ik eet door en wacht op het moment, op tweederde van de rol, dat ik niet meer wil, maar toch verder moet om hem op te krijgen, om te weten dat er een einde is, en waar ik dat kan vinden. Ik zet door, versnel. Het laatste biscuitje.

Nu kan ik opnieuw beginnen.

Ik verfrommel de verpakkingen, prop ze zonder af te stappen in mijn linker achtertas en stap op. Britse en Ierse wegenbouwers doen niet aan haarspeldbochten, Fransen en Italianen wel. Ik kom niet snel vooruit. Even verderop, halverwege de top, staat de ruïne van een boerenhuisje in het kale landschap. De dikke muren zijn steenhopen geworden. Een dak is er niet meer, alleen nog een geraamte van verweerde balken die weer op takken zijn gaan lijken. Ik leg mijn fiets in de berm en ren erheen. Het is net op tijd. Ik geef over en heb diarree. Over de weg rijdt een auto. Ik hoop dat de restanten van muren mij verbergen. Het miezert. Ik heb mijn felgele regenjack aan. Ik ben ziek.

De regen blijft vallen. Ik sta op en ga terug naar mijn fiets. Pollen hei lijken valstrikken die zich om mijn enkels klemmen, mij beentje lichten. Vossen knagen hun eigen poot af om los te komen. Als een surfer die zijn zeil uit het water hijst trek ik mijn fiets omhoog. Ik neem een paar slokken water uit mijn bidon, om de zure smaak weg te spoelen. Boven aan de heuvel staat een verkeersbord. Daar is de kruising. Voor Glencolumbkille moet ik naar rechts.

Met moeite krijg ik mijn pedalen rond, de eerste paar meters. Het valt niet mee om halverwege een helling op gang te komen. Gelukkig heb ik een bergverzet. Ik wilde bij Dawn blijven. Toch ga ik weg.

Deze drie weken heb ik een eigen keuken en badkamer. De wc deel ik met de studentes boven, dat is dan weer onhandig. In Leiden had ik die juist voor mijzelf, als Els er niet was, en anders week ik uit naar de bibliotheek, al moet je daar sinds kort een sleutel bij de balie halen en hebben ze blauwe lampen opgehangen, om junkies te weren. Hier in Utrecht weet ik niet waar ik heen moet. De kom van mijn keukenweegschaal is achtergebleven in het huis. Het is een onhandig ding om mee te nemen, maar nu heb ik er spijt van. Mijn weegschaal heb ik wel bij me, al blijkt er hier ook een te staan, onder het bed.

Ook na twee mokken groentesoep en zes rijstwafels met tahini heb ik nog honger. De deur naar het balkon staat open. Ik zou kunnen lezen in de avondzon, luisteren naar de geluiden uit de tuin beneden: bestek dat op borden tikt, zacht gepraat. Ik zou door de stad kunnen lopen. Aan de Oudegracht zijn terrassen aan het water, daar zal het druk zijn, daar zijn mannen. Ik ken hier alleen Brigitte, maar die kan ik niet steeds lastigvallen. Laatst ben ik met haar naar een sauna geweest. Ik moest er even aan wennen om naakt rond te lopen, maar ik woog zesenzestig, en dat hielp.

Ik pak een kwarktoetje uit de koelkast en ga voor de tv zitten. Er komt een film die ik wil zien.

De actrice ken ik nog uit *Family Ties*, ze speelde de moeder van Michael J. Fox. Hier heeft ze alleen een echtgenoot. Hij weet niet dat ze zo veel eet en alles er dan weer uitgooit. Na een verjaardag schrokt ze midden in de nacht een halve taart op, en wat er verder nog over is. Ze zit op de grond en graait met haar handen in de slagroom, heel goor. Zo doe ik dat gelukkig niet, daar zou ik mij dood voor schamen. Dan gaat ze naar de badkamer.

Later komt haar man erachter en moet ze naar een kliniek. Ze zeggen dat het gevaarlijk is wat ze doet. Haar moeder komt op bezoek. Uiteindelijk wordt de dochter boos op haar. Ze roept dat ze niet langer perfect wil zijn.

The end.

Een nieuw programma begint. Dat is altijd zo.

Ik huil. Ik weet niet hoe het komt, maar er is iets veranderd door het kijken naar de vrouw. Twee uur terug hoorde het overgeven er gewoon bij. Het was niets bijzonders, een karwei dat opgeknapt moest worden, steeds weer, een schoonmaak, omdat het vuil blijft komen.

Nu blijkt het een psychisch probleem te zijn.

Je kunt er zelfs dingen van krijgen. Aan je tanden. Aan je hart.

De vrouw naast mij praat tegen een lege stoel. Nog een paar minuten, dan loopt Rita door de lange gang naar de wachtruimte. Daar zit ik. Ik kijk pas op als ze vlakbij is. Vorige week raakte ze de schouder aan van iemand die hier ook zat te wachten. Ik kromp ineen. Bij mij doet ze dat niet. Ze zegt dat ze niet mijn moeder kan zijn.

Nog drie minuten. Het is tijd om mijn thee te pakken. Die neem ik mee naar binnen. Niet dat ik ervan drink. Ik houd het bekertje vast. Aan het einde van het uur is de thee koud en bitter. Of misschien is het maar drie kwartier, dat weet ik niet zeker. Pas als ik weer naar de uitgang loop, neem ik een paar slokjes. De rest van de thee spoel ik altijd door de wastafel in de wc. Dan zet ik de kraan open, richt de straal op mijn hand en besproei de witte kom. Alle donkere, bittere druppels moeten weg. Toen ik naar Nepal ging, moest ik capsules tegen tyfus slikken. De kokertjes leken van plastic, en al wist ik dat dat niet waar kon zijn, dat ze zouden oplossen in mijn maag, ik kreeg ze toch niet weg. Ten slotte draaide ik de helften van elkaar en goot de inhoud op mijn tong. Het witte spul smaakte walgelijk. Pas later begreep ik dat ik levende tyfusbacillen had gegeten. Voor mijn eigen bestwil. Dat is ook waarom ik naar Rita ga.

Het lege bekertje wankelt als ik het op het metalen roostertje zet. Je zou het zo om kunnen blazen. Ik druk op de knop voor heet water. Sputterend komt het apparaat op gang, snel houdt het ook weer op. Het bekertje is nooit erg vol. Mijn vingers vouw ik onder het omgerolde randje bovenaan. Ik voel de verticale ribbeltjes. Uit het doosje naast de automaat pak ik een theezakje. Ik laat het onder water gaan en slinger het in de afvalbak. Ik lust geen sterke thee.

Op de lage tafel liggen roddelbladen. Daar kan ik niet in lezen. Ik kijk naar buiten en wacht. Rita heeft vaak schoenen met hakken aan. Ik snap niet hoe vrouwen daarop kunnen lopen. Een paar mensen heb ik verteld over mijn probleem. Ze waren verbaasd. Brigitte vindt vrouwen die moeilijk doen met eten irritant. Dat heb ik ook. Ik ken er een paar, en je gaat jezelf zo gulzig voelen als zij bijna niets eten. Mijn huisarts zei dat ze negen kilo was afgevallen toen haar vader overleed. De co-assistent die hier de intake deed vond dat ik een goed figuur had, ondanks mijn klachten. Mijn ouders heb ik niets verteld. Ik krijg veel steun van Mies en Klara.

'Zolang je maar niet de keukenkastjes leegeet,' zei Klara. 'Als mijn bloedsuikerspiegel keldert, wil ik wel zeker weten dat ik een boterham met kaas kan nemen.'

Alsof ik haar de kaas van het brood zou eten. En dat terwijl ik het nooit zou kunnen, dat walgelijke, dat verontreinigende, in hun huis, nu zij ervan weten. Daarom ben ik ook juist bij hen gaan wonen, tot ik zelf een etage heb gevonden: nu móét ik wel stoppen. Mies eet 's avonds een rolletje Topdrop voor de televisie, dan weet je precies hoeveel je mag.

Het is tien voor half twaalf. Ik hoop dat de tijd daardoor niet korter wordt. Het is toch al zo erg om aan het eind van het uur weer weg te gaan. Rita staat als eerste bij de deur, ze steekt haar hand uit en kijkt mij streng aan. Dan moet ik wel. Mijn koude thee neem ik altijd weer mee, de lange gang door.

Het is bijna half twaalf. Ik heb buikpijn van de zenuwen. Ik luister niet meer naar voetstappen, maar kijk de gang af. Dan moet ze maar zien dat ik naar haar uitkijk. Soms gaat er een deur open, helemaal aan het eind. Het is altijd iemand anders. De vrouw naast mij is allang opgehaald. Nu heeft zij een mens om tegen te praten.

Om tien over half twaalf ga ik het kantoortje binnen.

'Ik had om kwart over elf een afspraak met mevrouw Verster,' zeg ik.

'O, maar die is ziek,' zegt de secretaresse. 'Ben je niet gebeld?'

Ik heb doorgegeven dat ik bij Mies en Klara woon. Nu ben ik dat hele eind met de trein voor niets gekomen. Ik kan niets zeggen. Ik draai mij om en ren naar de wc's. Ik schiet een hokje in en doe de deur op slot. Gelukkig heeft die geen kieren onder en boven. Mijn rug glijdt langs de tegels naar beneden, tot ik op de grond zit, mijn knieën opgetrokken. Mijn bovenlichaam golft van het huilen. Mijn benen vangen de schokken op. Stootkussen. Boksbal. Ik bijt in mijn hand.

Er wordt op de deur geklopt.

'Doe eens open.'

Het is de secretaresse. Ik zeg niets.

'Doe eens open.'

Ik moet verstandig zijn. Dat moet uiteindelijk altijd. Ik open de deur.

De oude psychiater die ze erbij haalt zegt zijn zinnen op alsof hij ze uit een handboek heeft geleerd.

'Rita betekent kennelijk veel voor je,' zegt hij. 'Je bent natuurlijk verdrietig en boos dat ze er niet is. Dat kan ik me goed voorstellen.'

Hij meent er niets van, dat hoor ik zo. Hij ziet eruit als een hoogleraar.

'Het gaat wel,' zeg ik. 'Ik ga naar huis.'

Dat is niet waar, want daar woont Els. Natuurlijk moest ik weg en kon zij blijven. Ik heb de schuld. We hoefden het er niet eens over te hebben.

'Na de kerstvakantie is ze vast weer terug,' zegt de psychiater. 'Dat zul je zien.'

Ik fiets naar het huis van Mark. Hij is nu gewoon een vriend. Ik wist wel dat het niets kon worden. Gelukkig is hij thuis. Ik vertel hem over Rita en dat zij ziek was en dat ik haar drie weken niet zal zien.

'Vind je het niet egocentrisch om alleen aan jezelf te denken?' zegt hij. 'Zij is degene die ziek is. Dat lijkt me vooral vervelend voor haar.'

Terwijl hij het zegt schiet me te binnen dat ik mijn bekertje thee in de wachtkamer heb laten staan toen ik het kantoortje binnenging. Ik heb het niet meegenomen naar de kamer van die psychiater en ik heb het restant niet weggespoeld. Ik zie voor me hoe het daar nog staat, tussen de asbakken met peuken en stukjes kauwgom met tandafdrukken. Op koude thee vormt zich na verloop van tijd een donker laagje, als olie op water.

Dressing

De nooduitgang is dichtbij. Ik heb speciaal om deze plaats gevraagd. Vlak achter mijn rug warmen twee stewardessen de maaltijd op. In een zware etenswalm komen ze tevoorschijn en ze verslepen het karretje tot halverwege het gangpad, waar ze de trolley ontmoeten die van voren komt. Dan rijden ze terug naar het keukentje, eten en drinken lozend alsof het ballast is. Ik word als laatste bediend.

'Fish or chicken?' vraagt de stewardess.

Ze heeft mijn blaadje uit een lade getrokken. Alleen het bakje met de warme maaltijd moet nog in de uitsparing worden neergezet. Het cakeje dat bij de thee werd uitgereikt ligt op mijn tafeltje. Ik heb het plastic niet opengescheurd.

'Neither,' zeg ik. 'Thank you.'

'Did you order a vegetarian meal?'

'No, I'm not hungry.'

Haar gezicht staat neutraal, het maakt haar kennelijk niets uit dat ik geen eten hoef. Ik reik haar het cakeje aan en voel me sterk. Het is goed om dat laffe vliegtuigvoedsel af te slaan.

De man aan de andere kant van het gangpad neemt de kip. Hij licht het aluminiumfolie op om door een kier zijn maaltijd te bekijken. Dan haalt hij zijn bestekje, formaat poppenservies, uit het plastic en wipt het doorzichtige kapje van het minischaaltje met ijsbergsla. De dressing, een giftig mengsel van zout en vet, zit in een apart kuipje. Hij peutert aan het hoekje waar de fabrikant een opstaand randje heeft gelaten. Zijn vingers zijn dik en hij krijgt met moeite grip. Met de boter voor zijn speelgoedbroodje gaat het net zo moeizaam. Die is boven-

179

dien ijskoud, waardoor hij hem niet kan uitsmeren. Bij Albert Heijn zag ik pas smeerbare boter staan. Handig. Niet dat ik die zal kopen.

Na de sla vouwt de man opnieuw het folie open en rolt het op, als de top van een blikje sardientjes dat je met een sleutel opendraait. Ik zie een bleek stukje kipfilet op een bed van aardappelpuree en doperwtjes. Nu ben ik zeker blij dat ik niets heb genomen. Ik begon vroeger altijd met de gedeukte en uitgedroogde erwtjes, maar dat was zinloos, want alle erwtjes, hoe gaaf en glanzend ook, zijn droog van binnen: het velletje houdt dicht opeengepakt groen poeder bij elkaar. In je mond komt het vrij.

Nu is de man toe aan zijn dessert. Het is een mousseachtige substantie, in babyroze. Dat moet iets fruitigs suggereren. Bedriegerij. Het heeft ernaast gelegen. Ik had eigenlijk nog bij oma Oosting langs willen gaan, voor ik naar Schotland ging.

Het karretje rijdt weer naar voren. Ze komen de gebruikte bladen halen, we gaan zo dalen. *Please put your tables in an upright position.* Gareth heeft gezegd dat hij mij opwacht. Seks is eten en drinken tegelijk, maar ook die honger en dorst maken je kwetsbaar. Morgen rijdt hij mij naar een huisje ergens onder Thurso. Ik hoef alleen te zitten en naar buiten te kijken, tot we er zijn. Verder heb ik niet veel aan hem. Behalve die ene keer, in een Parijse bioscoop, toen ik mijn schoenen uit had gedaan. De film was afgelopen, de aftiteling gevorderd tot de kappers en visagisten, en ik kreeg mijn veters niet goed vast. Take your time, zei hij. Ik ontspande even.

Hij schreef me dat hij heeft gereserveerd voor een kerstdiner in het plaatselijke hotel. We krijgen vast doperwtjes bij de kalkoen. Ik heb gehoord dat veel Britten tijdens hun kerstdiner een feesthoedje opzetten: van die lullige papieren hoedjes, die wij ooit op kinderpartijtjes droegen. Als hij maar niet denkt dat ik met zoiets op mijn hoofd aan tafel ga. Ik heb speciaal een zwartzijden bloes gekocht, peperduur.

Rita heeft gezegd dat ik als alternatief eens kan proberen om een warme douche te nemen. Of een bad, als ik dat heb. Er is hier in huis een bad, maar daar ga ik nooit in. Ik lig niet rustig. En douchen doe ik elke ochtend al, sinds kort met een prijzige douchegel die ik in een opwelling bij de Bijenkorf heb gekocht.

Ik zit met mijn rug tegen de radiator, op het oude blauwe kussen dat gevuld is met mijn verknipte kleren, onder het raam. Het is de enige plek waar mensen die naar de voordeur lopen mij niet kunnen zien. Dat heb je met een souterrain: iedereen kan naar binnen kijken. De huisbaas had hier vitrage hangen, maar ik haat vitrage. Mijn grijze bankje staat nog bij Els in de opslag. Ik koos voor mijn boekenkasten, maar lezen doe ik nauwelijks. Herlezen wel: meisjesboeken. *Mieks moeilijkheden. Toen kwam Tjeerd.* En de oude boeken van oma Oosting. *De gast die bleef. Eén meisje en zeven mannen.* Ik heb ook haar oude koffiezetapparaat gekregen, voor als mijn ouders komen. Maar de gemakkelijke stoel die ik graag wilde hebben ging met het bankstel naar de kerkbazar, net als het kastje waar altijd het schaaltje met lekkers in stond, en de salontafel van glas. Oma geloofde helemaal niet in God.

Tot 's middags de eerste tv-programma's beginnen zit ik hier op de grond. Ik beweeg niet, dat is het beste. 's Ochtends probeer ik zo lang mogelijk te slapen, tracht ik het effect van de slaappil die mij 's nachts uitdraait als een lamp zo lang te laten duren als ik kan. Hij is groot als een flinke kraal, maar ik slik hem met gemak. Ook als ik 's ochtends wakker ben, blijf ik liggen tot de laatste milligram is uitgewerkt. Als ik eindelijk opsta, zet ik pepermuntthee en pers een grapefruit uit. Dat is ook mijn lunch. Ik probeer niet meteen boodschappen te gaan doen.

Het is half drie. Om drie uur begint het eerste programma. Het zijn altijd dingen die ik niet wil zien, maar waar ik toch naar kijk. Programma's met gesprekken over recepten en mode; een soort *Libelle* op tv. Programma's voor kinderen, met clowns of zielige Zweedse honden. En herhalingen van comedyseries uit

Amerika. *Family Ties.* Ik ben opgelucht als de tv aan kan. Dan sta ik op en pak mijn rugzakje. De dag begint.

De Hoogvliet is vlakbij. Snel loop ik langs de schappen. Ik weet wat ik nodig heb en waar dat staat. Andere artikelen meng ik erdoorheen: rijstwafels, yoghurt, bouillonblokjes, een krop sla. Daarna loop ik naar de Aldi. Hier kan het me minder schelen wat ze bij de kassa denken. En het is plausibel: dat je speciaal bij de Aldi komt voor goedkope doosjes Bonbonbloc.

Precies op tijd ben ik terug op mijn kamer. De chocolademousse zet ik in de koelkast, voor vanavond, samen met het tweede doosje Bonbonbloc. Voor het eerst in mijn leven heb ik een keuken voor mij alleen. Soms nodigt mijn huisbaas mij uit voor een glas wijn. De wc is boven. Die delen we.

Ik ga weer tegen de verwarming zitten en draai de televisie een halve slag. Eigenlijk moet je er van een afstand naar kijken, verderop in de kamer, met je gezicht naar het raam gekeerd. Terwijl de openingstune klinkt, trek ik het folie weg. Ik keer de vorm om op een bord. Met een geluid alsof iemand slurpt komt de pudding los. De bessensap druipt eroverheen. De pudding heeft reliëf: schubben.

Dit is het beste moment van de dag. De griesmeel, met zijn kleine korreltjes ingekapseld in de gladde vla, geeft een aangename wrijving in mijn mond. De bessensap is zoet als ingekookte limonadesiroop. Ik eet en kijk naar een echtpaar dat alternatief gaat leven, met een eigen varken en zelfverbouwde gewassen. Ze doen dat in een Britse buitenwijk en hebben conservatieve buren die daar niets van moeten hebben. Er is gelach van een onzichtbaar publiek. Daar hoor ik bij. Hoe je een echtpaar wordt weet ik niet.

Ik schraap het bord leeg en grijp naar het doosje Bonbonbloc. Ik wil er optimaal van genieten, maar het moet niet te lang duren, anders heb ik dadelijk echt gegeten. Als de chocola op is, maak ik in de keuken drie plakken ontbijtkoek klaar, met dik roomboter erop. Ik raak alles zo toch weer kwijt.

Nu heb ik haast. Het is niet leuk, maar het moet gebeuren. Ik haal mijn kom uit de kast. In het hoekje bij de tv houd ik mijn hoofd erboven en wrijf met mijn vinger achter in mijn opgezette keel. Mijn gordijnen moeten nog uren open blijven, dat is het nadeel van het voorjaar. Om half negen doe ik ze pas dicht, maar ook dan zie je het licht van buiten er nog doorheen schijnen. Nog drie uur tot de volgende slaappil. Die andere pil zal ik nooit meer nodig hebben.

Het gaat niet gemakkelijk, vandaag, toch weet ik bijna alles terug te halen. Ik pak het plastic tasje erbij. In andere supermarkten moet je daar tegenwoordig voor betalen, bij Hoogvliet niet. Ik rol de bovenkant van het tasje een paar keer om, als overhemdmouwen, om het stevigheid te geven, en giet de inhoud van de kom erin. Dan rol ik de mouw weer uit en draai de zak dicht. Door het plastic voel ik de warmte van het eten dat net nog in mijn maag zat. Ik luister of mijn huisbaas boven is, dan loop ik naar de keuken en doe de plastic zak in mijn vuilnisbak, boven op de andere. Een koe heeft zeven magen.

Voorzichtig, zonder geluid te maken, sluit ik het deksel. De kom spoel ik snel om. Toen ik hier net woonde probeerde ik hem in de gootsteen te legen. Mijn huisbaas kwam naar beneden, net op het moment dat ik daar mee bezig was. Ik was als de dood dat hij het rook en spoot in paniek afwasmiddel in de bak en draaide de kraan ver open. We praatten over een opera die hij had gezien, terwijl hij in de deuropening stond. Gelukkig had ik alleen gladde dingen gegeten.

In de badkamer was ik mijn gezicht met tandpasta. Op mijn plankje zie ik de fles Jil Sander-douchegel staan. De dop is loodzwaar. Dat heb je met dure merken.

De vrouw heeft haar ongewassen duim onder een van mijn gebakken eieren geschoven. Als ze het bord neerzet, trekt ze haar kromgegroeide nagel weg. Ik zie een vloedlijn van vet die op haar vinger achterblijft en ruik haar lichaamsgeur. Ze wenst ons geen smakelijk eten. Dat is maar beter ook. Peper en zout staan

183

niet op tafel. Ik vraag er niet om, anders komt ze nog een keer de kamer binnen.

De buitenrand van de eieren is donkerbruin. Het eiwit is daar draderig en stug geworden alsof het is afgehecht, maar slordig, door iemand als ik, met een haat voor naald en draad. Op het oude witbrood zit een dikke veeg margarine, dat zie ik als ik met mijn mes en vork de eieren optil en ze verschuif om ze in het midden van de boterhammen te leggen. Pissebedden onder een steen.

Ik snijd een hoek af en probeer niet te denken aan de vieze nagel en de smoezelige keuken met de oranje tegels waarin de vrouw de eieren bakt tot ze taai zijn. Het vet is vast uit koeien en varkens geschraapt en gezogen, als je afgaat op de baklucht. In Ierse pubs kun je *pork scratchings* en *beef jerky* kopen, voor bij de borrel: chips, gemaakt van slachtafval. Hier is zelfs geen pub. Er is alleen deze bed and breakfast. Dawn en ik zochten naar een tweede eiland, na Aranmore, waar we samen konden zijn. Maar Tory Island is beklemmend.

Met moeite slik ik de eerste hap door. Nu zou ik een vinger kunnen gebruiken die het eten juist mijn keelgat in duwt. Ik moet iets binnen krijgen, want onze avondmaaltijd bestaat net als het ontbijt uit witbrood met twee gebakken eieren. Verder krijgen we niets. Het brood smaakt alsof het drie keer opnieuw is ingevroren. Het maakt me angstig, dit afhankelijk zijn van een vrouw met vieze nagels. Als we op bed liggen te lezen, in de wansmakelijke kamer, hebben we alleen onze muesli, meegenomen van de wal.

Pas over twee dagen gaat het vissersbootje terug naar het vasteland van Donegal. Ik wil weg van dit huis, waar alles, van het serviesgoed tot de gordijnen, is uitgevoerd in de lelijkste tinten die voor elke kleur beschikbaar zijn. Ik wil weg van dit vreselijke dorp, met zijn inteeltinwoners en roestende koelkasten, neergesmeten in tuintjes die met de rottende restanten van houten hekjes in het hoge gras nog vaag hun omtrek laten zien. Alleen ver weg van de mensen en van wat zij maken, op het hoogste punt, een kale bult, zie je hoe prachtig dit eiland in de zee ligt, als een bemoste steen. Vroeger verbouwden ze hier zelf hun eten, nu laten ze alles aanvoeren. Het boodschappenlijstje is kort: witbrood, eieren, ossewit.

In de bed and breakfast in Connemara begonnen we de dag met havermout. Er stond een kannetje op tafel met dikke room erin, om uit te gieten over de warme pap. Daarna volgden geroosterd brood, geserveerd in een zilveren rekje, zelfgemaakte jam, pannenkoekjes en omeletten. Ik rekende uit dat ik, als het zo door zou gaan, aan het eind van de vakantie tachtig eieren op zou hebben. We zaten naast elkaar aan tafel en keken uit over de baai. Vaak was het al na elven. Dawn heeft haar slaap hard nodig. Ze is heel mager.

Het geel van mijn tweede ei heb ik tot het laatst bewaard. Al het wit eromheen heb ik al weggesneden en opgegeten. Het was niet moeilijk om de dooier heel te houden, ook als mijn mes even uitschoot, want hij is stroef en droog als instantaardappelpuree onder in de kom, waar het poeder niet goed is aangelengd met melk. De eieren zijn veel te lang gebakken. Over een week ga ik terug naar Nederland. Ik weet niet of ik Dawn dan ooit nog zie. Als ze even de kamer uit is doet dat al pijn.

Met mijn tong haal ik een traan mijn mond binnen. Zout en ei, het is een perfecte combinatie.

'Is het al tijd?' vraagt Joris.

Alle drie zijn we met de dalurentrein gekomen. Erg lang hebben we nog niet gewerkt.

'Welja,' zeg ik.

'Lijkt mij wel,' zegt Tjibbe.

We nemen de lift en slaan op de Singel meteen de hoek om. De eigenaresse van Zeezicht zit goudreinetten te schillen. Naast haar staat een kleine oven. Achter het glas, gebrandschilderd door het vele bakken, zie ik een appeltaart. Een lampje belicht het gelige deeg. Het ziet er knus en warm uit, daarbinnen.

Appeltaart is overal, bij Zeezicht. Pakken meel en suiker staan op de planken achterin, rollen boter wachten in de koelkast, knokige appels met een stroeve schil, groen en rood als verkleurend esdoornblad, liggen in manden op de toonbank. Een ronde vorm, bekleed met deeg en volgestort met appelpartjes, royaal bestoven met kaneel, staat klaar om de oven in te gaan zodra de vorige taart eruit kan. Onder de stolp op de grote tafel staat een aangebroken taart. De dwarsdoorsnede toont lagen appel, schuin en verzakt als aardlagen in een rotswand. Het bakken gaat altijd door. De hele zaak ruikt naar appeltaart die nooit mislukt.

Tussen de middag zitten we hier ook vaak, met de hele vakgroep. Dan neem ik een broodje oude kaas en verse jus. Een van mijn collega's laat altijd een uiteinde van haar pistoletje achter op haar bord, de ronding van haar kaak nog zichtbaar in het brood. Ik zou dat niet kunnen, zomaar iets laten laten liggen.

We gaan achter het winkelraam zitten en bestellen. Ik neem thee, Joris en Tjibbe willen koffie. Ik moet ook wel appeltaart nemen, anders denken ze dat ik op dieet ben. We praten over de test voor ultralichte benzinebranders in de nieuwe *Op pad*. Even is er het harde gegorgel en gesis van het koffieapparaat, en we zwijgen. De eigenaresse licht de stolp van de taartvorm, snijdt de stukken appeltaart, spuit er slagroom op uit de metalen fles en zet de bordjes voor ons neer. Vanaf de korst stroomt een golvende slagroomvlakte naar het schoteltje, als een gletsjer. Tjibbe vertelt over een klimcursus in de Alpen waarvoor je je in diepe spleten moet laten vallen.

Het zijn grote, maar ongelijke punten appeltaart die op het kleine tafeltje staan. De randen van de drie schoteltjes blijven niet binnen de metalen cirkel; als witte bloemblaadjes stulpen ze uit. *I cut, you choose*, zegt Dawn als ze iets aansnijdt. Dat is de Amerikaanse manier om een ander de grootste helft te geven. Hier heb ik er niets over te zeggen welk stuk ik krijg. Russische roulette.

'Op Madeira werd het soms zo godvergeten steil dat we terug moesten gaan,' zegt Joris.

'Ik klom in Nepal eens naar een plateau, over geitenpaadjes,' zeg ik. 'Teruggaan kon niet, want dalen was nog enger dan verder stijgen.'

Dat lijkt me vreselijk aan een bevalling. Je kunt niet meer terug, alleen vooruit. Joris prikt een kwart van zijn appeltaart aan het vorkje en steekt dat in zijn mond. Mannen kunnen van die grote happen nemen. Precies zo at mijn opa zijn laatste stuk appeltaart, zijn laatste eten. Over een half jaar wordt Joris vader.

We bestellen nog een ronde koffie en thee. Goed drinken, dat maakt het dadelijk gemakkelijker. Joris vertelt over zijn nieuwe computer, waar een harde schijf in zit. Ik ga een laserprinter kopen, zodat mijn teksten er tenminste fatsoenlijk uitzien. Vorige week kwam ons boekje uit. Ik vond er niet veel aan om het eindelijk in handen te hebben. Je slaat het open en ziet meteen de fouten staan.

'Kom op, jongens, laten we die proefschriften nog even gaan afmaken,' zeg ik. 'Het is zo weer vier uur.'

Dan begint de wekelijkse lezing, met borrel na. Ik zal alleen spa drinken, geen Japanse zoutjes nemen, en al helemaal geen borrelnootjes. Vanochtend woog ik zesenzestighalf, dus ik heb meer marge nodig. Het is zo gemakkelijk om af te glijden naar iets vreselijks. Aan zeventig moet ik niet denken. Al weken neem ik me voor om op het station geen Balisto meer te kopen, maar vaak ga ik toch weer door de knieën.

Wat is dat toch onhandig, zo'n lage koelkast. Je moet ervoor op je hurken zitten, of heel diep bukken. In Amerika zijn de koelkasten hoog: je staat ervoor alsof het linnenkasten zijn, en inspecteert op je gemak de inhoud. Dawns ouders hadden vier flessen slasaus in de deur staan. 's Avonds kwamen die allemaal op tafel. Dawn vond *blue cheese*-dressing lekker, haar moeder koos meestal *thousand islands*, haar vader nam de Franse of Italiaanse saus. Zijn stoel was de enige met armleuningen. Ik kon het verschil niet proeven. Alle dressings waren vet en zout, met groene spikkeltjes erin, alleen de kleurstoffen verschilden. Die zijn niet voor je tong, maar voor je ogen. De tweede tong.

Uit de groentelade pak ik een grapefruit. Dat is een nieuwe ontdekking: sap in de yoghurt helpt om geen vol gevoel te krijgen. Ik weet dat het niet rationeel is, want ik voeg juist calorieën toe. Toch verkleint het de kans dat ik me ongemakkelijk ga voelen. Uit de weckfles onder het schuine raam neem ik een handje muesli. Ik laat havervlokken en rozijnen terugvallen in de glazen pot, door mijn vingers heen, mijn hand een zandloper voor grove korrels. Wat overblijft roer ik door de yoghurt en het sap.

Ik eet terwijl ik naar *Ready Steady Cook* kijk. Dat programma is een vondst van Dawn, op de BBC. Ze zenden het dagelijks uit. Op onze schoorsteenmantel staat de adventkalender die Dawn voor mij heeft gemaakt. Voor elke dag dat ze nog in Minneapolis is mag ik een deurtje openmaken, daarachter heeft ze iets geschreven. Soms wijst het me naar een cadeautje dat ze ergens heeft verstopt. Gisteren waren het Leonidas-bonbons. Daarmee was de dag meteen bedorven. Vandaag ben ik opnieuw begonnen. Nog zestien vakjes.

Toen ik bij haar ouders was, moest ik 's ochtends voor het ontbijt in een geleende duster op de bank zitten. Ik wilde me aankleden en mijn schoenen aandoen, maar dat was niet de gewoonte. Dus zat ik daar in een rode velours ochtendjas haar moeders muffins te eten, met wortel en zemelen erin. Ik vind logeren moeilijk. Je hebt geen zeggenschap over wat je eet en als je honger hebt kun je niet zomaar iets gaan pakken. *For what we are about to receive, may the Lord make us truly grateful*, bidden ze in Amerika. De Heer verstrekt niet alleen het eten, maar moet ook de dankbaarheid nog leveren.

De koks op tv hebben binnen twintig minuten een maaltijd klaargemaakt. Dat kan ik ook, met gemak. Mijn yoghurt is op en ik heb drie koppen pepermuntthee gedronken. Mijn maag voelt aan als een ballon die op knappen staat. Ik moet de inhoud kwijt, het is te veel, te veel. Zodra Dawn terug is, zal het weer stoppen. Ik zou me schamen om dit te doen als zij in huis was.

Ik loop naar onze badkamer en kniel bij de wc. Toen Tjibbe hier nog woonde deed ik dat ook al eens. Els liet ik op mijn nieuwe computer werken, zodat ze haar scriptie af kon krijgen, zelf fietste ik elke dag hierheen om de pc van Tjibbe te gebruiken. In een keukenkastje vond ik beschimmeld brood, dat hij vergeten was weg te gooien voor hij op vakantie ging.

Als ik mijn tanden heb gepoetst en naar de slaapkamer loop om me te wegen, begint het trillen. Ik ben duizelig, mijn aderen kloppen, mijn spieren schudden mij door elkaar, ik transpireer, maar van de kou, de warmte, nee, toch de kou. Eten, snel iets eten. Ik zie donkere vlekken, alsof overal vaandeldragers staan die met zwarte vlaggen zwaaien.

Ik keer mij om, stommel door de gang, de lange gang, naar de keuken. Mijn bloed heeft suiker nodig. Ik moet de insuline voeden.

In de keuken meng ik het water uit de twee kranen die onder aan de geiser zitten net zo lang tot het de goede temperatuur heeft. Het beste kun je iemand koelen met lauw water. Met mijn kom vol handwarm water loop ik door de gang terug naar de slaapkamer.

Ik kniel op de matras. Het lichtblauwe washandje dompel ik in het water. Ik kijk hoe de badstof zich volzuigt en wacht tot de draadjes wiegen als zeewier in een Ierse getijdenpoel. Dan licht ik het washandje op. Ik voel de zwaarte van het water dat naar het laagste punt trekt en vandaar de kom in druipt. Voorzichtig, zonder op de matras te spatten, wring ik het washandje zo uit dat het niet meer drupt, maar nat genoeg blijft om een vochtig laagje aan te brengen op Dawns huid. Na een hele nacht weet ik precies hoe ik het wil hebben.

Alsof ik haar ga inenten rol ik het mouwtje van haar t-shirt op. Kon dat maar, kon ik haar maar beschermen tegen haar vader, tegen alles wat al is gebeurd. Ik spons haar bovenarm, eerst aan de buitenkant, dan aan de binnenzijde, waar de huid lichter is, en zachter. Via de kwetsbare holte kom ik bij haar onderarm. Langzaam werk ik naar haar hand toe. Ik licht hem op en veeg over de rug en de palm, doe dan een voor een de lange vingers. Ook de zijkanten krijgen hun verkoeling; daar zorg ik voor. Nu de andere kant, en dan naar haar gezicht. Ik let er vooral op dat ik de stof zacht over haar oogbollen vouw, zodat ook de huid daar vochtig wordt. Van koorts krijg je warme ogen. In Amerika hebben ze geen washandjes.

'Is dat beter?' vraag ik.

Dawn knikt. De koorts is iets gezakt, zo te voelen, al vind ik haar nog erg warm. Misschien moet ik een thermometer kopen, ik doe alles op de gok. Mijn weegschaal heb ik weggegooid. Dat is beter.

'Ik zal sap voor je maken.'

Met de elektrische citruspers maak ik een flinke hoeveelheid, die ik verdeel over twee glazen. Het laatste beetje uit het reservoir giet ik in het glas dat voor haar zal zijn. Ze krijgt de grootste helft. Normaal eet Dawn 's ochtends havermout, net als in Ierland. 's Avonds koken we samen. Ik doe na hoe zij eet, dan weet ik dat het goed is.

'Look what I've made,' zeg ik, als ik weer in de slaapkamer ben.

Dawn richt zich op. Ik zet een glas sap op het tafeltje aan haar kant. Mijn glas staat op de grijze tapijttegels. Voor de slaapkamer zijn die goed genoeg. De tegels met de ergste vlekken heb ik gelegd waar de matras zou komen.

We drinken het sap. Rita zegt dat je voor een zieke sinaasappels uit kunt persen, en daarna weer je eigen gezondemensendingen moet gaan doen. Ik begrijp wat ze bedoelt en toch vind ik het vaak moeilijk om op te staan en naar Amsterdam te gaan. Vandaag is het anders, want Dawn heeft echt koorts. Joris en Tjibbe vroegen me laatst of ze eigenlijk van plan is werk te zoeken. Ik zei dat ze meer tijd nodig heeft. Het is lastig uit te leggen aan anderen. Iedereen vraagt ernaar.

Ik pak een boek dat ik voor mijn proefschrift moet doorne-
men en ga in bed zitten lezen. Dawn begint zich beter te voelen. Misschien dat het de Mersyndol is. Die neemt ze mee uit
Amerika, want hier kun je die pillen niet krijgen. Ze helpen
zelfs tegen de ergste pijn en je gaat je er prettig loom van voelen. Niets lijkt meer erg belangrijk. Ze leunt tegen twee kussens
en schrijft aan haar moeder. Na even verfrommelt ze een blaadje.

'Wat is er?' vraag ik.

Ze zegt dat ze de heerlijke soep beschreef die ik gisteren voor
haar maakte. Bij nader inzien vindt ze dat niet aardig tegenover
haar moeder.

'Hoe bedoel je?' vraag ik.

Haar moeder maakte altijd kippensoep als zij ziek was, zegt
Dawn, en nu wil ze niet dat haar moeder denkt dat ze mijn soep
lekkerder vindt dan de hare. Dat kan ik me wel voorstellen. Ik
pak de prop papier van haar aan en doe hem in de prullenbak.

Beschuit met muisjes

Nu mijn vader in het ziekenhuis ligt, kan ik de telefoon moeilijk over laten gaan. Ik leg mijn lepel in de kom met stamppotsoep en ren naar de kamer. Ze belt vanuit een telefooncel in een van de ziekenhuisgangen. Ze is bang en alleen.

'Het gaat toch goed met pappa?' zeg ik.

Ik verdeel de geruststelling in mijn toon gelijkmatig over de klanken.

'Ja,' zegt mijn moeder. 'Ja.'

Ze probeert het woord uit. Ja. Ja. Het lijkt of ze het aanpast als een kledingstuk en ronddraait voor de spiegel. Nee, het is te groot, het valt van haar af. Vanmiddag stond ze aan zijn bed, haar jas nog aan. Ze keek niet op toen Moon en ik binnenkwamen.

'Ik heb een lekker vruchtenhapje voor je meegenomen,' zei ze tegen mijn vader, en ze draaide het deksel van een glazen potje open.

'Kijk eens wat lekker.'

Het waren de woorden en handelingen van ziekenhuisbezoek, maar ze huilde en haar handen trilden. Het bed zou eigenlijk voor haar moeten zijn.

Op mijn vaders nachtkastje stond het dienblad met het gebruikte serviesgoed van zijn lunch. Uit het lege glazen bakje met yoghurtaanslag pakte ze de lepel en gaf hem die. Angstig keek ze toe hoe hij at, volgde elke hap. Ik pakte een van de klapstoelen die aan een haak naast het bed waren opgehangen en vouwde die voor haar open.

'Heb je al gegeten?' vraag ik nu.

'Een tosti,' zegt ze. 'Nadat jullie weg waren, zijn we nog naar de cafetaria geweest. Pappa ook.'

'Dat is toch een goed teken?'

'Ja,' zegt ze. 'Ja.'

Ze wil het geloven, maar ik hoor hoe de lucht uit haar longen in schokjes naar buiten komt en haar 'ja' in stukken breekt. Mijn stem wint juist aan vastheid.

'Je hoeft je over pappa echt geen zorgen te maken,' zeg ik. 'De breuk is nu goed gezet, overmorgen mag hij naar huis, over zes weken loopt hij weer als een kievit.'

'Ik ga zo maar naar huis,' zegt ze.

'Dat is een goed idee,' zeg ik.

'Ik heb wat leuke programma's op video opgenomen.'

'Dan ga je daar lekker naar kijken,' zeg ik. 'En daarna slapen. Slaap je wel een beetje?'

'De dokter heeft me iets gegeven.'

'Mooi,' zeg ik. 'Ga lekker naar huis, wij zien je morgen om een uur of vier, half vijf in het ziekenhuis.'

'Ja,' zegt ze, met meer lucht dan klank. 'Ja.'

In gedachten zie ik haar bij de telefoon staan, in het ziekenhuis, in de lange gang. Haar wangen zijn nat. Kinderen deppen geen tranen, likken niet de chocolade uit hun mondhoeken, vegen niet met de rug van hun hand het gemorste ijs weg van hun kin. Ik hoop dat iemand haar ziet, haar meeneemt, instopt, welterusten wenst. Een moeder voor mijn moeder. Zo heerlijk zal ze slapen, als een klein meisje, dat ze geen pil meer nodig heeft.

'Nou, dan zie ik jullie morgen wel,' zegt ze zacht.

'Ja,' zeg ik. 'Prettige avond, Hanna. En tot morgen.'

Ik loop terug naar de keuken. Dawn heeft op mij gewacht met eten. In het kookboekje met Nederlandse gerechten dat ze voor haar familie maakt staat het recept voor stamppotsoep. Het is andijviestamppot met kaas, maar dan aangelengd. We eten het vaak, als troost. *Comfort food* heet dat in het Engels: glad, warm, zacht eten, dat niet om bijten vraagt. Na elk bezoek aan Amerika, aan Dawns ouders, is stamppotsoep het eerste wat we maken. Soms eten we het drie dagen achter elkaar.

Over de aardappelmassa in onze kommen is een grijs waas gevallen, alsof afkoeling ook een soort schemering is. Mijn stoel staat scheef voor de tafel. Toen de telefoon ging heb ik hem snel naar achteren geschoven. Hij lijkt midden in een draai tot stilstand te zijn gekomen, als een ijsdanser op de foto, vastgelegd in een pirouette.

Ik doe het gordijn dicht. De rail komt los van het plafond en blijft in een sierlijke boog voor het raam hangen, doorzakkend onder het gewicht van de stof, gedragen door een laatste schroef. De thermometer geeft dertien graden aan en uit de kraan komt roestig water. Ik kan alleen maar blij zijn dat ik niet in Rusland ben geboren.

We hebben afgesproken in het hotel te eten. In heel Sint-Petersburg is nauwelijks iets te krijgen. Pas geleden, in Praag, aten Dawn en ik juist elke avond kaviaar en zalm: dingen die we in Parijs en Londen niet kunnen betalen. Al snel hadden we ons favoriete restaurant, onze vaste tafel en onze vaste plaatsen aan die tafel. Ik schrok toen we op een avond wisselden van plaats. De ober schoof galant Dawns stoel voor mij naar achteren, en ik durfde niet te zeggen dat ik aan de andere kant van het tafeltje wilde zitten. Achter Dawn hing een enorme spiegel met een gouden lijst. Als ik niet uitkeek zag ik daarin steeds mijzelf. Ik bewoog mijn hoofd mee met het hare, gebruikte haar gezicht als schild. Om mij heen, dat kon niet anders, zag zij de drukte van het eetlokaal. Daar zaten mensen die lepels naar hun mond brachten en knikten terwijl een ander sprak. Amandelvormige kaarsenvlammetjes zwenkten als duikelaartjes wanneer de buitendeur openging, of de keukendeur. En de ober liep als een ruitenwisser door haar blikveld heen en weer. Als ik niet naar haar gezicht keek, kon ik alles zien wat er achter mijn rug gebeurde, in spiegelbeeld.

In Sint-Petersburg zijn nog geen commerciële restaurants en

koffiehuizen. Ik was gewaarschuwd voor de schaarste, en kwam met een tas vol cruesli, melkpoeder en Cup-a-Soup. Meer nog voor honger was ik bang dat ik zou oplossen in de lucht, zodra ik op Schiphol door de douane ging zonder Dawn. Maar Rita zei dat dat niet kan. Ze heeft gelijk, ik voel me hier zelfs prima. Wel schrijf ik alles wat ik meemaak op in een notitieboek, voor Dawn. Dan is zij er toch bij.

Ik draai mijn hotelkamerdeur op slot. In de eindeloos lange gangen zit elke vijftig meter een oud vrouwtje met een samowar. Ik knik, maar loop stevig door. Het is of ik een wandeling maak. De lange lopers veren als bosgrond en schilderijen met berkenbomen schieten voorbij. De seizoenen veranderen snel, zijn grillig. Lentes met lichtgroen loof, kale takken in sneeuwlandschappen, gele bladeren in de herfst: ze schieten voorbij. Buiten is het winter en bitter koud, maar als het programma van lezingen dat toelaat gaan we eropuit. Gisteravond zagen we voor tien cent een uitvoering van *Jesus Christ Superstar*, in een vrijwel lege zaal. Vanavond de opera, eerste rang, voor een kwartje. Morgen de Hermitage.

Als de deur naar het restaurant opengaat komt er een doordringende koollucht de gang op, in een windvlaag van geur. Mijn collega's zitten al aan een tafeltje. Er is een onleesbare menukaart, vol gerechten die niet voorradig zijn. We bestellen de dagschotel, die tien dollar kost. Dat is zelfs stukken duurder dan bij eetcafé De Dikke Dragonder, waar Dawn en ik geregeld eten, ondanks die naam. Susie Orbach heeft een boek geschreven over slank zijn en diëten, vanuit een feministisch perspectief. Vast interessant, maar door dat ene woord in de titel zal ik het niet lezen. *Fat*. Ik wil nooit meer denken aan mijn lichaam. Dat andere woord, 'feminist', vind ik minder erg.

De ober brengt het eten. Op mijn bord ligt een stukje grijsbruin vlees, een glazig aardappeltje en één groente. Het duurt even voor ik herken wat ik zie. Het is een bol knoflook. Teentje voor teentje eet ik hem op.

Mijn vader doet open.

'Wat?' zegt hij. 'Zijn jullie niet eens komen fietsen?'

Als hij bij ons komt vraagt hij altijd naar de fietsen beneden in de gang. Of die daar nou nog steeds staan.

'Blijf zitten,' zeg ik tegen Moon, die binnen op de bank zit.

Ze schijnt gehecht te zijn, maar verder is alles goed met haar en de baby. Hij heeft tien vingertjes en tien teentjes. Ik feliciteer haar met drie zoenen. Dawn staat achter mij; haar 'gefeliciteerd' heeft niet alle vereiste lettergrepen. Als volwassene een tweede taal leren spreken is niet gemakkelijk. In gezelschap kijk ik steeds of zij het Nederlands wel begrijpt. Vaak zie ik haar lachen zonder dat ze weet waarom. Als ik iets zeg, zoek ik naar woorden waarvan ik weet dat zij ze kent. Thuis spreken we gewoon Engels.

Mijn zwager is boodschappen aan het doen. Mijn moeder ziet eruit alsof ze huilt, voor het moment nog zonder tranen.

'Jij ook gefeliciteerd, Hanna,' zeg ik. 'Met je eerste kleinkind.'

In de open keuken staat de kraamhulp. Hoewel het buiten vriest, draagt ze een bloes met korte mouwen op een lichte katoenen broek; gewone kleding die toch doet denken aan het uniform van verpleegkundigen in warme ziekenhuizen. In Minneapolis lopen de mensen binnen in T-shirts rond terwijl het buiten min vijftien is.

Moon gaat ons voor de trap op. Daar ligt hij, in zijn eigen kamertje, in een wiegje. Ik kan net de zijkant van zijn gezichtje zien, het lakentje komt tot aan zijn onderlipje. Dat is vuurrood. Zijn wangetje voelt ruwer aan dan je zou denken bij een baby.

'Ach,' zeg ik, 'wat een schatje.'

Ik blijf naar hem kijken. Op de dag dat ik hoorde van Moons zwangerschap liep ik 's avonds in het donker naar de trein. Ik huilde en dacht: nu heeft mijn zus iemand die altijd van haar zal houden. Ooit voelde ik een paar uur lang dat ik zwanger wilde raken. Daar zou ik nog maar even mee wachten, zei Rita, toen ik het vertelde. Het verlangen was meteen weer weg. Dat is maar goed ook. Ik zou geen goede moeder zijn.

'Ik zou hem zo wel mee willen nemen,' zeg ik.

Ik zie dat het Moon pijnlijk treft, deze kleine roof. Ik ben nooit een lieve zus geweest. Als ik vroeger niet met haar wilde spelen, zei ze dat ze speciaal voor mij geboren was, en nóg wilde ik zonder haar naar buiten, naar mijn kamer, naar school. Het prentenboekje dat Dawn en ik voor haar zoontje hebben gemaakt kan niets goedmaken.

'Wat een droppie,' zegt Dawn, met een Amerikaanse r.

Die zin hebben we thuis speciaal ingestudeerd. We dachten dat iedereen het grappig zou vinden, zo'n typisch Nederlandse uitdrukking uit haar mond. Nu zegt ze het hier, waar alleen Moon het kan horen. Die reageert niet. Ze slaat het dekentje terug en tilt de baby uit zijn wiegje. Ik blijf achter haar lopen als we de trap af gaan, en houd mij goed vast aan de leuning. Als ik val neem ik haar en de baby mee. Beneden is Frans bezig boodschappen uit te stallen op het aanrecht. Mijn vader zei eens dat het voor mij minder belangrijk is om een aardige man te vinden dan voor Moon. Ik heb mijn werk.

'Koffie?' vraagt de kraamhulp.

'Wij graag thee,' zeg ik.

Moon gaat op de bank zitten en trekt haar trui omhoog en haar beha opzij. Allemaal doen we of we het gewoon vinden om hier te zitten terwijl zij Kas voedt uit borsten met grote donkere tepels. Het zal wel iets moois zijn, dat zogen, maar ik vind de gedachte aan zo'n kind dat uit je lichaam eet afstotend. Ook de gedachte aan mijn eigen onherinnerde drinken aan de borst is onverdraaglijk.

Dawn wil geen kinderen. Ze zegt dat haar familie zo ziek in elkaar steekt dat ze niets wil doorgeven, zelfs geen genen. Zelf vind ik vooral de intimiteit zo afschrikwekkend. Ik zie die bij vrienden met gezinnen, tijdens het eten. Een mes met pindakaas er nog aan dopen de kinderen in de jam of in de margarine. En hun ouders vinden dat niet erg, die proeven hun hapjes voor, schrapen met een lepel langs hun kinnetjes, steken die in hun eigen mond, eten de restjes van hun Winnie-the-Pooh-bordjes. Zo zal dat hier ook wel gaan, als Kas van de borst af is.

'De koffie en thee zijn bijna klaar,' roept de kraamhulp, die staat af te wassen.

Ze heeft een schaal met beschuit met muisjes op de salontafel gezet. Ik pak er een en leg die in de palm van mijn hand. Het beschuitje is besmeerd met een dun laagje boter, dat overal precies tot de rand reikt. Het ene likje dat aan de zijkant zit veeg ik weg met mijn duim. Ook de muisjes zijn gelijkmatig aangebracht, in een enkele laag, zonder ophopingen of kale plekken. Een mozaïek in blauw en wit, bijna zonde om op te eten. De kraamhulp heeft de vaat weggeruimd en komt nu langs met de koffiekan. Ze schenkt mijn vader in. De koffie stroomt gelijkmatig uit het tuitje in zijn kopje.

'Alstublieft,' zegt ze. 'Met warme melk toch? Die komt er zo aan.'

'Ik wou dat ik zo'n dochter had,' zegt hij.

Ik ben gepromoveerd. Mijn zus heeft net een zoon gekregen.

Er komt een golf uit de fles. Het is of ik Dreft in een teiltje spuit, zo groot is de kom met ijsbergsla en zo groen de dressing. Op het etiket staat een getekend portret van Paul Newman. Hij heeft een eigen merk pastasauzen en dressings, zegt Dawn. Ik zet de vinaigrette terug op tafel, naast de rode plastic fles Heinz tomatenketchup, die zo groot is als een brandblusser voor in de keuken.

Alles is hier gigantisch. Het Museum of Modern Art heeft tweehonderd topstukken van Matisse bijeengebracht. Na vijftig was ik verzadigd. Een *short stack* pannenkoekjes is vijftien centimeter hoog. Drenk ze in boter en esdoornsiroop en je hebt dezelfde dag nog diabetes. Broodjes zijn opengesperde muilen, met dikke plakken rosbief die eruit hangen als tongen, een diep bord vol chili con carne met hompen *cornbread* is een voorgerecht, een muffin lijkt op een Hollandse bloemkool, de suikerlaag het papje. Bij de bakker in Leiden zie ik de laatste tijd ook muffins staan, maar die zijn klein. Amerikanen moeten zich constant tekortgedaan voelen, en bekocht, als zij in Europa iets bestellen. Vanochtend stonden we op een van de torens van het World Trade Center. Ook al zo groot.

Met mijn mes en vork rommel ik in de grote plastic bak. Het is niet goed voor te stellen dat iemand deze trog leeg zou maken. Ik ben toch geen konijn, zou mijn vader zeggen. Toch doe ik mijn best om zo veel mogelijk sla te eten, anders is het zonde van het geld. Ik heb tegen Dawn gezegd dat ze de laatste maanden een baantje moet zoeken, anders hebben we straks niet genoeg gespaard voor onze reis. De croutons zijn zo droog dat ze bij de eerste druk van mijn kiezen exploderen in mijn mond. Ik hoest.

'Are you guys okay?' vraagt onze serveerster.

Ze heeft haar naam gezegd, maar ik ben hem vergeten. Routineus vult ze onze drinkbekers bij, al is het waterpeil na een paar slokken nog vrijwel niet gedaald. Ze zijn gemaakt van lomp, dik plastic en zo breed en hoog dat je er met gemak een flinke bos bloemen in zou kunnen zetten, ware het niet dat ze voor driekwart zijn volgestort met ijsblokjes. Bij dorst heb je niets aan deze overdaad. Slechts mondjesmaat komt er smeltwater vrij.

Een hoofdgerecht hoeven we niet meer, na de enorme bak groenvoer. We vragen de rekening. Die valt in Amerika altijd tegen, met de belastingen die ze erbij optellen en de vijftien procent fooi die je moet geven. Naast de deur van bijna elk restaurant zit iemand op het trottoir. De man die hier onder het raam zit heeft aids, staat er op zijn visitekaartje van bordkarton. Hij komt er ook nog bij, als kostenpost.

Over Broadway lopen we terug naar de YMCA. Morgen gaan we naar de opera in Carnegie Hall, maar vanavond blijven we op onze kamer. Er staat een stapelbed met gevangenisdekens, en de tv is op drie verschillende manieren aan de muur vastgeklonken. In de kast zitten kakkerlakken. Onze muesli en melk-poeder, van huis meegenomen om mee te ontbijten, hebben we weg moeten gooien. Thee maken gaat nog wel, met onze dom-pelaar en wereldstekker. De laatste keer in Parijs was het zo koud dat we de tweeliterbak ijs die we hadden gekocht op ons balkon konden bewaren.

We nemen de lift naar de veertiende verdieping. Dat is ei-genlijk de dertiende, maar die slaan ze hier over: christelijk en bijgelovig tegelijk. Ik ben altijd blij als we veilig op onze ka-mer zijn. In het labyrint van gangen brandt tl-licht, maar de sfeer is die van een duisternis vol bedreigingen. Steeds passeren we kamers waarvan de deuren wijd open staan. Binnen liggen dronken of zieke mannen op bed, bewusteloos, hun tv's op het hoogste volume. Zij wonen hier. 's Nachts durven we onze ka-mer niet uit om door de smalle gangen naar de wc te lopen.

Overmorgen gaan we met Amtrak naar Minneapolis. Bij Dawns ouders kun je niet naar de badkamer zonder dat iemand in de woonkamer het ziet. Dawn heeft haar zelfgemaakte kook-boekje bij zich, met recepten voor poffertjes, pudding met bes-sensap en stamppotsoep, om aan haar moeder te geven.

Ze ziet er tenger uit in mijn spijkerbroek. Het moet betekenen dat ik zelf ook niet zo groot was toen ik hem droeg, al moet hij bij mij strakker hebben gezeten, minder goed hebben gestaan. Dat kan niet anders.

Ik kijk naar Dawns polsen. Ze zijn smal en wit als in het be-gin. Wanneer is dat gebeurd? Ik voel mijn handen trillen. Op mijn polsen stonden weleens krassen. Rita zei dat ik niet meer mocht komen als ik die had.

'Have you lost weight?'

Dawn knikt.

'Daar moet je mee stoppen,' zeg ik. 'Dat is het enige waar ik niet tegen kan.'

Ik wil wegrennen, maar blijf staan. Zwijgend maken we het eten af.

Laatst stond er in de krant een naaktfoto van een vrouw met anorexia. Er was ophef over, zeker nu er in Ethiopië weer hongersnood heerst. Al die anorectische types schermen met hun laagste gewicht alsof het een trofee is. En geef ze eens ongelijk. Ik zou het ook doen als het mij was gelukt om veertig te wegen. Hun lichaam is een stem, een tong, een taal die wordt verstaan. Aan mij is niets te zien.

De salade en de paella staan op tafel. Maandag moeten we de koelkast leeggegeten hebben. Dan nemen we de trein naar Vlissingen en laten we alles achter. Zonder Dawn had ik dat nooit gedurfd. Zij wil altijd op reis.

'Op je laatste dag in de sauna,' zeg ik, mijn glas met spa heffend.

Vijf maanden heeft ze daar in de keuken gewerkt. Nu hoeft ze nooit meer frites met saté te maken voor mannen in badjas, de pluizige stof nonchalant gewikkeld om hun dikke buiken, de huid gespannen als over een pauk. Boem. Met sinterklaas gaf Dawn mij een zelfgemaakte prinses-Diana-aankleedpop van karton, waar ik haar leukste outfits omheen kon hangen, bijeengeknipt uit bladen, met papieren lipjes die je om schouders en taille vouwt. Het is raar dat Diana hetzelfde probleem heeft gehad als ik. Ze staat zo mooi op al haar foto's.

Zodra we weg zijn zal het met Dawn weer beter gaan. Met mij gaat het al goed. Ik kan alleen de naam van wat ik heb overwonnen niet over mijn lippen krijgen.

Zelfs de Britten leggen het theezakje tegenwoordig op het schoteltje.

'Yes please,' zeg ik, als de vrouw vraagt of ik een schijfje citroen wil.

Ook dat is nieuw.

Dawn zit bij onze handbagage: stuurtassen met geld en tickets, en een plastic tas met boeken, waterflessen en mueslirepen. Haar linkerpols heeft ze losjes door de hengsels gestoken, haar rechterhand rust op onze regenjacks in de kuipstoel naast haar. Als ik mijn fleece aan heb zit het regenjack net iets te strak, maar gelukkig kan de rits ook van onderen open. Buitensportkleding is ontworpen voor smalle mannenheupen, of heupen als die van Dawn.

Ik loop naar haar toe en lach, til een moment de kopjes op, in een triomfantelijk gebaar, alsof ik geslaagd ben in veel meer dan thee bestellen. Alles is ingecheckt: onze acht fietstassen, de opgerolde slaapmatjes in hun groene hoezen en onze fietsen, het stuur gedraaid, de pedalen in een plastic tas aan het frame gebonden. Ik was bang dat we de moeren niet los zouden krijgen, dat ze de fietsen zouden weigeren, dat we voor het overgewicht moesten betalen. Maar niets van dat al.

Het droge theezakje laat ik te water in mijn kopje. Even blijft het drijven, dan zuigt het zich vol, wordt van grijswit donkerbruin en zinkt. Snel licht ik het aan zijn labeltje uit het water. Als een aangevallen inktvis stoot het zakje een wolk kleur uit. Die trekt door het hele kopje, tot het water een gloed heeft als mahoniehout. Ik laat er een schijfje citroen in glijden, net als thuis. Met het lepeltje por ik in het vruchtvlees en de thee verbleekt. Nu is hij licht genoeg om te drinken.

Het drinken van het gloeiende, aromatische water is heerlijk. Ik hoef er niets bij, nog geen Candykoekje. Zelfs de chocoladeboontjes van thuis mis ik niet, zoals we ze aten, elke avond, van hun twee Ierse schoteltjes: tien voor Dawn en tien voor mij. Vanaf nu eten we van plastic borden en plastic bakjes, en drinken we uit plastic bekers. Al ons serviesgoed hebben we gewikkeld in oude kranten en in dozen opgeslagen. Ook het bakje waar we eerst samen boontjes uit aten zit daarbij. Dat hebben we al maanden niet gebruikt. Ik bleef in de gaten houden of ik niet meer boontjes nam dan waar ik recht op had, en was tegelijk bang dat ik zelf tekort zou komen. Pas toen we ze verdeelden over de Ierse schoteltjes kon ik de chocola traag laten smelten in mijn mond. Maar ook dat is nu voorbij. Ons huis bestaat niet meer. We hebben alleen nog deze vertrekhal.

Op de monitor zie ik dat het instappen is begonnen.

'Shall we?' zeg ik tegen Dawn.

Met een laatste teug leeg ik mijn kopje. Op de bodem blijft het gekneusde schijfje citroen achter. Het heeft zijn frisse gele kleur verloren. Ik zet het kopje neer en pak mijn stuurtas en regenjack. Toen ik afscheid nam van Rita had ik een plastic bekertje in mijn linkerhand. Gelukkig was ze net op tijd beter, na maanden afwezigheid, en kon ik haar nog één keer zien. Zoals altijd aan het einde van een sessie zat mijn bekertje vol met thee: de zwarte spiegel die ik in de wasbak stuk zou gooien.

Suikerspiegel

Er brandt een kleine lamp onder de overkapping, daarbuiten is het donker. Langs de ontbrekende muur van dit washok, het zwarte gat, bestormt een sterke wind de heuvel. Als een machtig leger trekt hij langs, stampend, schreeuwend, rennend, vallend. De aanval komt van zee.

Toen we aankwamen, een uur geleden, stonden we aan het strand. Alles was in gevecht met alles, de oceaan bij Hamelin Bay een slagveld waarop vriend en vijand niet meer te onderscheiden waren. De lucht die op ons af kwam leek door het water aangemaakt te zijn. Ik wilde mij storten in het strijdgewoel, maar we liepen terug en zetten onze tent op in de beschutting van het toiletgebouw, zo dicht tegen de muur als de scheerlijnen toelieten. Tussen de gombomen staan tientallen caravans. Nu het donker is, zie ik dat slechts in twee daarvan mensen zitten. De raampjes met hun afgeronde hoeken lichten op als dia's in een donkere zaal. Ze tonen gordijnpatronen uit de jaren zeventig. Ik benijd de mensen die daarachter schuilgaan hun geborgenheid in het witte ei.

Op de wasmachine staan onze borden. Met mijn lepel schraap ik over de bodem van de pan waarin we de pasta hebben gekookt. De roestvrijstalen pannenset is een geschenk voor mijn promotie. Mijn oude aluminium pannetjes, die bij het schoonschuren altijd een kankerverwekkend uitziend blauwgrijs mengsel afscheidden, heb ik weggegooid.

We koken niet in ruim water, zoals het hoort. De benzinebrander, ook een cadeau, moet doorgeprikt worden, en ik zie ertegenop de gebruiksaanwijzing open te vouwen. Stukjes pasta hebben zich gehecht aan de bodem van de pan, als schelpen aan een rots. Ik bik ze los en kijk of we ongeveer even veel hebben. Uit de kleinere pan schep ik tomatensaus over onze borden. Die ziet er niet erg appetijtelijk uit, met stukgeroerde sardines als zwerfafval, het zilver van de schubben oplichtend als *toxic waste*. Het iets vollere bord geef ik aan haar.

Dawn staat geleund tegen de droger, ik tegen de wasmachine. Het eten is al lauw als ik de eerste hap neem. Terwijl ik de pasta naar binnen werk, kijk ik naar de betonnen wasbak en de smoezelige muren, verlicht door een tl-buis. De onrustige dans van insecten in de hoeken onder het plafond doet denken aan een flakkerend vuur. Het is koud.

Dadelijk kruipen we in onze tent. Daar eten we na het tanden poetsen nog een reep chocola, 250 gram Cadbury's, vanavond met amandelen. Dat is het enige moment zonder inspanning op deze dagen: lezen in de slaapzak, bij het licht van het waxinelichtje in een pan, met chocola die langzaam wegsmelt in onze mond. Dawns *chockie* leg ik op het folie, die van mij op de binnenkant van het papieren wikkel. Australisch Engels is doorspekt met babytaal. 's Nachts plassen we in een container waar kant-en-klaar pannenkoekbeslag in heeft gezeten. Ik word vijftig keer wakker om me om te draaien, zo dun is het matrasje. De wind buldert en slaat met vlakke hand op het tentdoek.

Morgen gaan we naar Cape Leeuwin. Daar is te zien hoe de Zuidelijke Oceaan en de Indische Oceaan elkaar ontmoeten, steeds opnieuw en nooit, want water erkent geen grenzen.

De rechte weg wordt aan beide zijden omheind door bomen die met elkaar een hekwerk vormen. De spijlen groeien dicht aaneen, ons grondgebied is dun en lang, een gang, maar zonder deuren. De volgende afslag komt over tachtig kilometer. We sliepen op een verlaten kampeerterrein, bang, met messen naast onze kussenslopen, die gewikkeld zijn om opgevouwen truien. Toen ik wakker werd deed mijn oorschelp pijn. De kookaburra, een vinkachtige vogel, liet ons schrikken met zijn harde, hysterische lach.

Ik hoor getik, geroffel dat overgaat in gedreun, een steeds sneller, harder slaan op trommels. Voordat ik heb afgeremd en stilsta in de berm ben ik al doorweekt. Niet langer draag ik schoenen, mijn voeten zijn omwonden met zeiknatte lappen. Het heeft geen zin om te stoppen. We rijden door.

Een uur later, als we dringend moeten eten, regent het nog steeds. Met onze benen aan weerskanten van onze fietsen staan we op het asfalt. Ik snijd plakken brood af die meteen papperig zijn, als in melk gedoopte wentelteefjes voor ze de pan in gaan. Regendruppels ketsen op de donkergele cheddar alsof het een zeiljack is; de kaas laat niets door, want vet en water mengen niet. Snel vouw ik het plastic weer om het blok. Dat gaat gemakkelijker nu er meer van af is.

Haastig kauw ik mijn natte boterham. Dit is eten als karwei. Regen sijpelt mijn mond in: speeksel dat van buiten komt. Wanneer ik mijn voeten verzet, duwt de verplaatsing van mijn gewicht een moment het water uit de zachte zooltjes in mijn schoenen. Ze zuigen zich meteen weer vol.

De MacDonnell Ranges liggen als een vloedgolf van gebakken klei aan mijn linkerhand. Eindelijk kunnen we Alice Springs verlaten, nu de wegen zijn vrijgegeven en het water zich heeft teruggetrokken. Het is warm en vochtig.

Al voor de vierde keer stoppen we om water uit onze bidons te drinken. Als vanuit het niets komen tientallen vliegen tevoorschijn. Zolang we tegen de wind in fietsen kunnen ze ons niet bijhouden, nu zwermen ze weer om ons heen. Ik voel ze op mijn benen lopen en zuig er per ongeluk een mijn neus binnen. We worden belaagd door vliegen die hier langs de weg op ons moeten wachten, onzichtbaar, tot het moment dat we stilstaan. Wat doen ze in dit landschap als wij er niet zijn?

De woestijn staat in bloei. Het landschap is zo vreemd dat ik er moeite mee heb om het mooi te vinden. Ik ben blij als we White Gums bereiken. Verscholen achter een opening in het gebergte, er half door ingeslikt, ligt daar een theehuis annex camping. Achter een gammel hek zit een stel kangoeroes moedeloos tussen de struiken. De camping is kaal, de enige beschutting tegen de zon wordt gevormd door een met golfplaat overdekte kookplaats. Daarnaast staat een oude, zelfgebouwde kampeerbus, waaruit elke paar minuten een ongezonde rochelhoest opklinkt, die steeds even rondzingt onder de overkapping boven de barbecue, voordat hij wegsterft.

Zodra de tent staat nemen we onze toevlucht tot het theehuis. Het is nieuw en modern ingericht, maar het heeft een sfeer van hopeloosheid in dit verlaten landschap. Ik kijk op de menukaart en zie meteen wat ik wil. Ik vraag niet aan Dawn wat zij gaat nemen, zoals ik anders altijd doe. Vaak brengt dat me dan weer aan het twijfelen, als ik zelf iets in gedachten had: wat zij overweegt is natuurlijk een goed idee, misschien moet ik dat ook maar doen. Dit keer is het niet van belang wat Dawn zal nemen, omdat ik zeker ben van mijn keus. Pas als we besteld hebben, besef ik dat ik niet eens heb gekeken wat het kost.

Het meisje brengt ons twee kommen. De sensatie van de romige, zoete kou van het ijs en de frisse, geparfumeerde smaak van de lauwe meloen breken door mijn lusteloosheid heen.

Terwijl we zitten te eten komen er twee oudere echtparen binnen. De mannen vormen de voorhoede: zij verkennen de ruimte en kiezen een tafeltje, hun echtgenotes bekijken de vitrine met souvenirs en de kaartenmolen.

'Gelukkig, ze hebben hier vliegennetten,' zegt een van de vrouwen.

Mijn kom is bijna leeg, op de bodem ligt alleen nog een poeltje gesmolten ijs en meloensap. Ontdaan van kou is de smaak opeens wee. De warmte die in het theehuis hangt voelt aan als schaamte en is even verlammend. Geen wonder dat Australiers geobsedeerd zijn door gekoelde drank. Uit elke radio horen we een oubollig liedje. Het duurde weken voor ik snapte wat er wordt gezongen:

Say g'day to friends and relies
Wave them off with bulging bellies
Kids and babies, youngies, oldies
And may your fridge be full of coldies.

Coldies: daar bedoelen ze koude blikjes mee, bij voorkeur gevuld met bier.

Het lijkt het oude liedje. Het trillen is begonnen, ik voel mijn aderen kloppen, mijn spieren schudden mij door elkaar, ik transpireer van de warmte en van de kou. Ik probeer mijn hand door de opening in mijn stuurtas te wurmen, maar de tandjes van de rits blijven in mijn fietshandschoentje haken. De rits moet verder open, mijn vingers krijgen het lipje niet te pakken en als ik het beet heb is er geen beweging in te krijgen. Harder trekken, rukken, wringen, dan ben ik binnen.

Mijn vingers, per stuk twee kootjes die uit het handschoentje steken, voelen het leer van mijn portemonnee, het papier van de landkaart, het ronde, harde plastic van de lippenbalsem en het metaal van het doosje met bandenplakspullen. Dan glijdt mijn duim over een dun vlies, met iets hobbeligs eronder, iets bultigs. Beet. Alsof het een vis is die ik met blote handen vang trek ik de spartelende mueslireep tevoorschijn, uit de tas, uit de zee. Het plastic scheur ik open bij de kartels en haast zonder de verpakking er fatsoenlijk af te halen doe ik hem in mijn mond. Ik kauw niet, slik meteen. De kleverige, taaie reep is weg. Ik wil jammeren om meer. Dit is hongerklop.

Dawn komt mij achterop, ze opent haar stuurtas en reikt me een Snickers aan. Zonder iets te zeggen scheur ik ook die open, en ik prop de in karamel gewikkelde pinda's naar binnen.

'Jezus,' zeg ik. 'We moeten echt beter op onze eetpauzes letten.'

Ik hang over mijn stuur, haal diep adem en probeer mijn lichaam gerust te stellen, denk aan de suiker die ik binnen heb, die alleen nog moet worden opgenomen. Meer eten is niet nodig, meer eten zal niet helpen, prevel ik. Mijn lichaam spreekt de bezwering tegen, roept, smeekt, eist meer. Ik kan alleen wachten tot het bloed weer zal zwijgen. De enige tong die wordt gehoord.

Langzaam neemt het trillen af. Het zweet begint te drogen in de felle zon. Vliegen zoemen. Dan voel ik eindelijk dat het signaal is afgegeven: de suiker is in goede orde ontvangen. De paniek verdwijnt, de schaamte komt. Het is gezien, mijn gulzigheid, mijn angst voor het tekort, mijn schrokken.

We liggen een tijd in de berm, in een schaduw die geen verkoeling geeft, ik met mijn rug naar Dawn. Ik ben slap als na een week griep. Onbegrijpelijk dat ik dit vroeger volhield: mijn maag vullen, de boodschap mijn bloed in sturen dat ik gevoed was en bevredigd, dat er insuline aangemaakt moest worden, en dan het eten laten verdwijnen alsof het nooit bestaan had, en de woede en verwarring voelen van mijn bedrogen, hongerige lichaam.

Om twee uur rijden we de camping van Wagga Wagga op. Het is vol onder de gombomen met hun vervellende basten. De eigenaar toont ons trots de *barbies* die bij elke kampeerplek staan. Als hij weg is, kijk ik wat er in de blikjes zit die met ijzerdraad aan elke barbecue zijn bevestigd. Ik kokhals als ik de inhoud zie: bijeengeschraapt vet van een heel kampeerseizoen, met geblakerde stukjes vlees erin, zwart als steenkool.

Met onze rug naar de barbecue koken we op onze benzinebrander pasta met tomaten en tonijn. Het blijft warm, ook nu de zon allang weg is. Dit niet afnemen van de hitte ken ik nog uit India. Nu moet het toch koeler worden, dacht ik daar steeds. Het was avond, het werd nacht, en het bleef warm.

Als we op onze matjes liggen, kan ik niet slapen. We moeten om vijf uur op, om de ergste hitte voor te zijn, maar om ons heen wordt gedronken, gepraat, hard gelachen. Mensen trekken blikjes drinken open. De bier en frisdranken hebben al die tijd hun adem ingehouden. Nu ademen ze uit.

Ik denk aan het blikje met bakvet dat aan de barbecue hangt. Ik stel me voor dat ik de grauwe blubber op een lepel schep en die in mijn mond steek, en dan nog eens, en nog eens, tot alles op is. Ik kokhals terwijl ik de sensaties in het leven roep, ik voel het zuur omhoogkruipen in mijn keel, ik neem mijn walging waar, ik voel beweging in mijn maag, alsof daar een dier ontwaakt en uit zijn hol wil komen.

Niets, niets zou me ertoe kunnen brengen om wat ik me verbeeld ook werkelijk te doen. Geef me de kans een leven te redden door het blik met bakvet leeg te eten, en ik heb een dode op mijn geweten.

De lege aardewerken schalen staan om ons heen op de grote kiezels, scheef, gekanteld, alsof ze hier zijn aangespoeld, op de kust getild met de laatste krachten van golven die zich weer hebben teruggetrokken in de zee, hun taak volbracht. De groenten die we uit de schalen aten waren een paar uur terug nog planten.

Hier op het Zuidereiland komt al ons eten vers van het land, want voor elke boerderij die we passeren staat een kraampje. Elke dag stoppen we een keer en laden de fietstas die we onze koelkast noemen vol met fruit en groente. Er staat altijd een blik waar je de munten in kunt doen.

Vanavond picknicken we aan zee, op uitnodiging van Sabrina. We liepen door de kwekerij en trokken struikjes uit de aarde, legden bladeren en takken in de manden, plukten zaden die waren neergelegd in zachte bedden van zoetigheid, droegen ze naar Sabrina's keuken, waar we ze schilden, pelden en hakten, net zo lang tot ze voedsel waren geworden. De schalen zetten we achter in haar auto en over de onverharde weg reden we vanaf de biologisch-dynamische tuinderij naar zee. De deksels klepperden.

Met het legen van de schalen verdwenen langzaam ook de heuvels rond de baai, de wind ging liggen, de zee werd glad, het donker kroop naar ons toe, omvatte ons.

'Ik ga een vuur maken,' zegt Sabrina.

Ze verzamelt wrakhout en laat het branden. Opeens hebben we gezelschap, zitten we met zijn drieën om iets wat fel is en gevaarlijk, een wild dier. Ik denk aan Nepal, aan de vuren in de hutten zonder schoorsteen en aan de vuren buiten, onderweg, om water heet te maken voor de zoute, vette thee. Na een ijskoude nacht in de tent was er een vuur om pap te koken. Terwijl ik op een boomstam zat te eten, in de schaduw van een berg, trok over het pad hoog boven ons een karavaan van geiten, elk met twee zakjes op hun rug: zout uit Tibet.

Dan hoor ik weer het zachte slurpen, het likken van het Zuidereiland door het water. Het is niet gemakkelijk om te zijn waar je bent. Als ik niet oppas ga ik weg, zelfs van hier.

Sammy zegt dat er een bootje van ons eiland zal komen, met het eten voor de lunch. Hij gaat weer liggen, zijn ogen dicht. De schaduw van de palmboom beweegt zacht heen en weer over zijn lichaam, alsof iemand hem koelte toewuift.

Ik zit op de grens van strand en zee, waar de golven wel aankomen maar niet blijven. Water legt een blauw kleed over mij heen, tot aan mijn middel. Dan wordt het weer weggetrokken, sierlijk, als in een verleiding. Gisteren heb ik van schelpen en visdraad een ketting geregen, voor Rita, om te geven als ik haar na deze reis weer terugzie. Ik hoop dat ze nog weet wie ik ben.

Over het water kijk ik naar Tavewa. Tussen de palmen onder aan de groene heuvel zie ik een blauwe stip: onze tent. Verderop staat de rieten hut waar we eten. De vloer is er van zand. Het schuitje dat moet oversteken om onze lunch te brengen, ligt nog voor anker. Het lijkt bewegingloos, al weet ik dat het dobbert en aan zijn ketting trekt, net als de boot die hier in het water ligt. Ik zou best iets lusten, maar als het eten niet komt is dat niet erg.

De golven worden hoger, ze hullen mij in grillige gewaden,

in jurken, toga's, jassen, ze duwen en trekken om mij te kleden in hun nieuwste ontwerp.

Ik sta op en ga onder een palmboom liggen. Het fijne zand hecht zich aan mijn natte huid alsof ik deeg ben dat op een met bloem bestoven aanrecht is gelegd, om uit te rollen tot een dunne lap. Ik weet niet hoeveel later het is als ik stemmen hoor. Ik ga rechtop zitten en zie twee bootjes in de baai. Ze dobberen synchroon.

Kimo waadt door het water, twee rode koelboxen op zijn schouders. Sammy pakt ze aan. Tussen de palmbomen staat een ruwhouten tafel met twee banken. De anderen zijn bezig aan te schuiven. Dawn komt aan land, haar snorkel in haar hand.

Ik sta op en loop naar de eettafel. Het zand valt van mijn huid als een snufje zout. We eten gebakken rijst. In een mand liggen bananen. Die groeien hier aan de bomen.

Kwekkeboom

Dit ritueel is als het hijsen van een vlag. Mijn rode fietstas schiet omhoog, de boom in. Nogmaals trek ik aan de scheerlijn. Het witte koord snijdt in mijn handpalm, zo zwaar is ons eten.

'Is dit hoog genoeg?' vraag ik aan Dawn.

'A bit higher,' zegt ze.

Op sommige campings staat ergens aan de rand van het terrein een enorm metalen meubel, met voor iedereen een kastje, als een bagagekluis op het station. Vaker krijgt iedereen zijn eigen roestige kast. Dan staat hij klaar, deur wijd open, op de open plek in het bos, naast de picknicktafel en de vuurplaats met het zwarte rooster. De kast klinkt hol als we ons eten erin leggen, voor we gaan slapen. De deur gaat dicht met een geluid als van een gong. Maar op dit kampeerterrein ontbreken voedselkluizen. Er is bijna niemand.

Ik wikkel de scheerlijn om de boomstam, zodat de fietstas blijft hangen, buiten het bereik van beren. We gaan aan de picknicktafel zitten lezen, in het laatste licht. Alles is gedaan. Ergens achter de Seven Sisters zakt de zon. Het wordt kouder. Muggen zoemen. Ik sla ze weg van mijn gezicht.

Het liefst zou ik in de tent gaan liggen, met mijn boek en een reep chocola, maar in de bossen lopen bruine beren. Zelfs eten in blik kunnen zij op grote afstand ruiken. Ze breken auto's open en campers, op zoek naar voedsel. In Vancouver zagen we in het museum totempalen, met beren gebeeldhouwd als machtige dieren: niet de vertederende teddy's van thuis, knuffels voor in bed, bij baby's, maar beesten om te vrezen en te respecteren, en uit de weg te gaan. Bir ligt nog steeds op zolder bij mijn ouders. Zijn arm zit in het verband. Hij is te aftands om aan de kleine Kas te geven.

Toen we vanmiddag aankwamen maakten we een praatje met de beheerder. Hij brengt hier de zomer door, in een tent, met zijn vrouw en zijn zoontje van vier.

'Vorige week waren we voor het eerst in twee maanden in een gewoon huis,' zei hij. 'Op bezoek bij vrienden. Hun kinderen wilden video's kijken, maar onze zoon keek naar het geflikker van het scherm en rende terug naar buiten.'

Wat goed voelt en wat goed is: kon dat maar altijd samenvallen.

De wind is gaan liggen, een vogel slaakt een kreet. De avond brengt een echo in de lucht. Alles is veilig opgeborgen. We hoeven alleen onze boeken nog dicht te slaan. Onze tanden zijn al gepoetst. De toiletartikelen hangen in de boom, want beren houden van de geur van shampoo en tandpasta. Ik heb zelfs geen lippenbalsem meer bij de hand.

Aan een van de duizenden bomen die we passeren is een bord gespijkerd, aan alle andere hangt niets. 'Bob's Diner, 1 mile'; ik zie het in een flits. Sinds Hungry Hill Summit zijn we aan het dalen. Ik moet straks de hoogte in mijn notitieboekje opschrijven, al is het niet veel bijzonders: 844 meter. De Rocky Mountains doorkruisen is een eitje.

De uitsparing in het bos zie ik pas als ik erlangs schiet. Ik maak een scherpe bocht en draai de parkeerplaats op. Gravel spat op als ik rem. Er staan twee pick-uptrucks op het terrein, zo dicht mogelijk bij de deur geparkeerd, de laadbakken leeg. Dat is altijd zo. Ik kijk om en zie hoe Dawn kalm vaart mindert en naast mij tot stilstand komt. Met een ketting rijg ik onze fietsen aan elkaar. In Vancouver hebben we al onze schelpenkettingen alvast naar Nederland gestuurd. Een bord in het raam geeft aan wat *today's lunch special* is: gebakken lever met bacon en uien.

'Ik weet al wat ik wil,' zeg ik tegen Dawn, als we binnen aan een tafel met een rood-wit geblokt kleedje zitten.

Schuin achter haar eet een man alleen. Kruimels en klodder-tjes hangen in zijn snor: een vogelnestje waar de ruimte tussen de takjes is opgevuld met blaadjes, pluisjes, stukjes stof. Voor het raam zitten twee mannen tegenover elkaar. Ze dragen alle-bei een baseballpetje en wisselen geen woord. Hun grote han-den zijn met eelt gepantserd. Met een vork in hun rechterhand, de andere elleboog breeduit op tafel, werken ze gestaag hun maaltijd naar binnen, alsof hun eten een berg zand of stenen is die schep voor schep verplaatst moet worden.

'How are you guys doing today?' vraagt de vrouw.

Als we echt op haar vraag zouden ingaan, zou het tussen deze muren voor het eerst over gemengde gevoelens gaan. Ik wil er-gens wonen en in beweging blijven. Ze houdt haar blocnote in de aanslag.

'Fine,' zeg ik.

Dat hoeft ze niet op te schrijven.

Ze geeft ons de menukaart: twee handgeschreven velletjes die achter plastic zijn geschoven, in een imitatieleren bordeaux-rode map. Werktuiglijk bekijk ik de opties, maar ik weet al dat ik de lever neem, vegetariër of niet. Het kan me zelfs niet sche-len dat een *toasted sandwich* goedkoper is. Mijn lichaam spreekt duidelijke taal. Ik moet een schreeuwend tekort aan ijzer heb-ben.

Mijn fietscomputertje ligt op tafel. Terwijl we op het eten wachten check ik de gegevens. We hebben tachtig kilometer gereden sinds vanochtend, gemiddelde snelheid 23,9 kilome-ter. Het is lekker om weer op weg te zijn, na twee dagen in een motelkamer met airco en een kitchenette. We zaten op bed, keken tv, bakten pannenkoekjes en eieren, en aten prijzig ijs. Dawn slaakte een kreet toen ze de ronde bekers ontdekte, in de vriezer bij de supermarkt aan de overkant. We kozen een kuipje *Strawberry Cheesecake*. Dawn zegt dat het ijs van ene Ben en ene Jerry, twee oude hippies met een fabriekje in Maine, nog lek-kerder is dan dat van Häagen-Dazs, vooral als er stukjes *cookie dough* in zitten. Dat laatste lijkt me nogal regressief, alsof je weer bij je moeder in de keuken staat, terwijl ze deeg uitrolt op het aanrecht.

De vrouw zet onze *lunch special* op de placemats neer, en bedekt zo de grote bruine beren. Op onze borden liggen twee enorme lappen lever, gelardeerd met stukken opgekrulde bacon en slappe, goudgeel gebakken uiringen. Vreemd genoeg ziet het er lekker uit. Naast de lever ligt een berg *potato wedges*, donker en glanzend alsof ze gebeitst zijn.

'Let's dig in,' zegt Dawn.

Gebakken lever is blauwbruin van smaak: de vleesgeworden synesthesie, met ijzer dat je niet alleen kunt proeven, maar ook kunt zien. In mijn mond voelt de massa aan als uitgedroogde paté: wel zacht, niet smeuïg. Een enkele keer knerpt tussen mijn tanden een taaie draad. Is dat een adertje? Ik huiver, slik het snel door en geniet dan weer van het gladde vlees, alsof er niets anders is dan dat.

De vrouw haalt onze borden weg. Alles is schoon op, zelfs de waterkan is leeg. We bestellen nog een pot thee, al is dat niet strikt nodig.

'Would you guys like any desert to go with that?' vraagt ze.

Ik kijk Dawn aan. Wat zullen we doen?

'Apple pie, please,' zegt ze, zonder te overleggen.

'Would you like that *a la mode*?'

Dawn knikt. Op deze manier wordt het een dure lunch. Ik bestel hetzelfde. Vanavond hoeven we bij de tent niet meer te koken. Zo meteen vullen we in de *restroom* onze bidons nog bij.

Terwijl we wachten op de kleffe, warme appeltaart met druipend, felgeel vanilleijs eroverheen, denk ik aan het vlees in mijn maag. Het ene orgaan ingepakt in het andere. Vandaag heb ik twee levers: een rauwe en een gare. Allebei bevatten ze afvalstoffen. Neemt mijn eigen lever de giften op die via het vreemde orgaan mijn lichaam binnenkomen? Als ik het me goed herinner van biologie blijven ze daar dan altijd opgeslagen.

Ik zal er niets van merken. Mijn hart kan ik soms voelen, mijn maag altijd. Mijn lever doet zijn werk zonder dat ik het in de gaten heb.

De meeste cursisten nemen een Kwekkeboom-kroket. De deukjes en afgeplatte rondingen suggereren ambachtelijkheid: het in vette handen vormen van een rol ragout en die wentelen in paneermeel, zoals mijn moeder doet met haar kaaskroketjes. Een kroket is lekker, en om die paar sliertjes slachtafval hoef ik het niet te laten, maar ik geef de roestvrijstalen schaal toch door zonder er zelf iets af te nemen. Ik ben aan het werk, ook hier aan tafel.

Uit het broodmandje pak ik een waldkornbroodje, met mijn vork hevel ik een plak oude kaas over naar mijn bord. Het waldkornbroodje en de Kwekkeboom-kroket: ze zijn allebei opgekomen in de anderhalf jaar dat wij op reis waren, net als Jomanda, Marco Borsato en de pinpas. Ik heb mijn eurocheques weggegooid.

Er springen kruimels weg als ik in mijn waldkornbroodje bijt. Als we dadelijk onze stuks fruit op hebben en terug naar het zaaltje gaan, moet ik in de wc even checken of er geen geroosterde zonnebloempit tussen mijn tanden is blijven zitten. Ook moet ik niet vergeten mijn panty op te hijsen. De hele ochtend, heen en weer lopend voor de flip-over met argumentatieschema's, voelde ik het kruis als een hangbrug tussen mijn bovenbenen. Zelfs de grootste lengtemaat is voor mij te kort. Misschien zou het kruis hoger reiken als ik afviel, maar daar wil ik niet aan denken. Ik heb geen idee of het nodig is, en ik zou het ook niet kunnen.

Volgende keer kan ik beter een boterham nemen, daarmee loop ik minder risico. Ik kijk naar de manieren waarop mijn cursisten kroketten eten: fijngeknepen tussen een broodje, geprakt op een witte boterham, keurig doormidden gesneden, de helften parallel neergelegd, met de krokante kant naar beneden of omhoog. Zelf doe ik bij voorkeur het laatste. De binnenkant

van een kroket zie ik liever niet. Het is net of die al is voorge-
kauwd.

'Zullen we weer?' zeg ik.

Het lijkt of ik al weken ben opgesloten in dit conferentie-
oord, toch ga ik pas het derde dagdeel in.

Als ik weer voor de groep sta en een hand-out met een over-
zicht van alinea-indelingen laat rondgaan, merk ik het op. Terwijl wij in de grote eetzaal zaten, met aan alle tafels groepen
cursisten met hun trainers, zijn hier de waterkannen bijgevuld.
Bovenop drijft een massa ijsblokjes. Zak onderuit en je bent een
pinguïn die in het koude water van de Zuidelijke Oceaan naar
een wak zoekt in het pakijs. Dat ligt als een deksel op de zee.

Ook de voedselvoorraad is weer op peil gebracht. De schaaltjes liggen vol met pepermuntjes, dik en rond als oude munten, wit als gips, met aan de ene kant een vrouwenkop in reliëf,
als op zo'n ouderwetse hanger, een camee. Staafjes met suiker
en plantaardige koffiemelk in poedervorm staan dicht opeengepakt in glazen. Op de schoteltjes liggen in goud en zilver verpakte koekjes. En net als vanochtend, toen we hier na het ont-
bijtbuffet binnenkwamen, zijn in de houten dozen de stapels
theezakjes in elk vakje weer precies even hoog. Alles kan opnieuw beginnen.

De weg met de bomen lijkt korter dan vroeger, zelfs met wind
tegen. In mijn benen is nog steeds de kracht van het reizen opgeslagen. Spieren zijn batterijen die heel langzaam leeglopen
als je ze niet gebruikt. Vorige week hebben we de televisie tevoorschijn gehaald. Die stond nog ingepakt. We hadden ons
voorgenomen niet meer te kijken.

'Nou nou,' zegt mijn vader, als we de fietsen in de schuur
zetten. 'Ik weet niet of die roestige dingen wel binnen mogen
staan, in onze mooie berging.'

Hij schuift de andere fietsen opzij om plaats te maken voor
onze Giants. Mijn moeder ziet er slecht uit, zoals zo vaak. Sinds
een week heeft ze een tweede kleinkind. Zo'n lekker joch, zei

oma Jaspers over Stijn, gewoon om op te vreten. Kas is drie. Ik heb zijn peutertijd gemist. Hij kan al rondgaan met de koekjes voor bij de koffie, zag ik tijdens het kraambezoek. Mijn vader deed of hij hem niet zag toen Kas voor hem stond en trots de trommel omhooghield. Hij draaide zijn hoofd weg en zei met luide stem iets tegen mijn moeder. Kas begreep het niet. Zijn lip trilde en hij begon te huilen. Toen hij naar Moon ging om gerustgesteld te worden, lachte mijn vader spottend. Hij zei dat Kas een papkind is.

We lopen door naar de achtertuin. Daar plukt mijn vader aalbessen, voor het toetje. Ik help hem, trek de trosjes los, voel het gewicht van de bessen op mijn hand. Voorzichtig, alsof het kostbare oorhangers zijn, leg ik ze in het glazen toetjesbakje. Mijn vader is gek op zuur. Ik houd het meest van frambozen, ook om te plukken. Je legt je vingers om de dicht opeengepakte bolletjes, rood en kwetsbaar als ballonnen. In een vloeiende beweging trek je ze los van het harige kegeltje waar ze omheen zitten als om een mal. Kicks voor niks, zouden Van Kooten en De Bie zeggen. Met Els werkte ik in Engeland in de fruitpluk, één regenachtige zomer lang.

Dawn zit aan de picknicktafel op het betegelde terras, onder het grote raam. Ze is moe van haar eerste week als marketingmanager. Door de hordeur hoor ik getik van serviesgoed uit de keuken komen. Mijn moeder komt naar buiten met het houten dienblad.

'Komen jullie, er is soep,' zegt ze.

Het is warm, ook in de schaduw van het huis. De grindtegels die tegen de gevel zijn aangebracht houden de hitte vast. Ik klim in de picknicktafel. Op reis waren we blij als er zo'n ding bij onze kampeerplek stond, dan hoefden we niet op de grond te eten. Nu vind ik de planken hard en mis ik een leuning in mijn rug.

Mijn moeder geeft mij mijn beker met soep. Ik heb de mooie lepel.

'Lekker,' zeg ik.

219

'Als hoofdgerecht heb ik iets speciaals gemaakt,' zegt ze. 'Van een recept.'

'Wat dan?'

'Dat is een verrassing.'

Als de pan op tafel staat en het deksel wordt opgelicht, blijken we pasta te eten. Penne. Er zit blauwe kaas doorheen, en champignons. Lekker, al is de pasta niet al dente.

'Heerlijk, Hanna,' zeg ik. 'Wat heb je er allemaal doorheen gedaan?'

Blijf toch gezellig, dan flans ik iets in elkaar, zegt mijn moeder altijd. Ik doe gewoon wat water bij de soep.

Dit keer is er op ons gerekend. Mijn moeder heeft speciaal van een recept gekookt. Ze zag het staan in de *Libelle* of de *Margriet*, en dacht: dat ga ik maken als Alma en Dawn weer terug zijn. Ze pakte een schaar uit de keukenla, legde het papiertje in de schoenendoos met recepten, en wachtte af tot het bericht: ze komen. Op haar boodschappenlijstje schreef ze wat ze in huis moest halen, in de schappen bij Albert Heijn zocht ze naar ingrediënten die ze anders niet kocht, in de canvas boodschappentassen die ze aan weerskanten van haar fietsstuur hing bracht ze die naar huis, borg ze weg in de koelkast en de keukenkastjes. En vanmiddag, toen wij op weg waren, stalde ze alles uit op het aanrecht, las de instructies, deed wat haar werd opgedragen, zich verheugend op onze reactie, op hoe lekker we het zouden vinden, hoe gretig we ervan zouden eten, dat het schoon op zou gaan, dat we zouden zeggen hoe heerlijk het was, dat ze zou vragen of we het echt meenden, en dat we het dan nog eens zouden zeggen.

'Hebben jullie genoeg gehad?'

De pan is leeg. Het was niet overdreven veel, voor vier van die lange mensen, maar het is een goede gewoonte om te stoppen met eten voordat je verzadigd bent.

'Ja hoor,' zeg ik. 'Het was heerlijk.'

'Ja? Vond je?'

Als toetje krijgen we aalbessen. Mijn vader eet ze met suiker.

Er staat ook een pak vanillevla op het tafelkleed. In de ruimte tussen de planken van de picknicktafel hangt de stof slap naar beneden. Thuis neem ik soms aalbessen met vanilleyoghurt. Dat is minder zoet.

We hoeven niet te helpen met de afwas. Die doen ze als we weg zijn, want zo vaak zien ze ons niet. Toen we op Schiphol aankwamen, na onze reis, was mijn moeder ontroostbaar, alsof we niet aankwamen, maar voorgoed vertrokken.

Als we na de thee het pleintje af fietsen, staan mijn ouders bij de berging ons na te kijken. Ik zwaai voordat we bij de garages de hoek omslaan. Ze zwaaien terug.

De hele bomenweg moet ik huilen. Mijn moeder heeft speciaal voor mij van een recept gekookt. Ik zou het zo graag de lekkerste maaltijd vinden die ik ooit at.

In dit huis is elk voorwerp van massaproductie veranderd in een nonchalant kunstwerk – een kunstwerk met alleen gebruikspretenties, dat zonder scrupules van een nieuwe verflaag werd voorzien wanneer de oude verveelde of versleten was. De boekenkasten, de deuren, de kasten, de muren, de schoorsteenmantels, de stoelen en tafels: alles is beschilderd, door Vanessa Bell of Duncan Grant.

Alleen hier kunnen de gordijnen in de eetkamer bestaan uit banen met verschillende dessins. Alleen hier kan een door Quentin Bell beschilderde vergiet als een lamp boven de tafel hangen. Zelfs nu het huis niet meer bewoond wordt maar bezichtigd, is het springlevend. Dawn en ik moeten de muren in ons nieuwe huis kleuren geven als hier: oker, donkerblauw, zeegroen, dieprood. Ik heb haar gisteren gebeld, en dat gezegd.

Vanavond, op de laatste avond van de Charleston Summer School, eten we met de hele groep in de tuin. De kleurige schemerlampen die anders binnen staan, in kamers met de flair van ateliers en in ateliers als kamers, zijn op het gras gezet, tussen de lange tafels. Een paar staan er op de aarde, in de borders. Hun lampenkappen beschijnen cirkels bloemen, het licht schikt ze tot boeketten. De tuin is weelderig en harmonieus, zonder dat je, zoals in een formele tuin, de grondslag van die harmonie kunt doorzien.

We lachen en praten, het eten is lekker. Er zijn veertig jaren verstreken en nog steeds is voelbaar hoe Vanessa Bell probeerde het kleine paradijs te scheppen waardoor Duncan Grant zou blijven, ondanks zijn vele minnaars. Ze vrijwaarde hem van elke verantwoordelijkheid, zelfs die om een vader voor hun dochter te zijn. Het huis deed zijn werk: hij bleef vijfenveertig jaar bij haar. En zo verlokkend is Charleston ook nu nog dat ik wil beantwoorden aan Vanessa's smeekbede, ook al is die niet aan mij gericht: 'Blijf altijd hier.' Maar ik ben geen schilder. De kwast is niet mijn tweede tong.

Wil je schrijven, dan moet je acht kilometer verder zijn, in het huis van Vanessa's zuster, Virginia Woolf. Nog steeds is er te voelen dat zij haar gasten zowel verwelkomde als verwenste. Het was er spartaans en sober, door de keuken stroomde soms het regenwater van de hoger gelegen tuin naar het lager gelegen laantje aan de voorkant van het huis; de woonkamer was een groene grot waar niets de aandacht kon afleiden van de letters.

Maar ik zit hier, met dertig mensen aan een lange tafel, in Vanessa's uitbundige bloementuin. De lichten in het huis zijn aan, overal is kleur, de ramen hangen als schilderijen aan de muur van duisternis. Toch verlang ik naar de stilte en beschutting van de groene grot. Vanessa zag er altijd gezond en blozend uit. Virginia was dun en ziekelijk.

Met een broodmagere vrouw zit ik aan een kleine keukentafel. Ik volg haar bewegingen en doe haar na. Altijd heb ik willen zijn als zij.

Ze legt een boterham op haar bordje. Twee keer per dag moet ze bewijzen dat haar maag niet alleen de splinters van droge crackers verdraagt, maar ook de deegspons die zich met speeksel en maagsappen mengt en zwaar wordt. Ze smeert er een veegje plantenmargarine over uit en laat een plakje rosbief neerdalen, als een laken over een bed. Geen zout eroverheen, want zout houdt water vast, en dat zie je morgen terug als vet. Een weegschaal registreert niet het gewicht van botten, organen, water, maar dat van vet.

Na de lunch gaan we door met de tekst voor de folder. We zitten naast elkaar achter de computer. Nog steeds kan ik het woord niet zeggen. Zo veel eruit gegooid, maar de benaming blijft steken in mijn keel, en geen vinger die kan helpen. Toen ik mij aanmeldde bij de patiëntenvereniging, dacht ik dat ik het daar zou leren zeggen. Maar we mogen het niet eens schrijven. De officiële termen die we moeten gebruiken zijn: AN en BN. Dat heeft het bestuur besloten.

'Irriteert het jou niet, dat het bestuur alleen bestaat uit ouders?' vraag ik.

'Ze doen heel veel,' zegt Andrea.

Dit is een belangenvereniging waarin de belanghebbenden zo zwak en timide zijn, of zo kwetsbaar voor een terugval, dat hun ouders het meeste werk verzetten. De voorzitter heeft twee dochters met anorexia. Hij is dus bij uitstek gekwalificeerd; alle andere ouders hebben maar één ziek kind. Vrouwen met BN ben ik nog niet tegen gekomen. Ik maak deze folder af en houd het dan voor gezien.

Ik klik op cursief. Dan typ ik de titel van het tweede hoofdstuk: *Hoe ontstaan AN en BN?* Het bestuur heeft aangegeven in welke lijn we moeten denken. Genetische factoren, karakter, met name de neiging tot perfectionisme, en niet te vergeten het westerse schoonheidsideaal. De invloed van het gezin blijkt minder groot dan altijd is gedacht, zo blijkt uit onderzoek.

Aan het eind van de middag hebben we alle hoofdstukjes klaar: hoe je AN en BN kunt herkennen, hoe AN en BN ontstaan, wat eraan te doen valt als je last hebt van AN of BN, en hoe de patiëntenvereniging je daarbij behulpzaam kan zijn. Andrea doet de diskette in een kartonnen envelopje, om hem morgen aan het bestuur te geven.

'De folder is in ieder geval een stuk leesbaarder geworden,' zeg ik, als we in de gang staan. 'Vergeleken met hoe hij eerst was.'

'En dankzij de sponsor wordt hij in vierkleurendruk uitgegeven,' zegt Andrea. 'Dat is ook een hele verbetering.'

'Een sponsor voor de folder?'

Een levensmiddelenbedrijf zal het niet zijn.

'Ja, Eli Lilly. Die naam komt op de achterkant te staan, en in het binnenwerk.'

Eli Lilly.

Het klinkt lieflijk, als een bloem. Een moment denk ik aan een bedrijf dat zeepjes maakt, of zakjes potpourri, om in je linnenkast te leggen. Op zijn ergst produceren ze tampons en maandverband, in doosjes met roze bloemetjes erop. Maar vrouwen met AN menstrueren niet.

Dan weet ik het opeens. Ik heb de naam laatst op een folder zien staan, in het rekje bij mijn huisarts, tussen de brochures over 'Moeders voor moeders', 'Meedoen aan het bevolkingsonderzoek naar baarmoederhalskanker' en 'Veilig vrijen'. Eli Lilly is een groot farmaceutisch concern.

Rendier

De biologische landbouw blijft mij verrassen. Als ik de spits-
kool, rode kool, savooiekool, de twee stronken prei, het bosje
uitjes en het bloemkooltje uit de papieren zak heb gehaald, blijken er onderin nog een paar onooglijke knolletjes te liggen. Ze
lijken gepaneerd in potgrond. Ik vouw het slappe A4'tje open.
Het grijze kringlooppapier lag op de prei en heeft daar vocht uit
opgenomen. Ik bekijk de inventarislijst van het Odin-groente-
pakket. We eten de groenten van het seizoen.

Aardpeertjes. Nooit van gehoord.

Gelukkig geven ze er een recept bij. Je moet de aardpeertjes schillen, in plakjes snijden en langzaam bakken in een koekenpan. Als ik nu begin, kan ik het eten klaar hebben wanneer
Dawn thuiskomt uit haar werk. Dat vind ik een sport: dat alles op tafel kan op het moment dat zij met haar fiets de tuin in
komt. 's Ochtends maak ik vruchtensap voor ons, met de staafmixer en de citruspers. Dan zwaai ik haar uit, fiets een uur door
de duinen en ga schrijven in mijn okergele kamer. Het is een
gezonde routine, zeker nu we ook nog veganistisch eten, en biologisch.

Alles wat je kunt eten is biologisch.

De elektrische oven is aan het voorverwarmen. Dat is hetzelfde als verwarmen. Sinds we een nieuwe keuken hebben,
hoef je niet meer je hand in een donkere grot te steken, met een
brandende lucifer tussen duim en wijsvinger, wachtend op de
ontploffing van het ontbranden, biddend dat er geen steekvlam
komt. Toen we dit huis kwamen bekijken hadden de eigenaars
net een cake gebakken. Dat is een bekende truc. Hij werkt.

Ik check of de vier plakjes bladerdeeg die ik op het aanrecht heb gelegd al zijn ontdooid. Ze voelen aan als koude kartonnetjes. *A watched pot never boils*, zegt Dawn. Het is handig om bladerdeeg in voorraad te hebben. Eindelijk hebben we een vriezer met drie flinke laden, en daarboven, op ooghoogte, het koelgedeelte. Je opent de deur en ziet alles.

De prei pruttelt op het vuur. Het is een lekker gevoel om in de lengte van een stronk een inkeping te maken en de buitenste vellen eraf te stropen. Voor de kleur moet ik nog een salade maken. Het schrikbeeld uit Dawns jeugd is een wit bord met aardappelen, bloemkool en witte vis. Ik snijd een stuk van de rode kool. Er hoeft alleen olie en balsamicoazijn doorheen. Creatief met kool.

De aardpeertjes liggen te smoren. Als de salade klaar is, de prei gestoofd en de kerriesaus van sojadrink staat af te koelen in oma's melkpannetje, controleer ik opnieuw de toestand van het bladerdeeg. De plakjes zijn nog steeds stug en koud, al kan ik ze nu wel buigen. Ik pel een plastic velletje af en trek aan de hoeken van het deeg om het lapje op te rekken. Er zit geen beweging in. Zo krijg ik de bodem van de taartvorm nooit bedekt. Als we een magnetron hadden zou ik de deegplakjes daarin ontdooien. In de kamer leg ik ze op de radiator achter de bank. Ik ga zitten, kijk het receptenvel nog eens door en berg het op in het mapje dat tussen de kookboeken in de kast staat. Dawn is over een half uur thuis.

Eindelijk is het bladerdeeg zacht genoeg. Eén plakje is zelfs half gesmolten, het glibbert en blijft niet plakken aan het ingevette aardewerk. Ik soldeer de deegnaden aan elkaar, laat de vulling in de taartvorm lopen en schuif de schaal in de oven. Het bladerdeeg is bereid met margarine; als vervanging voor de kaas gebruik ik groene linzen.

Met een vork licht ik een aardpeertje uit de bakpan die we bij de nieuwe keuken kregen. Al onze pannen hebben nu dikke bodems. De plakjes zijn zacht geworden van het trage bakken op laag vuur, ze smaken als subtiele aardappelen. Ik open de keukendeur om een takje rozemarijn te plukken. Onze andere kruidenplanten zijn in de herfst verdwenen in de aarde, alsof ze zichzelf begraven hebben. Toch zullen ze weer opkomen.

Snel doe ik de deur dicht. Voorlopig is het nog erg koud. Over twintig minuten zal Dawn met de wollen sjaal om haar hoofd de poort door komen. Terwijl ze haar jas losmaakt zal ze een zakje Leonidas-bonbons op het aanrecht zetten. Die koopt ze elke avond, sinds daar op het station een speciale kiosk voor is. Daarvoor kon je ze alleen in de Breestraat krijgen, bij Meeuws. We eten er elk drie: zij haar favoriete, ik de mijne. We leggen ze op onze Ierse schoteltjes en eten ze bij onze thee met citroen. Bonbons zijn niet zuiver plantaardig, maar het is onze enige zonde. Van veganistisch eten krijg je honger. Een uur na de warme maaltijd is het of je niets binnen hebt gekregen. Misschien val ik er ook wel van af, al probeer ik daar niet aan te denken.

Ik ga de tafel dekken, het is bijna tijd. Ik plaats de borden op de placemats, en leg ons bestek, het slacouvert en de opscheplepels neer. Het oude hout glanst. In het midden liggen de tegeltjes die we als onderzetters gebruiken. Mijn vader heeft ze ooit gevonden in het huis van opa en oma Oosting. Het zijn er drie. Het patroon is incompleet. Er zou een vierde tegeltje nodig zijn om het af te maken.

'Het water hangt prachtig in het glas,' zeg ik.

Als Emily en John de wijn hebben gekeurd en we klinken, de vier glazen in een ingewikkeld patroon bewegend boven het witte damast, om elkaar wel te raken, maar zonder dat er scherven vallen, kan het proeven beginnen. Elke avond beschrijf ik in geuren en kleuren het kraanwater dat Fransen zonder vragen op je tafel zetten, in een bruine aardewerken kan of in een karaf als uit een laboratorium, met een hals waarboven het glas zich als een trechter opent.

'Op het succes van je boek,' zegt Emily tegen mij. 'Hoe voelt dat nou?'

Ik weet het niet. Ik steek mijn neus in het glas en snuif.

'Ik ruik zomerbloemen in een berm, met een hint van diesel.'

Na vijf dagen toeren langs wijngaarden heb ik de smaak te pakken. Elke ochtend om tien uur komen Emily en John ons ophalen bij de camping. Dawn en ik gaan achter in de huurauto zitten en laten ons meevoeren naar de gewelven en schuren rondom Nuits-St.-Georges. 's Avonds zitten we op het terras voor hun hotel, onder het naambord met de vier sterren, of in een restaurant in een naburig dorp, met een door de wijngids getipte sommelier. Alleen dan hoef je de wijn niet uit te spugen.

Ik beoordeel slechts het water *du jour*. Het heeft een fruitig boeket, een lichte vanillegeur met een ondertoon van kersen, de smaak van aarde maar met een teleurstellend vleugje potgrond, maakt een overdonderende entree, heeft een aanstellerige afdronk, is laf maar robuust, bitter maar zoet, diep met een laagje oppervlakkigheid, heeft een wiskundige helderheid, glijdt naar binnen als vette vis, met achter in de keel een moment van stroefheid: de sensatie van een graatje dat blijft steken. Wie doet de Heimlich-manoeuvre en redt mijn leven?

Zo gaan we maar door, tijdens het eten. Wijnkenners zijn optimisten. Ze denken dat wat ze proeven zegbaar is: de tong als zintuig en verteller tegelijk. Dit water heeft de smaak van aarde. Maar hoe smaakt aarde? Als dit water. Dat schiet niet op. Toch speel ik met plezier het spel, ook deze avond. Met toegeknepen ogen inspecteer ik mijn water, laat het rondjes draaien in mijn glas, en bedenk nieuwe frasen. Dan zet ik in.

'Water zonder uiterlijk vertoon,' zeg ik.

'Een wijn die niet bang is om zijn klasse te tonen in zijn kleur,' zegt Emily.

'Koelwater van de lokale kerncentrale,' zeg ik.

'Eerlijk maar met een delinquente afdronk,' zegt John.

'Zwaar water met een lichte toets,' zeg ik.

We bieden tegen elkaar op, hebben een vrolijke dronk, het

eten komt, de Fransen houden zich niet aan het dieet van Montignac, vis wil met wit, vlees wil met rood. We debatteren over boeken, politiek. *Eat your words*, roept John, als hij gelijk heeft.

Ik doe niet anders.

'Neem nou eens een paar slokken,' spoort hij aan, tijdens de kaasjes.

Vanmiddag kocht hij per ongeluk een fles van driehonderd dollar, omdat hij zich bij het omrekenen met een factor tien vergiste. Uren aarzelde hij voor hij de fles terugbracht. De wijnhandelaar en hij: even waren ze geestverwanten geweest, mannen die een goede fles op waarde kunnen schatten. Nu moest hij gaan biechten dat hij wel van wijn houdt, maar een factor tien minder dan de wijnhandelaar had aangenomen.

'Een half glaasje,' zeg ik. 'Want het is paarlen voor de zwijnen.'

En het zijn lege calorieën. Dan nog altijd liever iets te eten.

John schenkt Dawn en mij in. Ik hef mijn glas en kijk naar de kleur.

'En?' vraagt Emily.

'Mooi,' zeg ik. 'Ja, dat is het woord. Mooi.'

Voorzichtig neem ik een slok.

'En?' vraagt John.

'Lekker,' zeg ik. 'Lekker.'

De winkelwagentjes zijn twee keer zo groot als bij ons, net als de mazen tussen de ijzeren draden. Mijn wagentje heeft een wiel dat scheef is, het trekt naar links, met de kracht die uitgaat van een groot gebrek. Ik moet steeds corrigeren om geen schappen *breakfast cereal* te rammen, met enorme dozen Frosties en Chocopops. Papoea's zouden niet weten dat ze tussen voedsel lopen. Ik heb geen idee wat ik moet kopen.

Gisteravond zei Dawns moeder dat de aardappelsalade waarvan we al vijf dagen eten op het randje van bedorven was. Zodra ze het hoorde van Dawns vader was de buurvrouw gaan koken en bakken. Een uur nadat Dawn en ik in Minneapolis arriveerden vroeg ze ons mee te lopen om haar te helpen dragen. We moesten vier keer heen en weer voor pannen met tomatensoep en groentesoep, stoofschotels, schalen met *meatloaf*, aardappelsalade, waldorfsalade, de onvermijdelijke *tuna casserole*, met slappe pasta en doperwtjes, taartvormen met *pecan pie*, *lemon meringue*, en drie trommels met zelfgebakken *chocolate chips cookies*. Er was genoeg voor een heel weeshuis. Toen we klaar waren stond haar hele uitzet in de keuken van Dawns moeder.

Daar begon het herinrichten van de koelkast om het allemaal weg te kunnen bergen. Ik gooide twee flessen *salad dressing* in de vuilnisbak, omdat er bijna niets meer in zat. Ze stonden op hun dop. Ik leegde de tupperwarebakjes en omgewassen yoghurtcontainers met restjes: een paar slablaadjes, twee gekookte worteltjes, een eierdooier, een stukje gebraden kipfilet. Beter mee verlegen dan om verlegen. Weg ermee.

Wat niet in de koelkast in de keuken paste, droeg ik naar de koelkast die in het souterrain staat. Daar slapen Dawn en ik, op een *hide-a-bed*. Dat houdt geen mens meer voor de gek, nu het is uitgeklapt. Verder ziet niemand in dit huis de waarheid onder ogen. Dawns vader was een geweldige vader, en er zijn geen vreselijke geheimen. Het is onverteerbaar. 's Nachts droom ik dat mijn tanden loszitten en uitvallen. Opgelucht word ik wakker. Gelukkig, ik kan nog bijten. Vervolgens ben ik de hele dag zonder tong, want het is niet aan mij om hier te spreken. Bij elke lofrede op de dode zit ik me op te vreten.

Ik parkeer bij de enorme diepvrieskisten. Ze hebben geen glazen schuifpanelen om de kou binnen te houden. Als brede ravijnen op een winterse dag liggen ze voor mij. Beneden mij zie ik pizza's waar een helikopter op kan landen, vijfliterpakken ijs, enorme dozen met doperwten en sperziebonen. Ik trek langs de rand, tot waar ik in de diepte foto's zie van vissticks op een bord, en moten gebakken kabeljauw, met citroen en peterselie als garnering, aardappels en worteltjes erbij. 'Serving suggestion' staat er in kleine letters onder, voor de zekerheid. Je mocht eens denken dat het bord, de citroen, de peterselie, de aardappels en de worteltjes ook worden bijgeleverd. En dan de ontgoocheling, thuis, als je het pak openmaakt: niet meer dan vier vierkante blokjes vis, keihard bevroren! *Sue the bastards.*

Als ik een pak met kabeljauw in mijn winkelwagentje leg, hoor ik de stukken vis ketsen alsof het sjoelschijven zijn. Ze zijn houdbaar tot altijd. Ik zal Dawns moeder niet vergiftigen. Nu alleen nog iets voor erbij. Aardappelen, worteltjes, citroen, peterselie. Ik geef het manke wagentje een duw. Piepend komt het op gang. Zo ga ik op zoek naar wat ik nodig heb.

De schalen met aardappelen en worteltjes zijn neergezet. Nu komen de obers binnen met het rendiervlees. Er gaat een rilling door de zaal. Beleefd laten de passagiers zich serveren. Op andere avonden wachten ze tot de ober stopt met scheppen en zijn dan teleurgesteld dat hij niet doorgaat.

'Nee, nee, dit is meer dan genoeg,' zeggen ze dit keer haastig.

De ober krijgt de kans niet de lepel terug te brengen naar de schaal voor een tweede portie. De Duitse man en vrouw aan onze tafel lachen verontschuldigend naar hem, terwijl ze bezwerend elk hun trouwringhand boven hun borden houden. De Amerikanen trekken een gezicht alsof ze matige eters zijn. Hun gelaatsspieren liegen. Toen Dawn en ik vanmiddag laat kwamen voor de lunch, leek het of er een troep wilde poolhonden op het buffeteiland was losgelaten. Op de bodems van de roestvrijstalen bakken lagen alleen nog plasjes saus. De laatste sliertjes vlees of vis waren eruit geschept. Zelfs van de crackers waren alleen brokstukken over. Al een paar keer heb ik gezien hoe de vrouw in de trui met geappliqueerde rendieren een stapel crackers in een servetje wikkelde en meenam.

Zelf probeer ik mij in te houden, al is dat moeilijk. Verandering van spijs doet eten. Steeds zie je een nieuw gerecht, en denk je: dat is nou net waar ik trek in heb. Er is gerookte, gepocheerde en gegrilde zalm, en haring in vier soorten saus: mosterd, tomaat, en nog twee die ik niet thuis kan brengen. En er zijn salades, kazen, crackers, broodjes, vleeswaren. Voor toe is er altijd een enorme pudding met een rij chocolaatjes erin gestoken. Als je even wacht heeft iemand die er allemaal vanaf gesnoept. Gelukkig heb ik een manier gevonden om mijzelf te begrenzen, na twee dagen aan boord. Ik ga niet terug naar het buffeteiland als ik de neiging voel mij hardop te verontschuldigen. Ik heb niet echt honger meer, maar die zalm was zo lekker. Thuis eet ik wel weer een boterham met kaas. Zulke zinnen.

'Holy guacamole,' zegt Bob uit Portland, Oregon, als hij een hap van zijn rendiervlees heeft genomen.

Dawn en ik hebben nog niets.

'Een beetje taai,' zegt Dorothy uit Portland, Maine.

We zijn net een familie: tafelgenoten die elkaar niet hebben uitgekozen. Thuis ben ik de enige die er nog voor kan zorgen dat Dawn en ik drie keer per dag eten. Hier hoeft dat niet. Over twee dagen zijn we op het verste punt, bij de Russische grens. Dan gaan we terug naar het zuiden.

De ober komt binnen met onze borden. Het is steeds een verrassing wat ze voor ons zullen maken, op de avonden dat er vlees wordt geserveerd. Vanavond krijgen we elk de helft van een flinke bloemkool, netjes gekliefd, als het linker- en rechterdeel van de hersenen. Heel secuur zijn daarop plakjes kaas gedrapeerd. In de oven zijn die eerst gesmolten en toen gehard tot een bruingeel schedeldak.

'Dat ziet er goed uit,' zegt de Duitse man, met een blik op onze borden.

Zijn vrouw noemt hem altijd Schatz. Elke avond overleggen ze, met gedempte stem, over de zoutheid van het eten. Ouders moeten altijd één lijn trekken, dat hoort. Ik hoop dat ik niet aankom. *It all goes pearshaped*, zeggen de Britten tegenwoordig, als ze bedoelen dat iets aan het mislukken is. In elke glanzende deurknop en spiegelende ruit kijk ik naar mijn heupen en mijn benen, en hoor dan de fluisterstem. Niet goed, niet goed. Deze eetzaal heeft veel messing.

Daar is het communiqué van Schatz en co. Het rendiervlees is aan de flauwe kant.

Voordat ze erom kunnen vragen geef ik het zoutvaatje door. Dan zet ik mijn mes in de bloemkool. De laag kaas is taai. Hij laat zich nauwelijks snijden. De bloemkool is zacht. Hij verpulvert onder de druk.

Als ik aan de knop draai neemt de tegendruk toe en gaat het trappen zwaarder. Ik schakel over op stand twee en kijk hoe de spieren in mijn bovenbenen bewegen. Vanaf even boven mijn knieën tot aan mijn enkels zijn ze best mooi. Ik zie mijn voeten rondjes draaien, sneller, sneller. Ik trap en trap.

Wat gebeurt er als ik dun en sterk ben? Waar ga ik dan heen?

Mijn hartslag zit op honderdtwintig, de knop gaat naar niveau drie. Ik ben stom geweest, ik had een hometrainer moeten kopen die zelf de weerstand varieert, met programma's om vet te verbranden of spieren op te laten zwellen. Maar ik zag deze staan en wilde meteen beginnen, zonder vergelijkend warenonderzoek. De man van de sportzaak was bereid hem dezelfde avond langs te brengen. Dat gaf de doorslag. Dit is de zesde dag. Gisteren deed ik de dertig kilometer in minder dan vierenvijftig minuten. Vandaag ga ik dat niet halen. Mijn rug verkrampt.

Van stand drie draai ik de knop terug naar twee: de oude bomenweg met tegenwind. Ook dat is te zwaar. Ik schakel naar een, naar nul, de wind gaat liggen, het trappen is licht. Ik vloek en huil. Met elke rotatie groeit de pijn. Als ik nu niet stop kan ik zo meteen niet meer lopen. Drinken is moeilijk als je plat ligt. Til je hoofd een stukje op en het lijkt of je keel wordt dichtgeknepen door de knik in je nek. Een bord met eten zie je alleen nog van opzij, het staat op je borst als op een tafeltje.

De pedalen geven een tijd aan, tien over vier. Mijn voeten zitten nog in de clips. Door de spijlen van het balkon zie ik de tuin. Dawn zit op het grasveldje achterin. Onze heg moet gesnoeid worden, de haagwinde is bezig de maggiplant te wurgen, en wat een handige bodembedekker leek blijkt onuitroeibaar zevenblad te zijn. Ik weet niet of het met Dawn nog goed zal komen, ze is zo breekbaar, zo depressief. Ik heb een schommelbank gekocht voor haar verjaardag, voor in het prieel. Zelf moet ik stevig zijn. Onwankelbaar.

Op het gras onder de abrikozenboom valt vlekkerig zonlicht. Het is september, het was een warme zomer, maar het seizoen is niet lang genoeg voor rijpe vruchten. De meeste vallen op het grasveldje. Daar maken ze kale plekken als we vergeten ze op te rapen, of we pletten ze bij het maaien. Ook de vijgenboom hoort hier niet thuis: de half volgroeide vijgen verdrogen aan de takken. Vorige week hebben we een appelboompje geplant. Twee dunne takken buigen onder het gewicht van elk één goudreinetje. Ik weet niet wat ik weeg. Ik weet niet of het te veel is. Het zal in ieder geval niet minder worden. Daar zorgt mijn ruggengraat wel voor.

Een straaltje zweet loopt langs mijn slaap. Een druppel spat op mijn linkerbovenbeen. Het is opnieuw beslist. Ik mag niet de dunste zijn.

Er valt een druppel chilisaus op de dekbedhoes, op een van de donkerblauwe strepen, niet op het wit. Dat is het nadeel van eten in bed: je moet je bord recht houden, zodat er geen groentenat of sladressing over de rand druipt, en zorgen dat er niets van je lepel valt in het gat tussen bord en mond.

De kandidaten hebben nog een minuut, dan gaat de jury proeven. Ik snijd een vegetarisch gehaktballetje doormidden en doop de helft in de chilisaus. Daarna eet ik drie biologische ovenfrietjes. Die haal ik door de yogonaise. Wat een vreemde gewoonte toch, om vet in nog meer vet te hullen. Op de rode, blauwe en gele tafel hebben de kandidaten hun maaltijden neergezet, met elk drie gangen. De juryleden eten van hetzelfde bord, maar wel voor elk gerecht met nieuw bestek.

'This works surprisingly well,' zegt Lloyd Grossman.

'At least on seven different levels,' beaamt Stephen Fry. 'I was not sure about the combination of ingredients, but I have to say: I am impressed.'

Hij is een van de twee gastjuryleden. De andere is een bekende kok.

'Four levels less would have been fine with me,' zegt hij, met zijn mond halfvol. 'A lot of fuss on an ugly plate.'

Ik zie de vrouw, de regionale winnares uit Essex, schrikken. Ze probeert te glimlachen, te tonen dat ze om kan gaan met professionele feedback, maar haar gezicht verraadt dat ze het liefst op de vloer zou gaan zitten, haar rug tegen de ovendeur, haar hoofd op haar knieën, en dan huilen als een kind. Ze heeft iets gemaakt. Dat wordt uitgekotst. Hoofd in de oven, dat kan ook nog.

Nu gaan de juryleden naar het hoofdgerecht: kwartel op een bedje van gekaramelliseerde witlof. In Groot-Brittannië is Brussels lof een exotische groente. Ik at het vroeger elke zondag. De vrouw kijkt gespannen hoe de juryleden vlees van de vogel aan hun vorken prikken, en dan naar het malen van hun kaken. Dit keer zijn ze het eens: een geslaagd bord eten. Ik neem een hap van mijn spinaziesalade.

Het dessert is een *chocolate spunge cake* die van buiten luchtig en kruimelig moet zijn, en van binnen warm en vloeibaar. Hij wordt geserveerd met een frambozencoulis. Een coulis is een saus die alleen uit fruit bestaat. Ik kijk om met mijn ogen te mogen eten, maar het is ook een informatief programma.

'I am a real pud man,' zegt Stephen Fry. 'And this is the kind of pudding I simply adore. Nice and chocolaty.'

'The consistency of the coulis is not quite right,' zegt Lloyd Grossman.

'Too dry on the inside,' oordeelt Gordon Ramsay over de chocoladecake. 'It should be gooey, and it isn't.'

De vrouw houdt zich vast aan de tafel. Hij lust haar niet. Ik voel tranen in mijn ogen.

Als *Masterchef* is afgelopen, pak ik onze borden. Beneden in de keuken maak ik thee voor Dawn. Als ik een vriend of vriendin te eten krijg, kookt zij soms voor ons; ze dekt de tafel en gaat dan met haar bord naar boven. Ik leg drie staafjes Bonbonbloc op haar schoteltje. Tegenwoordig maken ze die ook met stukjes hazelnoot erin. Ik zal er niet van eten, ik moet vanavond weg. Als ik eenmaal weg ben zal het wel leuk zijn, maar liever bleef ik thuis. Dan liggen we in bed en vergeten wie we zijn. De chocola wordt een dikke, zoete vloeistof, de televisie maakt onze gevoelens en gedachten aan. Als Dawn huilt bij een film houd ik mijn tranen tegen.

'I won't be late,' zeg ik.

'Have fun,' zegt zij.

Het is nog vroeg, maar de gordijnen zijn al dicht en de twee witte lampjes branden. De donkerblauwe muren absorberen al hun licht. De slaapkamer is te donker, hij lijkt op een grot. Ik kijk om als ik de trap af loop. Daar zit Dawn, tegen twee kussens. Als ik straks thuiskom zal ik precies hetzelfde zien als nu, op het moment van weggaan.

Cappuccino

Jagen en verzamelen. Ik moet zo naar buiten gaan om eten te zoeken. Op mijn wandeling vanmiddag ontdekte ik in een achterafstraatje een pizzeria. Misschien is die vanavond open. Alle andere restaurants en winkels zijn dicht. Ik heb alleen een *alimentation* gevonden waar ze stoffige blikjes tonijn verkopen, van nog voordat de vangst *dolphin friendly* werd. Wel is er dagelijks aanvoer van bakkersproducten. 's Ochtends staan er stokbroden in een soort paraplubak bij de deur. Verse croissants liggen in een mandje op de toonbank. Gisteren at ik er twee. Wat een verschil met die zelfgemaakte dingen thuis, uit zo'n blikje opgerold deeg met perforaties om de delen los te scheuren.

We zijn de enige gasten. Ons hotel is aan zijn wintersluiting begonnen. Van de eigenaar mogen we nog blijven, omdat Dawn ziek is. Het personeel is weg, in de eetzaal staan de stoelen opgestapeld in een hoek. Af en toe haal ik een rol wc-papier uit een van de andere kamers.

'Ik ga kijken of ik een pizza voor ons kan scoren,' zeg ik tegen Dawn.

'Doe voorzichtig,' zegt ze.

De gangen zijn leeg. Bij de receptie hangen alle sleutels aan hun haakjes. Ik draai de buitendeur op slot. In de verte, over de lage kademuur, zie ik een glinstering waar het zand overgaat in zee. Het is eb, het strand is zo breed dat de waterlijn een doel is geworden, niet iets om langs te lopen. De luiken van alle appartementen gesloten. Als een balorig kind schopt de wind een leeg bierblikje voor zich uit.

In de straten achter de promenade zie ik niemand. Ik ga foerageren, in een verlaten stad, de maatschappij is ontwricht geraakt door een catastrofe, de paar overlevenden, de zienden, schuimen de straten af, op zoek naar de laatste voorraden eten in winkels en kelders.

De pizzeria is gesloten. *Merde*. Ik lees de kaart die aan de gevel is gehangen. Worden de menu's van pizzeria's centraal gedrukt, in Brussel misschien? Overal is de keuze hetzelfde. Maar niet de kwaliteit. In Parijs, met Gareth, at ik ooit de lekkerste pizza van mijn leven, met *quatre fromages*. Die hebben ze hier ook, maar alleen in een van de vier seizoenen. In Engeland zou je ook in oktober overal een *fish and chips*-zaak kunnen vinden, waar ze je bestelling in een schandaalkrant rollen, waar dikke frieten, papperig van de azijn, beklemd raken tussen de tieten van het model op pagina drie. Ze geeft zwart af.

Landinwaarts wordt het donker, er hangen wolken. Boven de zee is het nog licht. Langzaam loop ik terug naar de boulevard. In ons hotel heeft Dawn het bedlampje aangeknipt. Verder zijn alle ramen duister.

'No luck,' zeg ik.

Op de toilettafel liggen nog een half stokbrood, een blikje tonijn en twee bakjes yoghurt. Dat moet maar genoeg zijn.

Soms denk ik dat ik weet wat dat is, genoeg.

Het stokbrood is oud geworden in de tijd die is verstreken sinds de lunch. De korst is niet langer knapperig, maar taai en buigzaam. Mijn tanden trekken meer dan ze bijten. Er springen minder kruimels weg. De tonijn in het blikje met het handige lipje is al jaren dood. Doe mij maar dode kip, zei een collega aan de universiteit altijd, als we bestelden in een restaurant. Of dode vis. Of dode koe. Het lag er maar aan waar hij trek in had. Dawn hoeft niets. Als ze rechtop zit wordt ze duizelig.

Na het eten ga ik in bad. Ik laat mij in het warme water zakken en lig parallel aan haar, maar gescheiden door een muur. Als ik eruit kom zap ik langs de Franse zenders op de televisie. Zo blijf ik onthouden dat er buiten deze kamer nog een wereld is, vol mensen. Ze voeren oorlog met elkaar en doen mee aan spelletjes. Schrijven kan ik hier niet. Mijn moedertaal is te ver weg. Niemand kan mij horen.

Misschien dat Dawn morgen genoeg is opgeknapt om naar huis te kunnen rijden. Met onze dompelaar maak ik dan thee. Die giet ik in de thermoskan. Onderweg, op een moment dat het kan, geef ik haar voorzichtig de beker aan.

'It's still hot,' waarschuw ik.

Van mijn royalty's, de beloning voor mijn stille stemverheffing, kochten we een auto. Ik wilde zo graag dat Dawn iets kon waar ikzelf niet toe in staat was.

'Nee, wacht eens even,' zeg ik, 'doe eigenlijk maar koffie.'

Ik ben op doorreis, na een nacht weg. Als ik straks thuiskom moet ik helder zijn. Misschien dat cafeïne mij wakker kan houden.

'Hoe wil je het?' vraagt Carola.

Dat is een goede vraag.

'Met melk,' zeg ik.

Zwart is nog te bitter.

'Ik heb alleen koffiemelk.'

'Laat dan maar zitten,' zeg ik, 'thee is prima.'

'Ik heb wel poeder waarmee je cappuccino kunt maken, uit mijn kerstpakket.'

Vorig jaar nam ik vlak voor Kerst een zware doos aan van een bezorger. Wat aardig dat ze Dawn iets blijven sturen, dacht ik. Maar het was voor mij. Dawn had een kerstpakket voor mij laten samenstellen bij een delicatessenzaak, omdat ik altijd jaloers was dat anderen er een kregen en ik niet. In de kamer maakte ik een incisie in het brede plakband, op de naad waar de kartonnen flappen samenkwamen. Er viel houtwol op het parket. De doos zat vol levensmiddelen die ik nooit zou kopen, maar dat is juist de lol ervan. Zelfs dat je ze niet opeet is niet erg. Hoog in het linkerkeukenkastje staan nog steeds de soepstengels, de krabsoep en de tapasgehaktballetjes in tomatensaus, tussen de bus poedersuiker, het ongeopende pak lijnzaad (goed tegen kanker) en de zak kikkererwtenmeel waaruit ik drie eetlepels nodig had toen ik Indiaas kookte voor mijn verjaardag. Daar staat ook het pak cafeïnevrije koffie dat we in huis hebben voor mijn moeder. Het folie is omgevouwen, met een wasknijper erop.

Carola zet een beker instantcappuccino en een schoteltje met een moorkop voor mij neer. Ik begin met mijn gebakje. Het toefje slagroom is een beetje uitgedroogd en smaakt licht zuur, alsof je met je vinger een veeg slagroom van de bodem van de gebaksdoos opveegt en die aflikt. Toch wil ik blijven eten; dat is nu eenmaal evolutionair bepaald. Ik heb dat ook met kaasfondue, met cake, met chips. Ooit was vet en zoet voedsel zo schaars dat gulzigheid hielp om te overleven als er af en toe eens overvloed was. Nu is die natuurlijke respons onze vijand geworden. Het helpt om dat te weten. Ik heb geen honger. Ik ben bang voor schaarste.

Voorzichtig neem ik een paar teugjes van mijn koffie. Hij is niet lekker, hij lijkt niet op de cappuccino die ik ooit in Rome dronk, met Ernst, en toch is dit wat ik nodig heb. De bitterheid wist de herinnering aan het zoete. Ik voel mijzelf alerter worden. Als ik mijn beker leeg heb, is het of ik niets heb gegeten en nooit meer honger zal hebben. Koffie zet een streep.

'Nog een?' vraagt Carola.

Ik kijk hoe ze bij het fornuis staat te wachten tot het water in de ketel kookt en denk aan de keuken van Stella, waar ik gisteravond at, voor het eerst. Alles was er anders dan bij Dawn en mij. Ze serveerde de salade als voorafje, daarna kwam pas het hoofdgerecht, de hartige taart. Die moet je langzamer eten, en aandachtiger, als er geen sla naast ligt. Dat is moeilijk. Toen Stella haar keukenkastje opende, zag ik dat daar bijna niets in stond. Een klein potje Hak-doperwtjes. Een weckfles vol koffie, met een houten schepje rechtop in het maalsel. Het rook lekker toen ze die openmaakte. Volgende keer dat ik bij haar ben, vraag ik niet meer om thee.

Carola zet de koffie voor mij neer.

'Heerlijk,' zeg ik.
Ik heb de smaak te pakken.

Bij elke tankbeurt koop ik een zakje Venco. Dat zet ik naast me,
in het vakje in de deur waar ook cd's in staan. Onder het rijden
pak ik er af en toe een. 's Avonds laat, als ik terugkom van een
lezing, houden ze me wakker. Ik zou ook kunnen stoppen bij
een benzinestation om koffie te tappen uit een automaat. Maar
ik houd er niet van om vanuit mijn auto opeens in het felle tl-
licht terecht te komen.

Er is iets magisch aan dit rijden door het donker. Het is iets
doen en niets doen tegelijk. Ik heb geen hekel aan de andere weggebruikers. We hebben hetzelfde doel. Het is dinsdag-
avond, tien over half elf, en we rijden door de Noordoostpolder
naar de Randstad. Zonder weg te kijken van het asfalt grijpen
we naar onze dropjes, onze chips, onze bekertjes met koffie.
Zo meteen begint *Met het oog op morgen*. We worden voortge-
stuwd.

Ik neem een katjesdropje en probeer het langzaam te laten
smelten. Dan doe ik er langer mee. Maar voor ik het weet ben
ik toch weer aan het kauwen en schiet het dropje door mijn
mond als een bal in een flipperkast: een tand, een kies, beng,
op de tong. Ik laat het rondtollen, klem het tussen mijn kaken,
voel de taaiheid, gooi het weer de natte holte in. En al die tijd
scheidt het een zoete vloeistof af.

Hierna nog drie, zeg ik tegen mijzelf. Dat is een mooi aantal:
dan ben je na de eerste niet meteen aan de laatste toe. Stella eet
bijna nooit drop, maar als ze het doet, eet ze er twee tegelijk. Ik
laat mijn linkerhand in de plastic verpakking zakken, voel wanneer ik er drie beet heb en leg die in een kuiltje in het leer van
mijn tas, die op de passagiersstoel ligt. Dan pak ik het zakje,
strek mijn arm naar achteren, in de ruimte tussen mijn stoel en
het voorportier, en schuif het in het opbergvak in het achter-
portier. Zonder mijn ogen van de weg te halen geef ik het zakje
een zet. Het glijdt naar achteren, ik hoor het botsen tegen de

verre kant. Nu is het buiten mijn bereik.

Snel eet ik mijn laatste drie dropjes. Ik merk opeens dat ik nog steeds kauw met mijn linkerkant, hoewel de kies rechtsboven al twee maanden een kroon heeft. Toen ik mijn eerste kroon zou krijgen, op mijn dode voortand, was ik bang dat ik hem de hele tijd zou voelen als iets vreemds, iets wat niet bij mij hoorde. Dat klopte bij de noodkroon, die was ruw en mijn tong registreerde steeds de overgang van glad naar oneffen, alsof die ene tand weken niet was gepoetst en er zich een dikke laag plak op had gevormd. Maar de definitieve kroon hoorde meteen in het rijtje thuis. Hij was zoals mijn oude tand had moeten zijn.

Uit mijn tas pak ik mijn waterflesje. Ik klem mijn kiezen om de dop en draai het flesje. Het is niet goed voor je gebit, maar ik voel graag de kracht in mijn kaken als ze zich om het harde, geribbelde plastic sluiten en zorgen dat het niet meegeeft. Dan zet ik de fles aan mijn mond en spoel, probeer het water door de nauwe ruimtes tussen mijn tanden heen te stuwen en de dropsmaak te verjagen. Flossen vind ik een crime. Als je niet voorzichtig bent schiet je uit en gaat je tandvlees bloeden. De dunne draad snijdt zo door het zachte weefsel heen.

In de verte zie ik de lichten van Almere. De Noordoostpolder is buitenaardse ruimte, de strepen op de weg zijn sterren waaraan ik voorbijschiet, de rode achterlichten voor mij twee pulsars die mijn koers bepalen. Daar is het begin van de honderdkilometerzone. Ik minder vaart. Met mijn linkerhand voel ik in het opbergvak achter mij. Ik heb het goed gedaan. De katjesdrop ligt buiten mijn bereik.

Het is tijd om te pauzeren. Om half een heb ik voor het laatst iets gegeten. De thermoskan op mijn bureau is leeg. Ik loop de trap af en bij het aanrecht snijd ik met de kaasschaaf twee dunne plakjes Maaslander af, voor op mijn cracottes. Zo'n kaasschaaf die meteen na het snijvlak ophoudt ziet er wel merkwaardig uit, maar de kaas blijft inderdaad niet plakken. Waar een klein land groot in kan zijn. Ik schenk het water uit de elek-

242

trische waterkoker op het pepermuntblad in de thermoskan en ga dan op de bank zitten, mijn rug naar het raam. Niemand kan mij zien.

Ik doe de televisie aan en zap naar CNN. Daar is altijd wat te doen. Een vliegtuig is net in het World Trade Center gevlogen. Jezus, wat een bizar ongeluk. Met Dawn heb ik nog boven op dat gebouw gestaan. Of op het andere, dat weet ik niet. Ik neem een hap van mijn cracotte. De combinatie van de zachte, romige kaas en de harde, droge cracker is prettig. Ik weet precies hoe dun ik het plakje wil hebben voor de juiste verhouding tussen de twee. Bij Albert Heijn zoek ik altijd naar een stuk kaas dat breed genoeg is om er een plakje van te snijden dat op een cracker past. Stella heeft alleen oude kaas in huis. Ze vindt vooral wat vlak onder de korst zit lekker, en als ze trek heeft in iets hartigs snijdt ze blokjes langs de rand. Het smeuïge middendeel blijft over voor mij. We vullen elkaar goed aan.

Met mijn vinger veeg ik de kruimels op mijn bord bij elkaar. Dan schenk ik nog een keer thee in en houd de warme beker in mijn handen. Het is net niet koud genoeg om de verwarming aan te zetten. Ik kijk weer naar het scherm, en schrik. Er moet iets vreselijk mis zijn met de navigatiesystemen, zegt een commentator. Een tweede vliegtuig is in botsing gekomen met het WTC, nu met de andere toren. Iemand zegt dat dit geen ongeluk kan zijn.

Ik zit onbeweeglijk, houd me vast aan mijn beker alsof hij niet door mijn eigen handen wordt gedragen, alsof ik eraan hang en hij mij behoedt voor vallen.

Er komen meer berichten. Het Pentagon geraakt. Een vliegtuig neergestort in Pennsylvania. Alle vliegtuigen in de Verenigde Staten aan de grond. Waarvan is dit het begin? Het aardewerk van mijn beker is koud. De pepermuntthee is donkergroen als het water van een vijver.

Stella zit in de auto als ik haar bel. Ze is niet op weg naar mij, haar vergadering gaat door.

'Hij stort in,' roep ik. 'Jezus, hij stort in. Die hele toren stort in. Het is niet te geloven.'

Ze gaat een tunnel in.

Een stofwolk verandert de skyline van Manhattan. Het is daar dag. De zon schijnt. Indian Summer. Hier wordt het donker. Ik doe de lichten aan en ga naar de keuken.

Ik moet eten.

Uit het bruine glazen potje met het gele plastic deksel schraap ik bouillonpoeder los, doe dat in een kom. Ik giet er heet water op. Dan roer ik er poeder voor instantaardappelpuree doorheen, om de soep dikker te maken. Ik weet niet wat ik weeg, elk getal zou kunnen. Uit de plastic zak met voorgesneden andijvie die ik heb gekocht om snel een salade mee te maken, haal ik een flinke hand groene slierten. Als ik met Stella eet doen we de ene keer de salade als voorafje, de andere keer als bijgerecht. Aan de kant waar de zak op heeft gelegen is de andijvie een beetje papperig geworden. Voor in de soep is dat niet erg.

De verslaggevers staan op de daken van de wolkenkrabbers. Ik houd mijn soepkom met beide handen vast. De lepel ligt naast me op de bank, op het andere kussen. Het is geen avond om alleen te zijn. Om te eten moet ik een hand losmaken van het warme aardewerk.

De torens vallen steeds opnieuw. Ze vallen dichtbij en in de verte, mensen roepen *Oh my God* en *Jesus fucking Christ*. Ik eet yoghurt met muesli. Ik zet thee. Ik eet drie volkorenbeschuitjes met frambozenjam en twee cracottes met kaas. Ik snijd een blokje kaas in tientallen minuscule stukjes, zodat ik vaak met mijn hand naar het schoteltje kan gaan. Alle verboden waren liggen in afgesloten supermarkten. We zijn nog niet aan het plunderen geslagen. Ik heb genoeg aan schrale troost.

Ook in deze supermarkt hebben ze alleen Coleman-bommetjes. Ik had het kunnen weten. Ik wist het toen we in San Francisco in de buitensportzaak waren waar ze Campinggaz-tankjes hadden: voor twee weken kamperen heb je er drie nodig, en die kunnen we beter nu al kopen, want verder zijn ze moeilijk te verkrijgen. Maar Stella zei dat twee genoeg was.

Nu staat onze tent op een prachtige camping in de bossen rond Lake Tahoe. We hebben eten, maar geen vuur.

Stella zegt altijd dat ik overdreven bang ben als we wandelen zonder mueslirepen, of hardlopen voor het ontbijt. Als zij eens kookt maakt ze gerust een maaltijd waar geen gram eiwit in zit, zonder te merken dat er iets ontbreekt. Het maakt me losser. Er gebeurt inderdaad geen ramp. Ik val niet van de graat. Ik sterf niet van de honger.

We lopen naar de kassa's. Voor ons rijdt een man in een soort scootmobiel. Die staan hier bij de ingang, naast de winkelwagentjes. Je kunt ze gebruiken als je te dik bent om langs de schappen te lopen. Gelukkig gaat het weer veel beter met mijn moeder. Mijn verjaardag vierden we met een kopje koffie in het grand café van haar revalidatiecentrum. Daar gaven mijn ouders mij het messenblok waar ik om gevraagd had, nog voor mijn verjaardag. Mijn vader was er speciaal voor naar Ikea geweest, alleen. Nu kunnen ze daar weer samen heen, om Zweedse gehaktballetjes te eten en voordelig koffie te drinken, met een moorkop erbij. Verder kopen ze er niets. Ik heb eindelijk scherpe messen.

De man in de scootmobiel neemt de rij naast de onze. Voorop zit een grote mand waar je je boodschappen in kunt leggen. Zijn buik rust op zijn bovenbenen, alsof hij die daar heeft neergelegd, als een baal van het een of ander, een plunjezak. Hij lijkt geen botten te hebben, zo diep is zijn skelet begraven in het zachte vet. Zou je nog ergens stevigheid kunnen voelen als je in het blubberige vlees knijpt? Zijn echte gezicht is verborgen, hij draagt een masker van vet. Ik krijg tranen in mijn ogen. Hij draagt zijn machteloosheid en ongeluk bij zich, zichtbaar voor iedereen. De pijn hangt in zware zakken aan zijn lichaam.

Ik wend mij af, kijk naar de rij voor de kassa aan de andere kant. Daar staat een dikke vrouw. Ze is gelijkmatig opgevuld, haar contouren zijn stomp, de lijnen maken flauwe bochten, haar taille is gespiegeld: wat ooit naar binnen golfde, golft nu met eenzelfde boog naar buiten. Maar ze heeft nog niet de bizarre uitstulpingen die haar lichaam tot een kermisattractie maken. Het getal op de weegschaal wijt ze vast aan haar zware botten.

Wat een ouderwets excuus. Daar hoor je nooit meer iemand over.

Wij schuiven op in de rij, zijn bijna bij de repen om op het laatst snel mee te grissen, en bij de tijdschriften met foto's van vrouwen die dat nooit doen. Met de onhandige motoriek van een peuter duwt ook de zwaarlijvige vrouw naast ons haar winkelwagen naar voren. Die ligt vol met wat ze niet zou moeten eten. Ze pakt een exemplaar van *People*, met op de voorkant Jennifer Aniston. Ze is aan de beurt om af te rekenen.

Wij hebben niet veel gekocht, want we kwamen voor een campinggasje. Ik zet de zak grapefruits en het pak havermout op de band. Het viel niet mee om een variant te vinden die *plain* was, zonder appel, noten, suiker. Als we 's ochtends stoppen om ergens slappe Amerikaanse koffie te drinken, neemt Stella *apple pie*. Ik bestel *oatmeal* met rozijnen. Dat is zoet en warm, en ik krijg nooit spijt dat ik het heb gegeten.

In San Francisco trakteerden we onszelf bij *Just Desserts* op taart. Halverwege de enorme kwarkpunt schoof ik het schoteltje van mij af. Met mijn cappuccino – echte espresso, in heus aardewerk – wiste ik de herinnering aan de smaak. Koffie werkt als tanden poetsen. Het luidt een pauze in, een wapenstilstand van een aantal uren.

Alleen is cappuccino hier vaak een maaltijd op zichzelf: bij Starbucks bevat de kleinste beker een halve liter. En Nederland volgt die trend. Bij Café T, op het station, vroeg een meisje mij laatst hoe ik mijn cappuccino wilde: normaal of klein. Klein klinkt niet aantrekkelijk, toch koos ik dat. Het was te veel. Ik gooide de helft weg, zodat zich op de bodem van de prullenbak een plasje koffie vormde. Daar voel ik me altijd schuldig over, want iemand moet die klotsende plastic zakken uit de bakken trekken.

246

'Weet je wat,' zegt Stella, 'we gaan gewoon koken op hout. Dat is leuk. Op de camping kun je hele pakketten kopen.'

Het lijkt me een hoop gedoe, maar ik zou niet weten wat we anders moeten. Als we terug zijn bij de tent en hebben hardgelopen en gedoucht, legt zij een vuur aan. De repen krantenpapier vatten gemakkelijk vlam. De blokken hout worden zwart en beginnen te branden.

Het vuur laait op. Op het rooster staan mijn oude roestvrijstalen pannen, nog van mijn promotie. Ze worden zwart van buiten. Dat gaat er wel weer af, thuis in de afwasmachine. Het water met de wilde rijst is furieus aan het koken, de groenten sissen in hun Thaise curry, een wolk stoom stijgt op tussen de bomen. Op een van onze borden snijd ik de gemarineerde tahoe die we gisteren kochten in een *health food supermarket*.

Na het eten wassen we af met veel heet water. Andere avonden lette ik erop dat we niet te veel gas verspilden: rijst zo snel mogelijk na het koken van het water in de slaapzak, niet te veel thee, afwassen met koud water. Nu hebben we warmte in overvloed.

We zitten aan de picknicktafel, dicht bij het vuur. Het wordt donker en het koelt snel af, maar een stukje van de zon brandt in onze stookplaats. Een waakvlam voor de nacht.

Pas na afloop van mijn rondje langs de rivier en door de oude haven begint het zweet te stromen. Ik sta bij de kraan in de keuken. Als ik mijn handen op mijn wangen leg, voel ik ze gloeien.

Sporten versnelt de verbranding, maar ook op andere momenten, als ik mijn benen over elkaar sla, mijn hand op mijn arm laat rusten of mijn hand tussen mijn benen leg, voel ik de warmte die ik aanmaak. Mijn urine heeft een behaaglijke temperatuur. Laatst zag ik een documentaire over het dieet van dr. Atkins. In een laboratorium staken ze een muffin in brand. Hij fikte verbazend lang. Eten voedt mij met vuur. Zo voer ik mijn kleine strijd tegen de kou van het heelal. Het absolute nulpunt is dichtbij, de hitte van de sterren ver weg.

247

De hand van een ander is een kruik.

Vandaag heb ik een half uur aan één stuk gelopen, met tussendoor vijf minuten rekken en strekken. Mijn trainingsschema heb ik uit *Runner's World*. Stella koopt dat blad weleens, al zijn de nummers moeilijk van elkaar te onderscheiden. De redactie laat de beperkte hoeveelheid onderwerpen behendig rouleren: de ene maand gaat het over kuitblessures, duurtraining en het nut van koolhydraten, de andere over dijbeenblessures, krachttraining en het nut van eiwitten. En je moet veel water drinken. Dat staat in elk nummer.

Ik buig me voorover naar de kraan. 'Lurken' noemden mijn ouders dat vroeger, dit met je mond onder een straal water hangen. Zo vind ik water veel lekkerder dan uit een glas, al komt er nu ook zout mee naar binnen. Als ik na het hardlopen of fietsen onder de douche sta, duurt het even voor het water dat langs mijn lippen stroomt weer zoet is. Vandaag ga ik in bad.

Met de staafmixer pureer ik aardbeien, kiwi en een perzik. Ik maak twee bekers thee. Boven zet ik het glas en de bekers in het rekje dat het bad kan overspannen als een brug. Dat kreeg ik van mijn ouders. Stella had hun het idee ingefluisterd. Zelf zijn zij geen types voor een bad of een sauna.

Het heerlijkste moment is als ik in het water stap en voor het eerst kopje-onder ga. Even lig ik in een warm graf. Dan kom ik boven, mijn haren glad naar achteren gestreken als door een moeder.

In de speciale klem in het midden van het rekje staat mijn boek al klaar. Ik kan lezen zonder het vast te houden. Voor het moment waarop ik een bladzijde om moet slaan heb ik een washandje liggen, om mijn vingers even droog te deppen. Aan weerszijden van de pagina's kan ik kaarsjes branden. Gedenk het geschrevene. Ik ga nog niet lezen.

Langzaam drink ik mijn sap, met uitzicht op mijn lichaam. Daar ligt het, als een landschap. Beweeg ik, dan veranderen golfjes de contouren. Lig ik stil, dan worden de nieuwe lijnen uitgewist. Daar is mijn oude lichaam weer, onveranderd, heel.

Ik ben geen weesmeisje dat wordt doorgezaagd.

In dit bad snijd ik mijzelf niet in stukken, zeg ik niet wat mag blijven en wat niet, snijd ik mijzelf niet open met afgekloven nagels, terwijl mesjes hun weg vinden naar mijn maag. Het middendeel, met dijen, heupen, buik en billen, mag blijven. *Honey, your breasts are going south*, hoor ik Trinny en Susannah vaak zeggen, op de BBC, in *What not to wear*. Een goede beha is de basis voor je garderobe. Ik volg al hun adviezen op. Mijn kleren laat ik steeds nauwer aansluiten op mijn huid. Onder het kastje staat Stella's weegschaal. Binnenkort durf ik erop.

Uit de fles van Kneipp laat ik knalrode lavendelolie in het water lopen. Het ziet eruit als bloed. Mijn vruchtbare jaren zijn bijna voorbij en ik heb geen kinderen gekregen, niemand gevoed met mijn lichaam, geen vreugdevuur gestookt, met alles wat ik at als brandstof. De conclusie van de documentaire over dr. Atkins was dat er geen magie bestaat. Het zijn niet de combinaties van voedingsmiddelen die leiden tot gewichtsverlies. Als mensen afvallen van dat dieet, dan is het omdat ze minder calorieën eten.

De olie verspreidt zich door het water, het rood lost op. Ik voeg nieuw zout toe aan het water. Geen zweet, maar tranen. Mijn vader houdt niet van een bad. Je ligt in je eigen vuil te weken.

Ik kijk naar het wateroppervlak. Daar drijven oogjes vet, als in de soep die mijn moeder vroeger maakte. Het is een natuurwet: water en olie mengen niet. Als ik huil om wat verloren is, val ik af.

Lam met artisjokharten

De kwaliteit van mijn leven is enorm verbeterd sinds ik een AH-muntje heb om mijn winkelwagentje mee los te krijgen. Nooit hoef ik meer te proberen een andere klant een handje kleingeld in de maag te splitsen, of in de rij te staan bij de sigarettenbalie, voor een munt van vijftig eurocent. Ik kan meteen doorrijden naar het schap met koek en cake.

Normaal gesproken eten Stella en ik in het weekend, verdeeld over twee avonden, een reepje donkere Zwitserse chocola, of cappuccinostaafjes. We verdelen onze porties, al doet Stella weleens een uitval naar mijn schoteltje. Eerst schrok ik daarvan, nu is het een speels gevecht. Soms geeft ze mij haar laatste cappuccinostaafje. Chocola is goed voor je gezondheid, tegenwoordig.

Als eerste leg ik een pak pennywafels in het wagentje. Kennelijk maken ze die nog steeds. Ze zien er armoedig uit, verpakt in een dun cellofaantje, en ze zijn verbazend goedkoop gebleven. Toch vond ik het vroeger heel wat, een pennywafel. Ik at ze met Peter, als we na onze krantenwijk op het bankje in de Vijverhoek zaten. Chocoprinsen zijn er ook nog, zie ik. Die waren altijd al beter dan pennywafels, per stuk in zilverpapier verpakt, met daarop een afbeelding als op een speelkaart. De verpakking is nu heel anders. Appelleren aan nostalgie is voor chocoprinsen kennelijk niet nodig.

Onder in het schap zie ik een pak Luikse wafels liggen. Die neem ik ook, daar was Dawn dol op. Ze zijn lekker groot en op onverwachte plekken zitten er harde klompjes suiker in, die knarsen als ze tussen je kiezen komen. Naast de Luikse wafels liggen mergpijpjes. Ook die bestaan dus nog steeds. Ooit hadden ze een luxe uitstraling, door het laagje marsepein, de chocola en de laagjes crème binnenin. Nu zie je meteen dat het goedkope troep is, met verkeerde vetten en rare suikerderivaten als hoofdbestanddeel.

Is dit genoeg? Ik wil niet krenterig zijn. Ik leg een pak roze koeken in mijn winkelwagen. Die horen meer tot de humoristische klasse lekkernijen waar ook de kano's en rondo's onder vallen. Voor de zekerheid doe ik er nog een pak stroopwafels van het huismerk en een marmercake bij. De cake veert onder mijn vingertoppen als bemoste bosgrond.

Dan zet ik koers naar de koffie. Ik heb drie pondspakken nodig, en een grote pot Completa: plantaardig vet waarmee je goed je aderen kunt stuken. Daar hebben de Polen speciaal om gevraagd. Toch voel ik me schuldig, elke keer dat ik mijn biologische volle melk opklop tot een heerlijk dik schuim dat ik uit de glazen kan laat glijden en op mijn espresso neer laat komen, met het zachte plofje van sneeuw die van een boomblad schuift en in de vijver valt. Voor mijn verjaardag kan ik wel een cacaobusje vragen. Puristen drinken hun cappuccino zonder strooigoed en voor elf uur 's ochtends, maar dat zal mij worst wezen. Koffie stilt mijn honger. Ik lepel het schuim op alsof het slagroom is.

Bij de kassa plaatst de vrouw voor mij met een vinnig gebaar het bordje op de band dat haar boodschappen scheidt van de mijne. Ik leg mijn spullen neer. De caissière drukt op haar pedaal en ze glijden naar haar toe. Het is een freakshow die zich in beweging zet, een praalwagen met misbaksels. Zodra het meisje mijn verzameling koeken langs de scanner begint te halen, ga ik pinnen. Ze heeft een hoofddoek op. Ik leg alvast mijn bonuskaart op het perspex, zeg nee tegen airmiles, zegeltjes en korting op kaartjes voor Walibi. U hebt betaald, zegt het display.

Snel doe ik alles in de twee tassen en loop naar huis. Ik verbaas me er altijd over hoe een paar kilo's aan je armen kunnen trekken, hoe boodschappentassen ellebooggewrichten lijken

los te wrikken, knieën en enkels samenpersen, voeten platdruk-
ken. Maar hang dezelfde hoeveelheid aan je lichaam, in vet, en
je went eraan en voelt het niet meer, denkt dat het zo hoort. Tot
je beter weet.

Zodra ik onze voordeur open doe, ruik ik de vreselijke lucht.
Het is elf uur en de Polen zijn eieren aan het koken, een hele
pan vol. Ik hoor de piep van de magnetron. De knakworsten,
direct geïmporteerd uit Krakau, zijn klaar. Als ik zo dadelijk
melk warm wil maken moet ik eerst de binnenkant afnemen,
want alles gaat ruiken naar hun gemalen slachtafval. Mariusz
heeft een grote pot koffie gezet. Op het houten keukenmeubel
stal ik de koeken uit.

'For you,' zeg ik. 'Take whatever you want.'

Voor deze koffieronde kiest hij de roze koeken in hun voor-
gevormde plastic bakjes. Hij legt ze op het dienblad en loopt
naar boven. De trap is bijna kaal geschuurd, al blijf je stukjes
lijm en verf zien, in hoeken en richels.

In de gootsteen staat de schaal waarin de knakworsten zaten. Ik laat er water in lopen en zet hem snel in de afwasmachine. Op het roestvrijstalen Smeg-gasfornuis staat de pan waarin
Mariusz de eieren heeft gekookt. Hij heeft hem neergezet op
de pit die niet blijft branden. Dat is attent. Stukjes eiwit drijven
in het water. Een van de eieren is kennelijk gebarsten. Ik spoel
de pan om en berg hem weg. Ook tijdens het koken houd ik
graag alles netjes. Ik maak het aanrecht schoon, zelfs als ik er zo
weer troep op ga maken.

Misschien nog een week. Dat moet ik vol kunnen houden.

De eerste dagen zette ik elke twee uur koffie voor ze, alsof er
een cao is die dat voorschrijft. Dan zaten we in de woonkamer
bij elkaar.

Inmiddels gaan we veel meer onze eigen gang. In een van de
zolderkamers hebben de jongens een soort kantine ingericht,
waar het een onbeschrijflijke troep begint te worden. Ze eten er
hun eieren en knakworsten, slap fabrieksbrood eromheen ge-
vouwen. Overal liggen messen met half opgedroogde etensres-

ten. Op het tafeltje staat een literkuip glibberige, knalgele margarine. Het deksel zijn ze kwijt.

Ze zit te huilen.
'Wat is er?' vraag ik.
Ik voel haar schouders trillen onder mijn arm. Ze is haar tas kwijt, met haar sleutel en haar geld.
'Weet u wie ik ben?' vraag ik.
'O ja, Alma! Ik ben zo vreselijk blij dat je er bent!'
'Inderdaad, ik ben Alma,' zeg ik, 'uw oudste kleindochter.'
Het is een mooie dag. Ik duw haar rolstoel naar buiten. We hebben geen oud brood of aardappelschillen bij ons voor de dieren van de kinderboerderij. Ze zegt dat ze al haar eigen boodschappen nog doet. Ik weet toch hoe zelfstandig ze is? Ja, dat weet ik.
'Vindt u die geitjes niet leuk?' vraag ik.
'Ja, leuk,' zegt ze. 'En die konijnen.'
Haar hele leven heeft ze een afkeer gehad van dieren.
Ze vertelt dat mijn moeder twee schattige dochtertjes heeft.
'Wat leuk,' zeg ik.
Ze gaat alle kinderen langs. Gelukkig zijn ze stuk voor stuk bijzonder goed terechtgekomen. Daar heeft ze het allemaal voor gedaan. De kinderen gingen altijd voor alles. Ik glimlach tegen haar gebogen rug, en zwijg.
'En dan die andere, hoe heet hij. Hij komt ook regelmatig. Nee, ik mag niet klagen.'
Ze weet niet dat Robbie dood is, door de drank. Na afloop van zijn crematie gingen we naar het huis van Ferdi en Louise. Er was lekker Indonesisch eten. Eigenlijk had Robbie dat moeten koken, zoals hij altijd deed in onze familie. Op mijn promotie maakte hij de hapjes en op de verjaardagen van mijn oma verzorgde hij buffetten, met in het midden een hele zalm op een ovale roestvrijstalen schaal, ook in de jaren dat die vis nog niet het moderne gehakt was geworden. Dan vroeg mijn oma om stilte en kondigde ze aan dat we op konden scheppen.

Neem ruim, want er is nog achter, hoorde je altijd iemand fluisteren, in de stilte die daarna viel.

'Prachtig, vind je niet?' zegt mijn oma.

Ze wijst naar een imposante kastanjeboom, en daarna naar zieltogende struikjes, die een vangnet zijn voor zwerfafval. Sinds oma Jaspers dementeert ben ik niet meer nerveus over wat ik aan zal trekken als ik naar haar toe ga. Haar armen maken geen gebaar meer om de omvang aan te duiden van degene over wie ze praat. Ze kan zich hun postuur niet goed genoeg herinneren. Voor de duur van mijn bezoek aan haar ben ik nooit anders dan lang en slank geweest, met strakke kleren aan, en op hakken. Ik heb niets meer te verbergen.

Nee, ik heb niet gelijnd, zeg ik tegen de mensen die zich mij wél herinneren. Ik ben gezonder gaan eten en meer gaan sporten. Hoeveel kilo? Dat kan ik niet zeggen, ik weet niet wat ik woog toen ik begon. Het getal dat de arts noteerde toen ik gekeurd werd voor de hypotheek zal ik de vragenstellers nooit geven. Het is een heel gewoon getal, zelfs voor het gewicht van een vrouw, maar ik kan het niet over mijn lippen krijgen. Stella is de enige die het weet, doordat ik 'hoger, hoger' zei, en toen 'lager, lager', tot ze er was.

Mijn nieuwe getal kan ik wel uitspreken.

'Het is tijd om te eten,' zeg ik.

We wachten op de lift. In de koffieruimte die zich zelfs hier al grand café noemt, zit niemand meer. Vorige keer dronken we daar koffie en at mijn oma appeltaart met slappe slagroom uit zo'n spuitbus.

'Heerlijk,' zei ze, na elke hap.

Als haar hand te veel trilde en er een stukje deeg of appel van haar vorkje dreigde te vallen, op haar jurk, waarop ook al vlekken zaten van het middageten, hield ik dat met mijn vinger tegen, tot het veilig bij haar mond was aangeland. Dan likte ik mijn vinger af. Ik vond het niet eens vies om dat te doen.

'Kijk, taart,' zei mijn oma. 'Heerlijk.'

Ze wees naar de foto's van vlinders aan de muur. Misschien is proeven het laatste genot dat overblijft.

Precies op tijd voor het avondeten zijn we terug in de huiskamer op haar afdeling. De andere Haagse dames zitten al aan hun tafels, en zorgassistenten scheppen uit schalen op een roestvrijstalen kar hun borden vol. Er zijn drie vrouwen die hun oude moeders helpen met eten. Ze komen bijna elke dag. Komt er een tijd dat ik een dochter word die haar moeder voert?

'Wat is dat allemaal voor lekkers op uw bord?' vraag ik aan mijn oma.

Een jaar geleden wilde ze alleen nog gepureerd en gemalen voedsel. Het liefst at ze pap. Ik nam weleens vers sap voor haar mee, voor de vitamines. Nu eet ze weer alles, en met smaak. Ze is minder mager, meer zoals ze was tijdens de luidruchtige borrels op zondagmiddag, het eeuwige glas sherry op het bijzettafeltje naast haar stoel.

'Dit zijn aardappelen,' zegt ze. 'Met kippenragout en appelmoes. En dan dit.'

Ze aarzelt even. Dan weet ze het.

'Hussemus,' zegt ze.

Dat is een mooi woord voor het mengsel van doperwten, worteltjes en maïskorrels.

'Is de hussemus lekker?'

'Heerlijk,' zegt ze. 'De verzorging is hier goed, ik kan niet anders zeggen.'

De vrouw tegenover haar eet bijna niet.

'Wilt u niet een hapje proberen?' vraag ik.

Ik leg de steel van de lepel in haar hand. Ze begint het eten plat te slaan. Komt er een tijd dat ik zal zijn als zij?

'Dat is zo'n lastpak,' zegt mijn oma, op de toon van vroeger, als ze in restaurants te hard over anderen praatte. 'Laat haar maar in haar sop gaarkoken. Straks komt de ober haar wel voeren.'

Ze drinkt haar limonade, maar wil geen yoghurt na. Dat vond ze nooit lekker. Te gezond.

We wachten op de koffie. Ik zit naast haar, streel haar hand.

255

Haar nagels zijn niet meer gelakt.

'Oma,' zeg ik, 'weet u nog dat mamma zo ziek was, heel vroeger? Hoe was het toen eigenlijk met mij, haar dochtertje, met Alma?'

Die vraag heb ik nog nooit gesteld. Ik merk dat ik de taal van het kind gebruik. Mamma is ziek. Wat heeft ze eigenlijk? Waarom zegt niemand iets tegen mij?

Een glimlach komt op mijn oma's gezicht.

'Ach, je was zo'n dotje, gewoonweg om op te vreten. En een bijdehandje. Ben je nog aan het studeren? Heb je al een vriend?'

'Maar hoe was het toen mijn moeder zo depressief was, en zo angstig, al die tijd toen ik klein was?'

'Ze kon niet goed voor je zorgen. Dan zat je in een hoekje op de grond te huilen. Je had je jurkje achterstevoren aan.'

Mijn hand zoekt mijn hals. Dit is het eerste beeld dat uit die tijd komt waarin ik niet braaf en opgewekt ben. Iemand heeft gezien wat niet op mijn kinderfoto's staat. Ik honger naar meer. Iemand moet mij mijn verhaal vertellen.

Oma praat door.

'Wil je mijn vest even pakken? Ik heb het koud. En waar is mijn handtas, met mijn sleutel? Heb jij die gezien? Ik ben hier alles kwijt. Ik wil naar huis. Breng jij me zo naar huis?'

Ze wordt onrustig en begint te huilen.

Ik zeg dat ze zich geen zorgen hoeft te maken. Ik heb de sleutel.

'En het eten, hoe moet ik betalen voor het eten, zonder mijn tas?'

'Daar is allemaal voor gezorgd,' zeg ik.

'Maar hoe dan? Ik heb mijn tas niet en ik wil naar huis. We moeten afrekenen en dan wil ik weg.'

Ik streel over haar haar. Ze was geen goede moeder voor mijn moeder. Toch kan ik haar troosten.

'Stil maar,' zeg ik. 'Het is in orde. Ik heb betaald.'

We krijgen het cadeau waar ik om vroeg: een barbecue. Hij is helemaal beplakt met folie. Ik moet hem villen. We zitten in de zon. Ik heb koffie ingeschonken: decafé zwart, voor mijn moeder, gewone koffie met warme melk voor mijn vader, Senseo uit het airmilesapparaat voor Stella, en cappuccino voor mijzelf. Een tijd terug overwoog ik om een espressomachine te kopen, maar Joris vertelde dat uit zijn Alessi-machine koffie komt met foute vetten, omdat je geen filter nodig hebt. Hij weet alles van goede en foute vetten, sinds zijn hartinfarct. Nu houd ik het thuis bij oplosespresso; zondigen kan in de horeca.

Op het dienblad draag ik de schoteltjes met pruimentaart de tuin in. Die heb ik vanochtend vroeg gebakken, van een recept van de website van *Allerhande*. Ik heb er ook frambozen bij gedaan. Ik koop tegenwoordig elke week twee dozen diepgevroren frambozen en doe ze overal doorheen, zo heerlijk zijn ze. Nu blijken ze ook nog overdreven goed voor je te zijn. Ik let erop dat ik het kleinste stukje taart neem.

'Hoe is het bij je adviesraad?' vraagt mijn vader.

Ik vertel over het rapport dat ik aan het bewerken ben, over overgewicht en obesitas. Van de andere tekst waaraan ik werk, die ook over eten gaat, weet niemand iets af.

'Je hebt toch van die rekenmethodes voor overgewicht?' zegt mijn vader.

'Ja, de Quetelet-index,' zeg ik. 'In de volksmond ook wel Kotelet-index genoemd. Maar tegenwoordig werken ze met de Body Mass Index.'

'Zouden wij wel in orde zijn?' vraagt mijn vader.

Hij kijkt afkeurend naar zijn platte buik. Mijn ouders fietsen zich een slag in de rondte. Ze zijn net terug uit de Eifel, met zijn wandelbossen. *Abspecken*, zoals de Duitsers dat zo mooi noemen, is voor hen niet nodig.

'Ik denk dat jullie met vlag en wimpel slagen, maar we kunnen het eenvoudig nagaan,' zeg ik.

Ik haal mijn rekenmachine en neem van elk van ons de paspoortlengte op, kwadrateer die en deel het aantal kilo's door de uitkomst. Elke ochtend controleer ik mijn getal. Stella's weeg-schaal is digitaal en tot op het pond nauwkeurig, maar niet on-feilbaar. Ik ga er drie keer op staan nadat ik naar de wc ben ge-weest, en voordat ik een druppel heb gedronken. Het laagste cijfer telt. Die gekte sta ik mezelf maar toe. Ik kan er zelfs om lachen.

Mijn ouders zitten met hun BMI allebei net onder de 24. Al-les tussen 20 en 25 is goed. Ik ben altijd goed geweest – en dat zeggen ze nu pas! Mijn kwadraat is 3.24, mijn BMI komt uit op 19,907407. Dat is zelfs nog een fractie lager dan Stella. Ik kan het bijna niet geloven.

Hier zitten we dan. Ik heb mijn gewicht gezegd. En ik ben de dunste.

Stella heeft haar koffie op. Ze gaat de hazelaar snoeien. Mijn vader kan het niet aanzien.

'Dat gaat niet goed,' zegt hij.

Hij pakt de grote tang uit haar handen en valt het boompje aan.

'Zo kun je hem net zo goed omzagen,' zegt Stella. 'Niet alles hoeft eraf.'

'Alma, kijk eens,' zegt mijn moeder.

Ze pakt een klein boekje uit haar tas. Het valt bijna uit el-kaar. Voorzichtig pak ik het aan. Ik sla het open. Op de bladzij-den staan grote hanepoten. Af en toe is er een woord dat ik her-ken. Ik zie haar naam staan: Hansje. Ze schrijft over zichzelf in de derde persoon. Veel is fonetisch opgeschreven: rogu broot, boonu, egtu luumoo-naad. Het is mijn moeders dagboekje uit de hongerwinter, toen ze net zeven was.

'Mag ik het lenen?' vraag ik. 'Ik wil het graag lezen.'

Als mijn ouders weg zijn open ik het boekje. Ik aai over de zachte pagina's. Met wat ik herken als uitgangspunt ga ik steeds meer begrijpen. Ik ontdek hoe zij haar letters maakt, kan woor-den vormen, zie hoe daaruit haar zinnen ontstaan. Dit is mijn steen van Rosetta.

Donderdag 8 kir lugt u larm een pakje bootr fijf en twintig guld.

Vrijdag 3 vee eens 7 kir lugt u larm. Met Hansjes vrjaardag van tante een taart gu kreegu met 7 kersjus. Ouw jaar 5 kir lutu larm 3 vee eens. Papaa is naar de lijweg gugaan en kwam met niets trug. 6 janie waarie pap met siuk erbietu van de gaarkueku. Bij tantu een kop egtu soep gu kreeg. 11 janie waarie heevt papaa bij tantu een rogu boterham met spek gu hat. Oom Johan is van iut oest geest naar alfuru guloopt. 6 februari 7 kir lugtularm, hansje is gekurt vor d gaarkeuen. Muvrouw koks er verjaardag een glas egtu luumoonaad met een tovie. Menee heevt van papaa tulpu. Hansje oover gegeevu van karnamelk. Zonder bon laatst panukoee met ei. Van het sweesu rooje krius witu broot(d) en bootr gu kreegu.

Als zevenjarig meisje schrijft mijn moeder over zichzelf in de derde persoon. Het hongerdagboek heeft maar twee onderwerpen: luchtalarm en eten. Mijn oma, haar moeder, de vrouw die haar voedde, wordt niet één keer genoemd.

Achterin staan tekeningen. Van een vliegtuig. Van een bloembol. Van een suikerbiet. Van een tank. Van een man met een karretje met eten. Onderschrift: *o wat zwaar*. Van een huilende jongen. Onderschrift: *armen jongen*. Van een magere man. Onderschrift: *pa is maager*.

Op weg naar ons huis kom ik langs de boerderij waar ik eens in de maand het fruit haal. Ik laad de dozen met grapefruits en sinaasappelen in, de jongens leggen het kistje trostomaten, de zak rode uien en de doos mango's in de achterbak. Je moet uitkijken wat je hier koopt, maar ook als de sinaasappelen soms een lichtbruin deukje hebben waar je vinger onverwacht in wegzakt of een enkele grapefruit na een paar weken in de kelder veranderd blijkt in een groene tennisbal, is het een betere deal dan in de supermarkt. Voor de markt heb ik geen geduld meer. Ik heb nog steeds geen sinaasappelhuid. Wel heb ik binnenkort een leesbril nodig. Als ik in het weekend een stukje Viennetta eet en het bakje iets te dicht bij mijn ogen houd, kan ik niet goed focussen op de laagjes ijs en chocola.

Altijd als ik hier de zware winkelwagen met dozen en kistjes naar mijn auto rijd en alles in de auto laad, voel ik me even als een moeder die inslaat voor een gezin. Zo had het kunnen zijn. Waarom dacht ik dat ik geen extra monden kon voeden? Ik moet vaker voor grote gezelschappen gaan koken.

'Hebben jullie je riemen om?' vraag ik.

Mijn zus zei dat Kas en Stijn de nachten hebben geteld tot ze mochten komen. Ik kan het haast niet geloven: het lijkt ze leuk om bij mij te logeren. En ze zijn al zo groot. Al die verloren jaren.

'Zo jongens,' zeg ik, als thuis de groente en het fruit zijn weggeruimd, 'nu eerst maar eens wat drinken.'

Ik heb mij laten vertellen wat ze graag lusten. De koelkastdeur is zwaar van de anderhalveliterflessen. Kas wil icetea, Stijn kiest cola. Ik heb ook nog chocomel. In het vriesvak ligt een pak Snickers-ijs. Ik hoorde laatst dat de Koetjesreep weer helemaal terug is, en er schijnt zelfs Koetjesreep-ijs te zijn. De consument voelt kennelijk een verlangen naar de armoedige lekkernijen van vroeger. Geef mij maar een bonbon van Australian.

'Willen jullie er al Pringles bij?' vraag ik. 'Of winegums?'

We nemen de hoge kartonnen bus mee naar de kamer en gaan op de bank zitten. Ik zit in het midden, tussen de jongens in. Opeens ben ik omringd. Er zijn geen lege plekken meer. Stella zit tegenover ons.

Geroutineerd haalt Kas de plastic dop eraf en steekt zijn hand in de koker. Hij laat zich geen moment vertragen door het folie waar hij eerst doorheen moet. Zijn hand komt boven met een kolom op elkaar geperste chipjes. Ik neem er ook een paar. Met aardappel heeft het allemaal niets meer te maken, maar vertrouwd is dat je ervan wilt blijven eten.

'Straks, na het eten, gaan we naar de film. En morgenochtend eerst Amerikaanse pannenkoekjes bakken, en dan naar de Efteling.'

'Vet!' zegt Stijn.

'Ja, vet hè,' zeg ik, om te oefenen.

De dik gesneden friet die ik om kwart voor zes op tafel zet is nog een beetje slap, merk ik als ik opschep. De patatten hangen over de rand van de lepel. Je moet je hand op de stapel houden om iets op je bord te krijgen.

Ik neem niet veel, ik kijk eerst of er genoeg is voor de jongens. Mayonaise hoef ik niet. In de sauna hoorde ik laatst een man trots vertellen dat hij vijftien kilo was afgevallen. Zijn enige dieetaanpassing: geen mayonaise meer eten.

'Die frieten hadden er nog wel wat langer in mogen blijven,' zegt Stella.

Zij heeft een flinke portie genomen. Toen we hier laatst vrienden te eten hadden, zei ze dat mijn vissoep te zout was. Ik schaamde me voor mijn zoute soep en mijn neiging om met de Franse slag te koken. Als ik een succesrecept heb gevonden, pak ik de tweede keer de uitdraai of het boek er niet meer bij. Wat Stella zei was waar, toch had ik liever dat ze haar kritiek had ingeslikt. Kennelijk verlang ik nog steeds naar zwijgen. Laatst schrok ik vreselijk toen ze me lachend 'dikke' noemde. Ze zei hardop waar ik nog altijd bang voor ben. Nu probeer ik het af en toe zelf te zeggen. Dan lachen we samen.

'De frieten zijn inderdaad behoorlijk futloos,' zeg ik. 'Sorry jongens.'

'Eet maar lekker met je handen, hoor,' zegt Stella.

Ze likt aan haar mes. Dat zou mijn moeder een gruwel zijn, en het is levensgevaarlijk. Maar dat geldt alleen als je scherpe messen hebt, en die hadden wij niet. Als ik tegenwoordig in het weekend mijn afgepaste portie ijs van Ben & Jerry's eet, lik ik mijn achthoekige bakje uit: acht keer met mijn tong langs de richeltjes die lopen van de bodem naar de rand. Het is onbeschaafd en lekker.

De jongens knoeien met mayonaise en tomatenketchup. Patatje oorlog. Als Stella en ik roergebakken groenten en quorn in satésaus eten, noemen we dat oorlogsvoedsel. Toen de Polen hier aan het werk waren aten we dat elke dag, omdat het gemakkelijk is en toch gezond.

De schaal is leeg. Van de salade hebben alleen Stella en ik genomen. Die eten we tegenwoordig met de maaltijd. Mijn gewoonte heeft gewonnen. Stella neemt er nog wel een apart bordje voor.

'Moet ik meer maken?' vraag ik. 'Hebben jullie wel genoeg?'

'Nee hoor, ik zit vol,' zegt Kas.

Ik lach.

'Wat is er?' vraagt hij.

'Dat mochten wij vroeger niet zeggen van jullie opa en oma,' zeg ik.

'Waarom niet?' vraagt Stijn.

'Ik denk dat ze het te plastisch vonden,' zeg ik. 'Alsof je zei dat het je tot hier zat.'

Ik wijs naar een plaats halverwege mijn keel.

'Dat was leuk geweest,' zegt Stella, 'dat je moeder had gevraagd of je genoeg had, en dat je dan had gezegd: nee hoor, het komt me nu al de strot uit.'

We lachen alle vier.

'We mochten zelfs niet zeggen dat wóórden wat rottig iemands strot uit kwamen. Laat staan dat je kon roepen dat je over je nek ging van nog meer eten.'

Kas steekt een vinger in zijn keel.

'En deze, jongens, hoe vinden jullie deze?' zegt Stella. 'Nee, dank je, ik hoef niet meer, ik moet al bijna kokken.'

Stijn draait met zijn ogen en doet of hij gaat overgeven. Kas laat een harde boer. Hij weet zelfs een echo-effect te creëren.

'Zeg dat de volgende keer maar als jullie bij opa en oma zijn,' zeg ik. 'Ik moet kokken.'

Het onvoorstelbare bestaat opeens. Eerst is het een gedachte. Daarna ga je het doen.

Het seizoen is bijna afgelopen. Het fruithuisje is dicht, de viskraam ook, de patatkraam heeft zijn luiken gesloten. Maar de strandtenten zijn er nog, met hun belofte van poffertjes gedrenkt in boter.

Ik loop naar de pomp en druk op de koperen knop. Het water is nog niet afgesloten. Het stuwt naar buiten, in een onrustige straal. Ik ga eronder hangen en vang een deel ervan op in mijn mond. Mijn kin en mijn stroomafwaartse wang worden nat, en op mijn scheenbenen voel ik spatten. Als ik mij weer opricht zijn mijn wandelschoenen drie tinten donkerder.

Nog een keer laat ik het water komen. Ik heb dorst. Gefilterd door het duinzand is het lekker, bijna net zo lekker als het Veluwewater van de vakanties in mijn jeugd. En op mijn vaste terras, bij Sankt Moritz aan Zee, boven op het duin, geven ze je geen water. Het spijt me, zegt de kelner, een student uit Leiden, ik mag alleen spa blauw schenken. Hollandser kan niet. Toch kom ik er in alle jaargetijden. Soms ga ik naar de Horsten, voor het theehuis met zijn Wassenaarse chic en de high tea. Ik eet niet elke cakeje op, ook al is alles in de prijs inbegrepen. Op Koninginnedag zag ik daar een keer prinses Amalia, met haar kinderjuf en lijfwacht. Ze had een papieren kroontje op.

De zee is kalm vandaag. Het waait een beetje en er schijnt een lichtgrijze zon. Het is nog warm genoeg om buiten te zitten en over de halmen van het duingras heen te kijken, naar het water. Daar varen schepen. Ze bevoorraden ons.

Het duurt altijd even voor ze me zien zitten. Maar ik kan wachten. Ik kan alleen zijn, op terrassen en in restaurants, zonder me af te vragen wat anderen denken, zonder bang te zijn voor wat ik zelf denk over de lege stoelen om mij heen.

Als de jongen naar mij toe komt, bestel ik een cappuccino en een portie slagroom op een schoteltje ernaast. Op een bankje in de duinen heb ik net nog drie crackers met kaas gegeten en gedronken uit mijn bidon met yoghurt, vruchtensap en Yakult. Toen ik laatst in de waterleidingduinen verdwaalde, met vriend Tijmen, had ik vier gekookte aardappeltjes bij me.

'Lach niet,' zei ik, toen ik het folie openvouwde.

Het was een uitnodiging om met mij mee te lachen.

'Ik ben graag op het ergste voorbereid,' zei ik. 'En deze had ik nog liggen. Het is verbazend lekker om een koud aardappeltje te eten. Wil je er een?'

Hij bedankte ervoor. Een handje muesli hoefde hij ook niet. Pas na achten waren we het gebied weer uit. De uitspanning aan de duinrand, tussen de bollenvelden, was eigenlijk al gesloten, maar ze wilden nog best een pannenkoek voor ons bakken. Ik nam er een met spek, en vertelde over mijn boek, mijn tweede tong. Een uur lang zaten we herinneringen op te halen aan de tijd dat er nog geen schenkstroop was, en al helemaal geen speciale schenkstroop voor *kids*, in een geinige fles.

'Liepen de bussen poedersuiker vroeger niet taps toe?' vroeg Tijmen.

Dat is nu niet meer zo. De kokers zijn recht.

'Dat zal ik nog verwerken,' zei ik. 'Dat zijn belangwekkende ontwikkelingen!'

De kelner brengt mij mijn cappuccino en slagroom. Eerst eet ik mijn koekje, een janhagel. Op mijn werk herken ik de koekjes die je bij de cappuccino krijgt aan hun verpakking. Ik weet dat mijn collega de dubbele wafeltjes lekker vindt, zelf heb ik liever een café noir. In het bedrijfsrestaurant neem ik uit de *salad bar*, omdat je twee ons groenten per dag binnen moet krijgen. Bij Albert Heijn staat dat gedrukt als gebod op de pakken voorgesneden groenten.

Met mijn theelepeltje eet ik wat van de slagroom. Boven op het toefje is cacao gestrooid. Ik geniet. Om de paar happen dompel ik de slagroom in de koffie, dat is ook erg lekker. Ik bestel dit regelmatig: koffie met slagroom. Dat scheelt weer een moorkop of een dame blanche. Op de menukaart voor het avondeten staat hier als dessert 'Death by chocolate'. Dat toetje heb ik weleens gegeten, na een maaltijd met friet en gamba's: je krijgt een brownie, een bol chocoladeijs, een schepje mousse, en opgespoten toefjes slagroom. Als je het op hebt kun je geen pap meer zeggen. Het is me te veel. Ik houd niet meer van dat volle gevoel in mijn maag.

Eten kan niet troosten. IJs neemt geen pijn weg.

Delen met een ander, dat kan wel. De een neemt het lepeltje, de ander het vorkje. Het bord wordt een slagveld, maar er is geen strijd. Ik ben niet meer vies van andere mensen.

Op de tafel liggen kranten. Straks rollen we die op en gaat de rotzooi in de groene bak.

'Het eerste wat we doen is aardappelen schillen, voor de gratin,' zeg ik tegen Stijn. 'Dan gaan ze in de oven met room en ei en kaas, heel lekker.'

De gratin maak ik voor mijn moeder, omdat ik als hoofdgerecht lam met artisjokharten heb gekozen. Een lam opeten is zielig, en ik ben grillig. Na jaren van vegetarisch eten, carnivoren dwingen tot onhandig koken, met Kerst en op verjaardagen, bij alle etentjes met vrienden, zelfs op een millenniumdiner met vijf gangen en dertig gasten, zet ik nu een stuk van een lam op tafel.

Stijn worstelt met de gladde aardappelschil en de onverwachte hobbels. Hij volgt de vorm van elk uitstulpinkje, om ook daar de schil eraf te halen.

'Dat hoeft niet, hoor,' zeg ik. 'Zulke stukjes mag je er gewoon af snijden.'

Hij schiet uit, ik ben bang dat hij zich zal verwonden. Stella slijpt regelmatig de messen in onze twee messenblokken. Als er iemand bij ons inbreekt staan de wapens op het aanrecht klaar, zelf meenemen is niet nodig. Ik zoek naar woorden om Stijns hand te sturen. Ze zijn niet te vinden. Sommige dingen zijn niet uit te leggen.

'Kijk eens naar mij,' zeg ik.

Ik doe het voor. Dat helpt, hij begint er gevoel voor te krijgen. Af en toe plonst er een aardappel in de pan. Ik ga ook zitten schillen. Dat doe ik bijna nooit. Als ik al aardappelen kook, dan boen ik ze schoon. Aan de dikke schillen die op de drukinkt vallen zie ik dat ik nog net zo ben als vroeger. Sommige eigenschappen raak je nooit kwijt. Andere wel. We moeten nog twee kilo.

'Fijn dat je mijn koksmaat bent,' zeg ik tegen Stijn.

Zijn tong steekt uit zijn mond. Als hij hier logeert wil hij altijd in de keuken helpen. Om vijf uur komen Moon en Frans met Kas. Mijn ouders halen mijn tante Hennie op. De plastic zak met biologische aardappelen is leeg. Alles wat je kunt eten is biologisch.

We dragen de pan naar de keuken. Ik giet het modderige water af en was de aardappelen tot ze glanzen. Ze hebben de vorm van hoekig geslepen diamanten. Het schijnt dat oma Oosting heel vroeger piepkleine stukjes kaas sneed voor mijn moeder, en die voor haar neerzette, hopend dat ze er iets van zou eten. Ze was bang dat mijn moeder nooit meer beter zou worden. Misschien dat ik haar eens iets kan vragen, over die tijd.

Stijn mag de aardappelen in plakjes snijden. Ze vallen erg ongelijk uit, maar dat is niet erg.

'Prima,' zeg ik.

We leggen de plakjes in de twee schalen, en gieten het mengsel van ei en melk eroverheen. Stijn pakt een plukje geraspte kaas om eroverheen te strooien.

'Neem maar wat meer,' zeg ik. 'Goed zo, een lekker handje vol.' Ik houd de perspex molen met zeezout boven de schalen en draai. Zeezout knerpt prettig als je het maalt. Nu nog de zwarte peper. Ik kan me voorstellen dat ze daar vroeger voor naar het Verre Oosten wilden varen, al kregen de zeelieden er scheurbuik van.

Het lamsvlees is aan het bruinen. De heldere champignonsoep koelt af op de pit die het niet doet. Binnen dekt Stella de tafel. Uit de schuur hebben we mijn oude witte tafel gepakt, nog uit mijn eerste studentenkamer, en die tegen de eettafel aan geschoven. Met rode tafelkleden erover ziet het er feestelijk uit.

'We zouden nog eens mooi bestek moeten kopen,' zegt Stella, als ik binnenkom.

Het is inderdaad een ratjetoe aan eetgerei dat om de borden ligt: scherpe en botte messen, vorken en lepels met handvatten van staal, hout of plastic, sommige met roestplekjes. Als je een vaatwasser hebt doe je niets meer met de hand. Ook het servies is samengeraapt: twee van de soepborden zijn niet wit maar zwart, twee van de borden voor het hoofdgerecht niet rond maar achthoekig. De wijnglazen zijn er in bolvorm en als kelken. We hebben een zilveren kandelaar, kaarsenstandaards die van oude blokfluiten zijn gemaakt, en een grote verzameling glazen en metalen houdertjes voor waxinelichtjes, gekregen in kerstpakketten, op verjaardagen en bij etentjes, in plaats van wijn of bloemen.

Ik vind die verscheidenheid niet zo erg.

Uit de kast pak ik rode servetten. Ik leg ze diagonaal op de negen borden. Zo wordt het toch een geheel. Op de foto van mijn eerste kerstdiner zit ik alleen, aan een klein formica tafeltje. Er brandt een hoge witte kaars, er staan kersttakken omheen. Een paar bladzijden eerder in het fotoalbum staan mijn statistieken uit de kraamkliniek. Eerst viel ik af, zoals het hoort na je geboorte, van 3100 gram naar 2830 gram, toen kwam ik langzaam aan, tot 2920 gram op de dag van ontslag. Zes voedingen per dag kreeg ik, en ik braakte niet: in de vakjes die daarvoor zijn staan geen kruisjes. Eenmaal thuis hield mijn moeder mijn groei verder bij, tot de vierendertigste week – ook daarvan is een schema te vinden in het plakboek. Waar dat stopt woog ik 8460 gram, dankzij alle goede zorgen.

'Kan ik nog iets aan het eten doen?' vraagt Stella.

'Liever niet,' zeg ik.

We lachen.

Weer in de keuken haal ik de blauwe plastic bak van Zeeland's Roem en de twee diepvrieszakken tevoorschijn. Speciaal voor de jongens eten we na de soep gegrilde gamba's en mosselen. Daar zijn ze dol op. Ze hebben dat hier voor het eerst gegeten, en vragen er nu steeds om. We wassen de mosselen. Ik leg uit welke we weg moeten gooien.

'Anders worden we er ziek van,' zeg ik, 'dat is niet echt de bedoeling.'

'En deze, is deze wel goed?' vraagt Stijn bij elke mossel die hij oppakt.

Als de mosselen en de gamba's op de bakplaat liggen, leggen we de cherrytomaatjes ertussen, en de partjes citroen. Dan druppelen we de olie met de knoflook en de provençaalse kruiden erover.

'Goed zo, verdeel maar voorzichtig, zodat ze allemaal een beetje olie krijgen.'

De mosselen weten niet dat hun laatste uur heeft geslagen.

Op het plankje naast de waterkoker zet ik de bordjes klaar waarop ik straks het toetje zal serveren: sponzige chocoladecake uit *The Sainsbury Book of Chocolate Cooking*, met daarbij frambozensorbetijs, een coulis van frambozen, die al klaarstaat in het melkpannetje van oma, en slagroom. Kas en Stijn mogen ook een Magnum pakken, als ze dat liever willen.

Alles is klaar als ik het geklingel van de trekbel hoor.

Uit de koelkast pak ik de champagne die ik laatst kreeg op een literaire avond. Hij is vast beter van kwaliteit dan wat ik zelf gekocht zou hebben. Mijn familie drinkt niet, maar vandaag komt daar verandering in.

'Lekker!' zegt Moon, als ik binnenkom met de paarse fles.

Om de kurk zit goud.

Mijn vader en moeder laten zich een glas aanreiken, nippen voorzichtig. Ze willen geen spelbreker zijn. Hennie heft haar glas. We proosten, ik klink met Frans en Moon, met Stella, met Hennie, met mijn ouders. De jongens drinken icetea en eten tacochips.

Als iedereen nog even naar de wc is geweest en eindelijk aan tafel zit, breng ik de soep binnen. Nadat ik heb opgeschept sta ik een moment bij de hoge pan. Ik kijk rond. Elk bord is de zetting voor een glanzende okeren cirkel, half doorzichtig als een edelsteen. Alleen in de twee zwarte borden is niet goed te zien hoe helder en kleurig de vloeistof is.

'Heerlijk,' zegt mijn moeder.

In twee grote schalen, zodat iedereen er goed bij kan, zet ik na de soep de gamba's en mosselen op tafel, en bakjes knoflook-mayonaise, en manden met brood. Het ronde brood, met se-samzaadjes, krijgen we van Achmed. Als hij hier schoon komt maken, neemt hij altijd iets te eten voor ons mee, behalve tij-dens de ramadan. Ik pers soms sinaasappels voor hem uit.

Stijn brengt twee vingerkommetjes binnen. We moeten met onze handen eten en het citroenwater delen.

De jongens pellen enthousiast hun garnalen, zoeken naar het zachte vlees. Mijn ouders zijn niet dol op zeevruchten, maar ze nemen meer dan ik zou verwachten. Het is gezellig. De schalen met gamba's en mosselen raken leeg, op de schalen die ik heb neergezet voor het afval liggen stapels roze harnassen en zwarte schelpen.

'Geef jullie bordjes maar even door,' zeg ik.

Ik stapel de bordjes op, draag ze naar de keuken, en berg ze in de afwasmachine. Ik houd ervan om de chaos de baas te blij-ven. Stijn brengt de lege manden en de schalen met de pantsers van de gamba's en de mosselen.

'Wil je zo ook weer wat naar binnen dragen?' vraag ik.

Het is vol in de keuken. Op het houten werkblad staan de sa-lades. Uit de oven haal ik de aardappelgratin. Er zit in ieder ge-val een mooi korstje op. De friet voor de jongens is ook goud-bruin. De lam met artisjokharten is heet, de damp slaat van de pan als ik het deksel oplicht. De vorige keer dat ik dit maakte, voor vrienden, was het erg lekker. Ditmaal komt het lamsvlees van een andere slager. Zou dat verschil uitmaken? Tijdens het koken heb ik niet geproefd. Dat doe ik liever niet, al zou het be-ter zijn. Ik kook graag met honger, beeldhouw het eten, stel het me voor. Pas aan tafel weet ik hoe het smaakt.

Ik draag de pan met het lam erin naar binnen. Stijn volgt met een salade.

Op de lange tafel glanzen de borden voor het hoofdgerecht, rond en achthoekig.

'Dus we krijgen nog meer?' zegt mijn moeder. 'Ik dacht dat we het hoofdgerecht al hadden gehad.'

269

Ze lijkt opgelucht. Ik ben verbaasd. Hoe kan ze dat nu denken? Dat zou zo karig zijn.

'Dit waren pas de voorgerechten,' zeg ik. 'Wees maar niet bang. Er komen nog een paar gangen.'